Albert Jackson • David Day

Grundkurs
Holzbearbeitung

Albert Jackson • David Day

Grundkurs
Holzbearbeitung

Urania-Ravensburger

Hinweis des Verlages:
Die Ratschläge in diesem Buch sind vom Autor und Verlag sorgfältig erwogen und geprüft, dennoch kann eine Garantie nicht übernommen werden. Eine Haftung für Personen-, Sach- und Vermögensschäden ist ausgeschlossen.
Alle in diesem Buch veröffentlichten Abbildungen und Modelle sind urheberrechtlich geschützt und dürfen nur mit ausdrücklicher Genehmigung des Verlages oder der Urheber gewerblich genutzt werden.

Die Deutsche Bibliothek – CIP-Einheitsaufnahme

Ein Titeldatensatz für diese Publikation ist
bei Der Deutschen Bibliothek erhältlich.

Die Originalausgabe erschien 1998 unter dem Titel
„Collins Woodworking for Beginners" in Großbritannien

Conceived, edited and designed at Inklink, Greenwich, London

Aus dem Englischen übertragen von Sabine Sauerbeck und
Bärbel Renner
Fotos: Neil Waving, Ben Jennings u.a.
Illustrationen: Robin Harris und David Day
Umschlaggestaltung: Behrend und Buchholz, Hamburg
Umschlagfoto: Thorsten Berndt
Satz: alpha & bet, München
Printed in Singapore

Die Schreibweise entspricht den Regeln der neuen Rechtschreibung.

02 01 00 3 2 1

ISBN 3-332-01102-2

Inhalt

EINLEITUNG

Zur Holzbearbeitung gehören so unterschiedliche Tätigkeiten wie Drechseln, Schnitzen, Einlegearbeiten, Möbelherstellung … Jeder, der mit Holz arbeitet, muss jedoch einmal die Grundlagen erlernt haben: das Messen und Anreißen, das Zuschneiden und Zusammenbauen der Teile sowie das Behandeln der Oberfläche. Dieses Basiswissen der Holzbearbeitung ist Gegenstand dieses Buches.

Um das Holz für ein Projekt vorzubereiten, muss man sich vorstellen können, wie und in welcher Reihenfolge die einzelnen Teile zu einem Ganzen zusammengefügt werden müssen. Darüber hinaus sollte man wissen, welches Werkzeug sich für welche Arbeit am besten eignet.

Zurichten heißt, das Material exakt auf die gewünschte Größe zu bringen. Dazu müssen die Teile meist rechtwinklig und eben gehobelt werden. Das ist im Prinzip ein einfacher Vorgang, der jedoch einige Übung erfordert.

Zu fast jeder Schreinerarbeit gehören das Schneiden von Verbindungen und das Zusammensetzen verschiedener Teile. Die Qualität der Verbindungen galt lange Zeit als Maßstab für die Fähigkeiten eines Schreiners. Eine gute Holzverbindung erfordert nicht nur ein gutes räumliches Vorstellungsvermögen und handwerkliches Geschick, sondern auch Erfahrung, um die für das jeweilige Projekt ansprechendste und unauffälligste Verbindung zu wählen.

Die Oberflächenbehandlung galt früher als eigenes Handwerk, da sie für die Optik einer Arbeit entscheidend ist.

Der richtige Lack oder die richtige Politur bringt die Farbe und die Schönheit des Holzes voll zur Geltung. Der Schlüssel zum Erfolg ist jedoch die sorgfältige Vorbereitung der Oberfläche – eine etwas anstrengende, aber unerlässliche Aufgabe bei der Holzbearbeitung.

Ein weiterer wichtiger Punkt sind die Holzeigenschaften. Holz ist ein einzigartiges, lebendiges Material, das sich je nach Luftfeuchtigkeit ausdehnt oder schwindet. Dieser Umstand muss bei jedem Projekt mit berücksichtigt werden. Sie werden feststellen, dass manche Holzarten einfacher zu bearbeiten sind als andere. Deshalb liegt der Schwerpunkt dieses Buches auf Handwerkzeugen. Natürlich lässt sich Holz mit Elektrowerkzeugen häufig einfacher, schneller und möglicherweise auch genauer bearbeiten. Die Arbeit mit Handwerkzeugen ist jedoch der beste Weg zu lernen, wie Holz bearbeitet wird. Natürlich sollte es in jeder Werkstatt auch Elektrowerkzeuge geben. Da diese jedoch relativ teuer sind, ist es sinnvoll, mit der Anschaffung zu warten, bis man seine Vorlieben kennt.

Holzbearbeitung ist eine faszinierende Tätigkeit. Dieses Buch soll jedoch nicht den Eindruck vermitteln, dass es sich dabei um eine einfache Arbeit handelt und Sie durch die Lektüre des Buches schon ein erfahrener Schreiner werden. Praktische Erfahrung ist durch nichts zu ersetzen. Ein Buch kann lediglich Anregungen bieten, den Leser ermutigen und Grundlagen vermitteln.

Eine Werkstatt einrichten

Nur in einer sicher und gut eingerichteten Werkstatt können Sie wirklich beste Arbeit leisten. Vielleicht steht Ihnen ein freies Zimmer oder ein Kellerraum zur Verfügung, den Sie als Werkstatt nutzen können. Wenn Sie nur mit wenigen Handwerkzeugen arbeiten, ist das in der Regel ausreichend. Staub, Gerüche und Lärm können jedoch recht störend sein, und um größere Stücke anzufertigen, brauchen Sie viel Platz. Im Idealfall befindet sich die Werkstatt in einem Raum, der getrennt von Ihren Wohnräumen liegt, etwa in einer Garage. Auch ein Holzschuppen ist zur Einrichtung einer Werkstatt gut geeignet, vorausgesetzt, er ist groß genug. Er muss jedoch gut isoliert werden, damit die richtige Temperatur zum Arbeiten und zum Lagern des Holzes gewährleistet ist. Die Isolierung kann durch Holzwerkstoffplatten verdeckt werden, die gleichzeitig als Rückwand für Regale und Wandablagen zur Aufbewahrung von Werkzeugen dienen können.

1 Langzeitlagerung
Lagern Sie Leisten, Latten und ähnliches Material auf einer Hängeablage aus Metall.

2 Holzlagerung
Längere Bretter lagern Sie am besten auf kräftigen Wandkonsolen, die gut an der Wand festgeschraubt sind. Sie dürfen jedoch nicht überladen werden.

3 Plattenlagerung
Holzwerkstoffplatten sollten hochkant und nicht direkt auf dem Boden gelagert werden. Verwenden Sie ein speziell angefertigtes Gestell, das verhindert, dass die Platten direkt auf dem Boden stehen, und das sie zudem gut stützt. Damit dünne und kleine Platten sich nicht durchbiegen und verziehen, sollten Sie von einer dahinter liegenden stärkeren Platte gestützt werden.

4 Klappbank
Eine Klappwerkbank eignet sich hervorragend als Auflage und zum Einspannen von Werkstücken jeder Größe und Form. Sie kann außerdem auch für alle möglichen Arbeiten im Haus und in der Werkstatt verwendet werden. Wenn Sie die Bank nicht brauchen, können Sie sie zusammengeklappt an Wandhaken aufhängen.

Werkstattausstattung

Die links abgebildete Werkstatt ist für eine kleine Garage oder einen großen Schuppen konzipiert. Wenn Ihr Raum nicht breit genug ist, um eine große Werkbank aufzustellen, nutzen Sie die schmale Wand oder verwenden Sie eine frei stehende Hobelbank. Selbst wenn Sie nur wenige Werkzeuge besitzen, sollten Sie genügend Stauraum für weitere Werkzeuge und Geräte einplanen, die Sie vielleicht noch dazu kaufen.

5 Werkzeuggestelle
Die meisten Ihrer Werkzeuge können Sie mit Hilfe von Holzstiften oder Metallhaken an Werkzeuggestellen unterbringen, die an der Wand hängen. Zeichnen Sie das Profil des Werkzeugs an der Wand auf, damit Sie sehen, wenn ein Werkzeug fehlt.

6 Erste-Hilfe-Ausrüstung
Bringen Sie eine gut bestückte Erste-Hilfe-Ausrüstung an einem gut zugänglichen und nicht zu übersehenden Platz unter.

7 Kleinteile
Stellen Sie kleine Dosen und Schachteln auf schmale Regalbretter. Bewahren Sie lose Nägel und Schrauben in Glasgefäßen auf, so dass Sie Ihren Vorrat auf einen Blick prüfen können.

8 Werkbank
Eine Hobelbank muss stabil sein. Sie können sich eine an der Wand befestigte Hobelbank aus einem kräftigen Rahmen bauen. Leimen Sie für die Bankplatte drei Lagen Holzwerkstoffplatten zusammen. Bei Bedarf können Sie eine Spannzange an der Werkbank anbringen. Sie können aber auch eine fertige Werkbank mit Vorder- und Hinterzange kaufen.
Wenn Sie die Werkstatt auch für Arbeiten am Auto brauchen und keinen Platz für eine separate Werkbank haben, verwenden Sie eine kunststoffbeschichtete, abnehmbare Arbeitsplatte, die auf die Hobelbank passt. Schrauben Sie eine Leiste aus Weichholz an die Vorderkante und eine weitere Leiste hochkant an die Rückseite der Werkbank.

9 Steckdosen
Lassen Sie mehrere Steckdosen für Elektrowerkzeuge an der Wand über der Arbeitsplatte anbringen.

10 Bankaufbewahrung
Nutzen Sie den Platz unter Ihrer Werkbank für Schubladen, Schränke oder offene Regale. Dort können Sie Werkzeug und Zubehör unterbringen, das entweder zu schwer oder zu groß für die Wandablage ist.

11 Müllbehälter
Stellen Sie einen transportablen Müllbehälter neben die Werkbank. Eine herausnehmbare Plastiktüte erleichtert Ihnen das Entleeren.

12 Abfallkiste
Heben Sie kurze, noch verwertbare Abfallstücke in einer Kiste oder einem Abfalleimer auf. Bringen Sie Rollen an der Kiste an, damit Sie sie leichter verschieben können.

13 Montagebereich
Lassen Sie ausreichend Platz frei, um größere Teile zusammenbauen und das Werkstück auf eine Klappbank oder Sägeböcke auflegen zu können.

14 Beleuchtung
Installieren Sie mehrere Leuchtstofflampen, um besonders über der Werkbank eine gleichmäßige Beleuchtung zu erhalten. Verwenden Sie Tageslichtlampen, um Holz farblich passend auswählen zu können, und versuchen Sie, Tageslicht zu nutzen. Streichen Sie die Wände und Decken weiß, um den Raum heller zu machen.

15 Sicherheit
Versehen Sie Türen und Fenster der Werkstatt mit Schlössern, um Einbrecher und neugierige Kinder fern zu halten.

Sicherheit und Gesundheitsschutz

Wenn Sie vernünftig mit scharfen Werkzeugen umgehen, dürfte Ihnen in Ihrer Werkstatt eigentlich nichts passieren. Dennoch sollten Sie sich vor schädlichem Staub, Dämpfen und, bei Elektrowerkzeugen, vor umherfliegenden Spänen und Lärm schützen.

Schutzbrille
Schutzbrillen werden aus stoßfestem Polycarbonat hergestellt und schirmen die Augen auch seitlich ab, damit sie vor Staub und Holzspänen geschützt sind.

Staubschutzbrille
Die starren Gläser von Staubschutzbrillen sind in ein elastisches Plastikgestell eingearbeitet, das sich den Konturen Ihres Gesichts anpasst und dicht abschließt. An den Seiten wird die Brille belüftet, damit die Gläser nicht beschlagen. Staubschutzbrillen können in der Regel über normalen Brillen getragen werden.

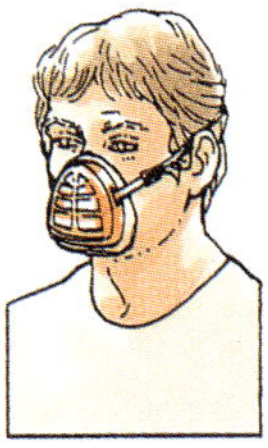

Staubschutzmaske
Eine einfache Staubschutzmaske verhindert, dass Sie feinen Staub einatmen. Es gibt diese Masken aus Papier und Gaze, manchmal auch mit austauschbarem Filter.

Atemschutzmaske
Eine professionelle Atemschutzmaske mit Doppelfilter bietet wirksamen Schutz vor schädlichen Dämpfen. Die austauschbaren, durch verschiedene Farben gekennzeichneten Filtereinsätze filtern ganz bestimmte Stoffe heraus.

Gehörschutz
Ohrenstöpsel oder gepolsterte Gehörkapseln schützen Ihr Gehör vor zu großer Lärmeinwirkung. Bei der Arbeit an lauten Maschinen sollten Sie immer einen Gehörschutz tragen.

Hobelbänke

Der Handel bietet eine Reihe von Hobelbänken in verschiedenen Längen und Breiten an. Die meisten Bänke haben eine Standardhöhe von 810 mm. Viele Hersteller bieten auch „maßgefertigte" Bänke in beliebigen Höhen an. Eine gute Schreinerhobelbank hat eine Bankplatte aus Hartholz, zwei Spannzangen und eine Werkzeugablage.

Bankplatte
Die meisten Bankplatten sind aus Hartholz wie Buche oder Ahorn. Manche Platten werden jedoch teilweise aus Sperrholz hergestellt. Ein solcher Verbundaufbau ist nicht unbedingt von Nachteil, wenn die Platte stark genug ist und das Oberflächenfurnier einer normalen Beanspruchung und einem gelegentlichen Abziehen der Oberfläche standhält. Sie können aber auch eine Hartfaserplattenverkleidung wählen, die immer wieder ausgetauscht werden kann.

Beilade
Die meisten Bankplatten haben eine vertiefte Werkzeugablage, so dass Sie ein großes Brett oder einen Rahmen über die Werkbank legen können, ohne die Werkzeuge wegräumen zu müssen. Manche Modelle haben auch eine separate Werkzeugablage, die an die Kante der Bank geschraubt wird.

Skandinavische Hobelbank

Werkzeugschlitz
Ein Schlitz an der Hinterkante der Bankplatte ist eine bequeme Ablage für Sägen, Stemmeisen und Schraubendreher, mit denen man gerade arbeitet.

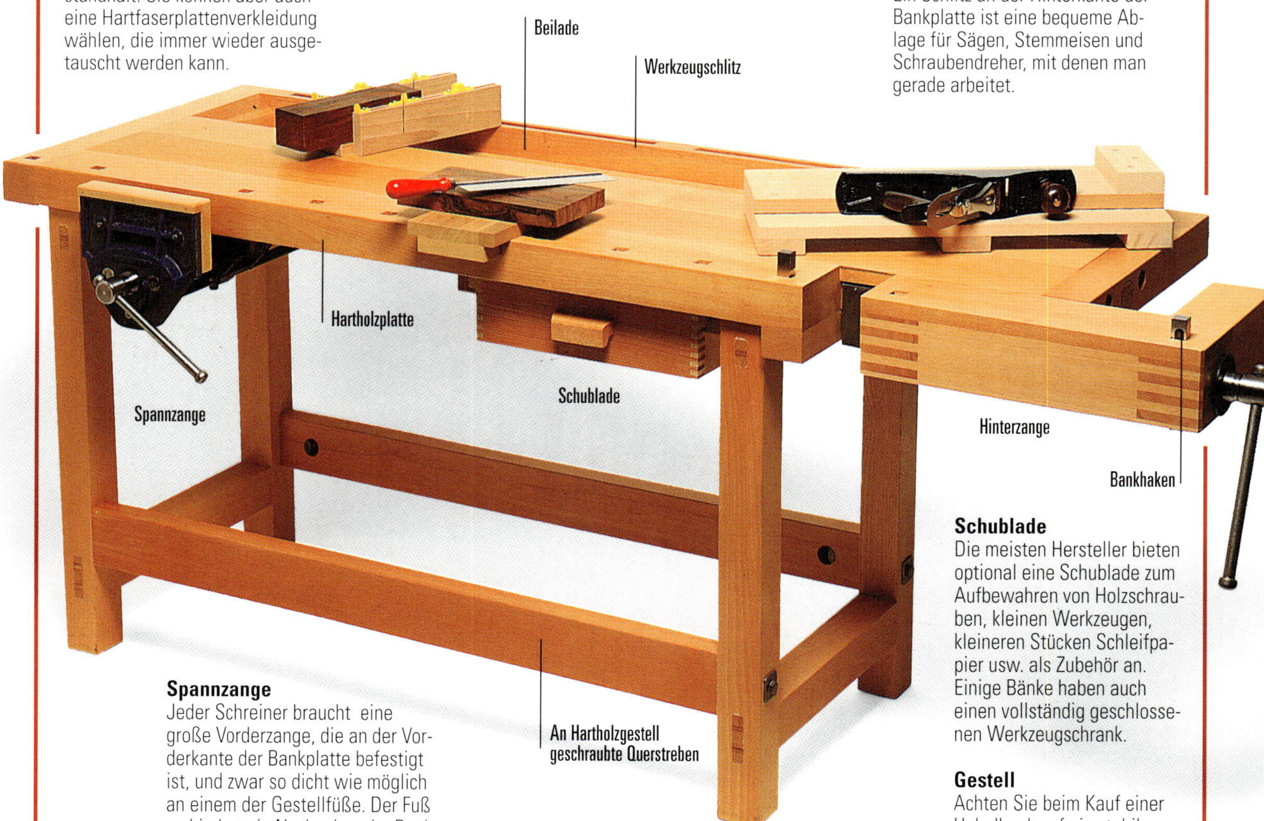

Spannzange
Jeder Schreiner braucht eine große Vorderzange, die an der Vorderkante der Bankplatte befestigt ist, und zwar so dicht wie möglich an einem der Gestellfüße. Der Fuß verhindert ein Nachgeben der Bankplatte, wenn in der Spannzange ein Stück Holz bearbeitet wird.

Hinterzange
Gute Hobelbänke haben auf einer Seite der Werkbank noch eine Hinterzange.

Schublade
Die meisten Hersteller bieten optional eine Schublade zum Aufbewahren von Holzschrauben, kleinen Werkzeugen, kleineren Stücken Schleifpapier usw. als Zubehör an. Einige Bänke haben auch einen vollständig geschlossenen Werkzeugschrank.

Gestell
Achten Sie beim Kauf einer Hobelbank auf ein stabiles Gestell, das sich nicht verzieht, wenn Sie auf die Platte seitlichen Druck ausüben.

Schreinerhobelbank

Schreinerhobelbänke

Die meisten Hobelbänke sind ganz aus Hartholz. Manchmal wird allerdings auch günstigeres Weichholz für das Untergestell verwendet. Das Gestell besteht normalerweise aus zwei Seitenrahmen, deren Füße quer miteinander verzapft und mit den langen Schwingen fest verschraubt sind. So lässt sich die Bank leichter transportieren. Eine gute Hobelbank hat immer eine rechteckige Bankplatte aus Hartholz, die mindestens 50 mm stark ist, sowie eine Vorder- und eine Hinterzange.

Klappwerkbank

Wenn Sie keine Werkstatt haben oder im Werkstattraum zu wenig Platz ist, können Sie sich eine zusammenklappbare Werkbank zulegen. Sie lässt sich auch gut als Sägebock und für sonstige Arbeiten im Haus verwenden.
Die Arbeitsfläche besteht aus zwei breiten Brettern, die als Spannbacken dienen. Eine von ihnen lässt sich mittels einer Handkurbel an jeder Seite zum Einspannen konischer oder parallelseitiger Werkstücke ausrichten. Bei manchen Modellen lässt sich dieselbe Spannbacke auch hochkant stellen, um vertikalen Druck auszuüben. In beiden Teilen der Arbeitsfläche befinden sich Löcher, in die Sie Plastikstöpsel einsetzen können, um auch Werkstücke mit ungewöhnlichen Formen einspannen zu können.
Das Metallgestell lässt sich auf normale Bankhöhe ausklappen, kann jedoch auch zum Sägen großer Werkstücke niedriger gestellt werden.

Spannzangen

Die klassische Vorderzange hat dicke Spannbacken aus Holz. Es gibt aber auch Spannzangen mit Metalldruckbacken, die mit Holz belegt sind, damit sie keine Druckstellen auf dem Werkstück hinterlassen. Beide Spannzangen werden mit Hilfe eines großen Knebelgriffs auf- und zugedreht. Einige Metallspannzangen sind außerdem mit einem Schnellauslösehebel versehen, der den Gewindemechanismus löst, so dass die Spannbacken schnell durch Zug oder Druck geöffnet bzw. geschlossen werden können. Mit Hilfe einer Hinterzange kann man Teile auch entlang der Werkbank einspannen. Das Werkstück wird zwischen Bankhaken gehalten, die in gleichmäßig verteilte Löcher in der Werkbank und in der Hinterzange eingesetzt werden.

Klassische Vorderzange

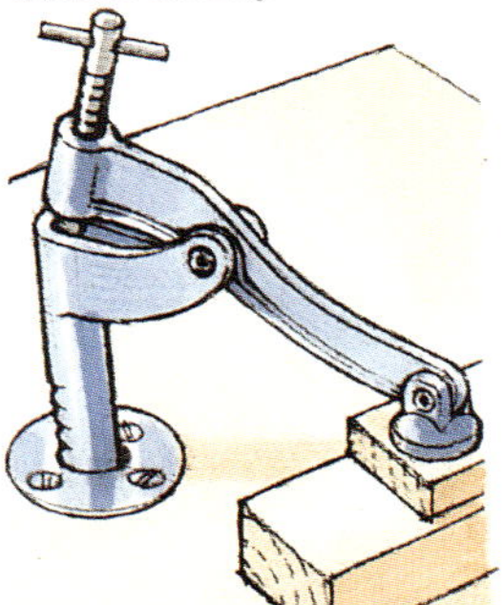

Bankzwinge

Eine Bankzwinge ist ein beweglicher Spannstock, der auf die Werkbank aufgesetzt wird und Werkstücke flach auf der Platte festspannt. Sie hat einen langen Schaft, der in ein in die Bankplatte gebohrtes und mit einem Metallring eingefasstes Loch eingesetzt wird. Dreht man an der Schraube, wird der schwenkbare Druckarm auf das Werkstück gepresst.

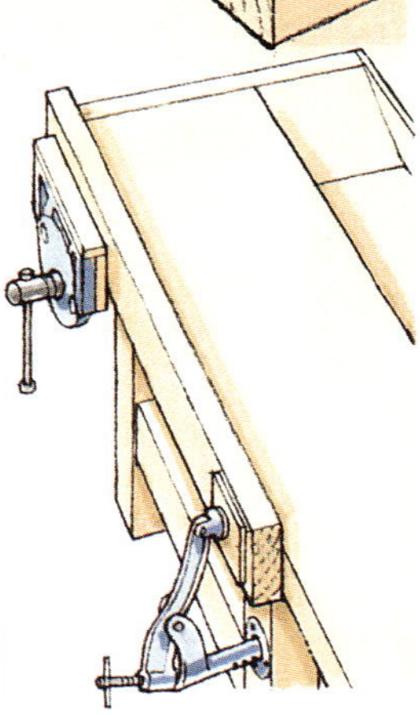

Ein Brett einspannen

Wenn Sie ein zweites Loch in einen Gestellfuß bohren, können Sie die Bankzwinge auch dazu nutzen, ein in die Vorderzange eingespanntes langes Werkstück am anderen Ende abzustützen.

Werkzeugablagen

Früher bewahrten Schreiner ihre Werkzeuge in robusten Werkzeugkisten auf. Es ist jedoch weitaus bequemer, Platz sparende Gestelle und Regale zu verwenden. Da diese nicht unbedingt ganz genau gearbeitet und schön aussehen müssen, sind sie relativ einfach zu bauen.

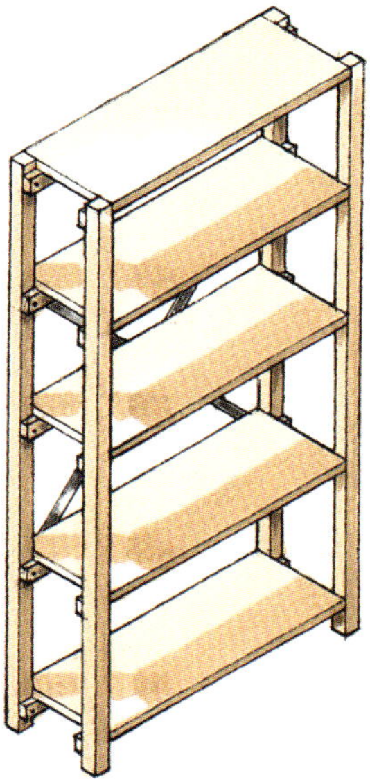

Bodenregale
Ein Bodenregal ist ideal zur Aufbewahrung von schwerem Material und Gerät. Nehmen Sie für die Pfosten 50 x 50 mm gehobeltes Weichholz und verbinden Sie sie mit 50 x 25 mm Weichholzleisten, die Sie an der Vorder- und Rückseite festschrauben. Fertigen Sie die Regalbretter aus 18 mm starken Holzwerkstoffplatten. Sie sollten maximal 750 mm breit und 300 mm tief sein. Schrauben Sie zur Versteifung Metallleisten diagonal an die Rückseite des Regals.

Wandregale
Lagern Sie Kleinteile auf schmalen Wandregalen. Schneiden Sie die nötigen Seitenteile aus 18 mm starken Holzwerkstoffplatten zu. Das Regal sollte nicht höher als 1 m und nicht tiefer als 150 mm sein. Schneiden Sie durchgehende Quernuten in die Seitenteile, in die Sie 600 mm lange Regalbretter einsetzen. Schneiden Sie in die rückwärtigen Ecken der Seitenteile einen Falz, um oben und unten Stützleisten anbringen zu können. Leimen und schrauben Sie alle Teile zusammen und schrauben Sie dann die oberen und unteren Stützleisten an die Wand.

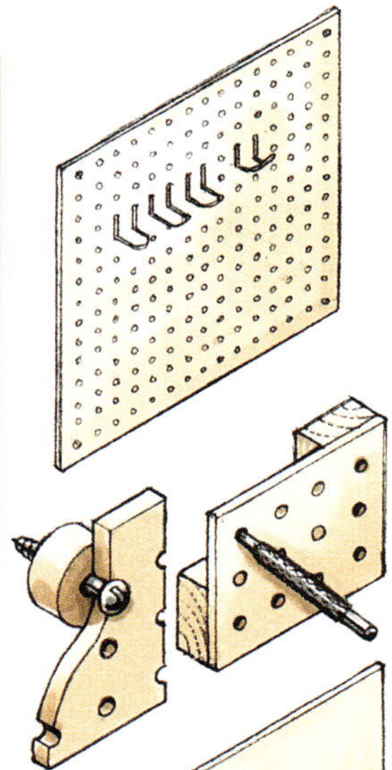

Werkzeuggestell mit Haken
Verwenden Sie für ein Werkzeuggestell eine Lochwand sowie Metallhaken, die Sie selbst aus starkem Draht herstellen. Für leichte Werkzeuge bringen Sie eine 6 mm starke Platte mit Abstandsklötzen hinter den einzelnen Schrauben an der Wand an. Für schwerere Werkzeuge nageln Sie die Platte auf einen Rahmen aus Weichholz.

Werkzeuggestell mit Holzstiften
Schneiden Sie eine oder mehrere 1 m² große Platten aus 12-mm-Holzwerkstoffplatten. Legen Sie die Werkzeuge auf und markieren Sie die Positionen der einzelnen Haltestifte, die aus 50 x 12-mm-Dübeln gefertigt werden, auf der Platte. Bohren Sie entsprechende Löcher für die Stifte in einem Winkel von ungefähr 5° in die Platte. Leimen Sie die Stifte in die Löcher.

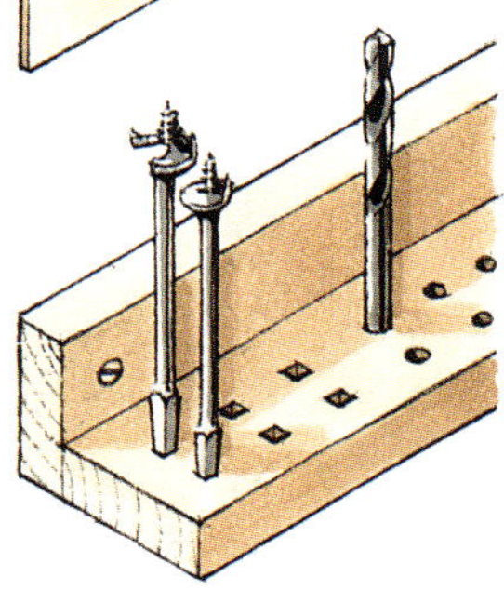

Aufbewahrung von Bohrern
Holzklötze mit Löchern bieten eine sichere und übersichtliche Ablage für Bohr- und Fräseinsätze. Stellen Sie den Holzklotz auf ein Regal oder nageln und leimen Sie eine Holzleiste an die Rückseite und schrauben Sie den Klotz an die Wand.

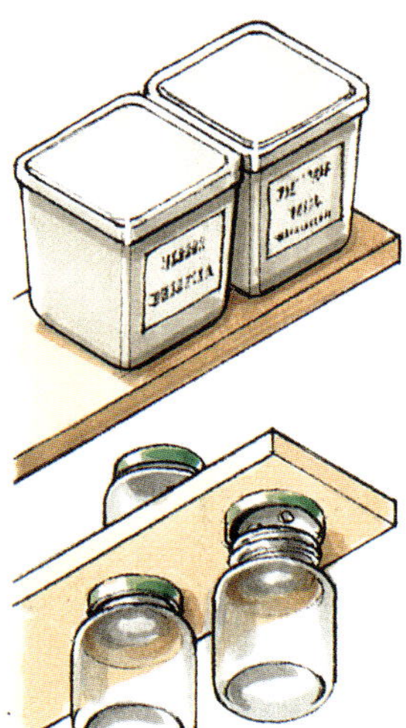

Aufbewahrung von Kleinteilen
Zur Aufbewahrung von Kleinteilen verwenden Sie am besten Dosen oder Gläser. Beschriften Sie die Behälter mit einem wasserfesten Stift oder kleben Sie Etiketten auf. Gläser mit Schraubverschluss eignen sich hervorragend für lose Teile wie Nägel, Schrauben und Muttern.
Stellen Sie die Gläser auf ein schmales Regal oder schrauben Sie die Deckel an die Unterseite des Regals.

Werkzeuge
und
Grundtechniken

Maßstäbe und Bandmaße

Da selbst die besten Anreißwerkzeuge relativ billig sind, besitzen die meisten Schreiner verschiedene Maßstäbe und Bandmaße für verschiedene Arbeiten. Es ist jedoch ratsam, bei einem Projekt nur ein Anreißwerkzeug zu verwenden. Grundsätzlich ist es sinnvoll, Maßstäbe und Bandmaße mit sowohl metrischen als auch angelsächsischen Maßeinheiten zu kaufen. Achten Sie beim Anreißen jedoch darauf, diese einheitlich und nicht abwechselnd zu verwenden. Um sicherzustellen, dass mehrere gleiche Teile auch tatsächlich gleich groß sind, messen Sie eines davon genau aus und übertragen dann die Maße von diesem Teil auf die anderen Teile.

Gliedermaßstab
Der Zollstock oder Meterstab des Schreiners, der aus Buchsbaum mit Messinggelenken und Endkappen hergestellt ist, ist bei traditionsbewussten Handwerkern noch immer beliebt. Die meisten Gliedermaßstäbe sind auseinandergeklappt 1 m lang. Da ein Holzmeterstab relativ dick ist, müssen Sie ihn auf die Kante stellen, um die Maße genau auf das Werkstück zu übertragen. Ähnliche Gliedermaßstäbe aus Plastik haben teilweise abgeschrägte Kanten, um dieses Problem zu umgehen.

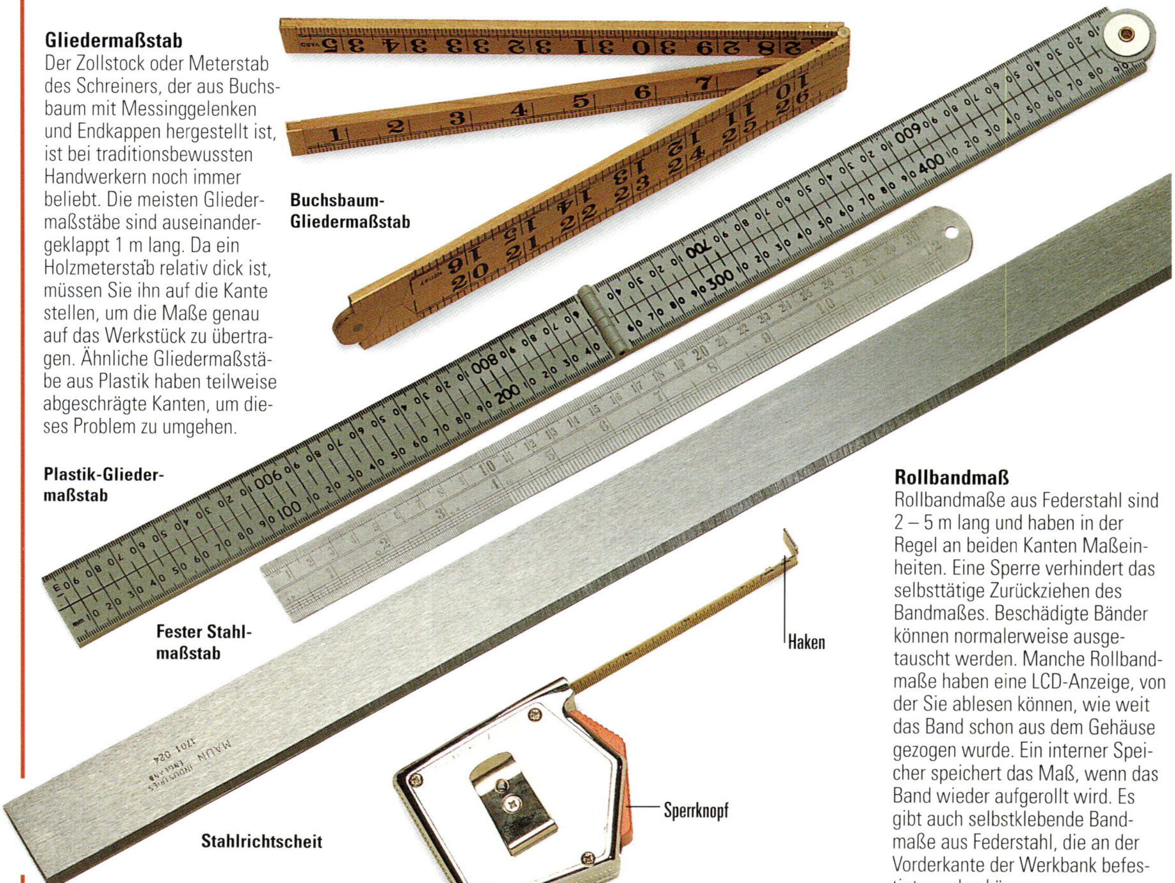

Rollbandmaß
Rollbandmaße aus Federstahl sind 2 – 5 m lang und haben in der Regel an beiden Kanten Maßeinheiten. Eine Sperre verhindert das selbsttätige Zurückziehen des Bandmaßes. Beschädigte Bänder können normalerweise ausgetauscht werden. Manche Rollbandmaße haben eine LCD-Anzeige, von der Sie ablesen können, wie weit das Band schon aus dem Gehäuse gezogen wurde. Ein interner Speicher speichert das Maß, wenn das Band wieder aufgerollt wird. Es gibt auch selbstklebende Bandmaße aus Federstahl, die an der Vorderkante der Werkbank befestigt werden können.

Fester Stahlmaßstab
Ein Stahlmaßstab von 300 mm Länge ist nützlich, um kurze Werkstücke anzureißen und um Streichmaße und Anschläge von Elektrowerkzeugen anzulegen. Außerdem kann er als kurzes Richtscheit verwendet werden.

Richtscheit
In jede Werkstatt gehört mindestens ein robustes Richtscheit aus Metall. Richtscheite sind zwischen 500 mm und 2 m lang. Ein abgefastes Richtscheit eignet sich ideal zum genauen Anreißen mit einem Reißmesser und zum Überprüfen einer ebenen Fläche. Manche Richtscheite sind auch mit Maßteilungen versehen.

Bandmaße mit Haken

Genaue Maße von der Kante eines Werkstücks lassen sich leichter abnehmen, wenn Sie ein Rollbandmaß mit einem Haken am Ende verwenden.

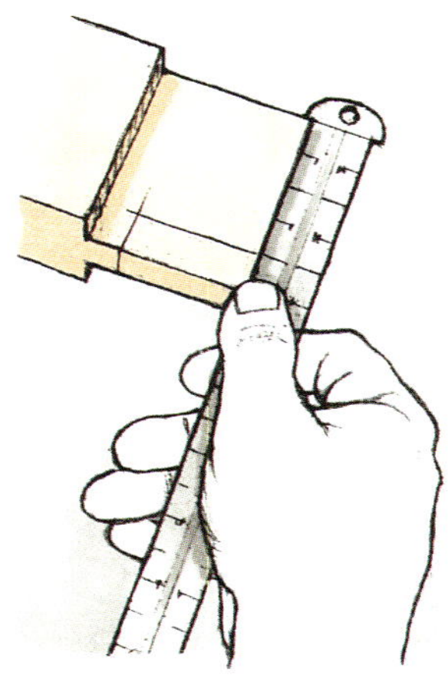

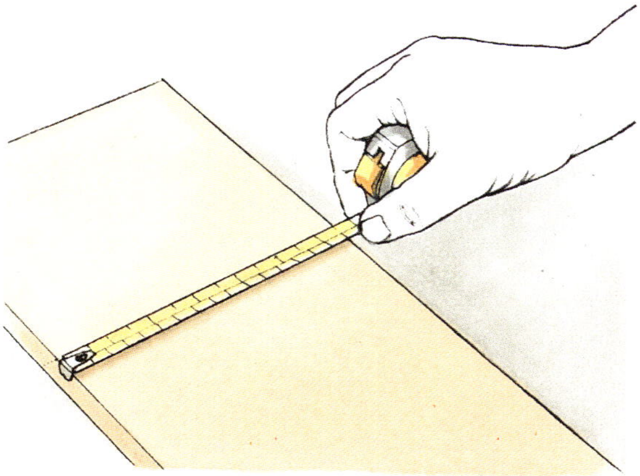

Außenmessungen mit einem Rollbandmaß

Für Außenmessungen haken Sie das Band an einer Kante des Werkstücks an und lesen das Maß an der gegenüberliegenden Seite ab.

Innenmessungen

Bei Innenmessungen schieben Sie den Haken des Bandes so weit zurück, dass er direkt am Ende des Bandes anliegt. Lesen Sie das Maß an der Eintrittstelle in das Bandgehäuse ab und addieren Sie dann die Länge des Gehäuses.

Mit Leisten messen

Sie können den Abstand zwischen zwei Teilen auch messen, indem Sie zwei aneinander gelegte Leisten dazwischen legen. Markieren Sie deren relative Position zueinander, indem Sie einen Strich über die beiden Leisten ziehen. Lassen Sie die Leisten nicht los und legen Sie sie zum Anzeichnen auf Ihr Werkstück.

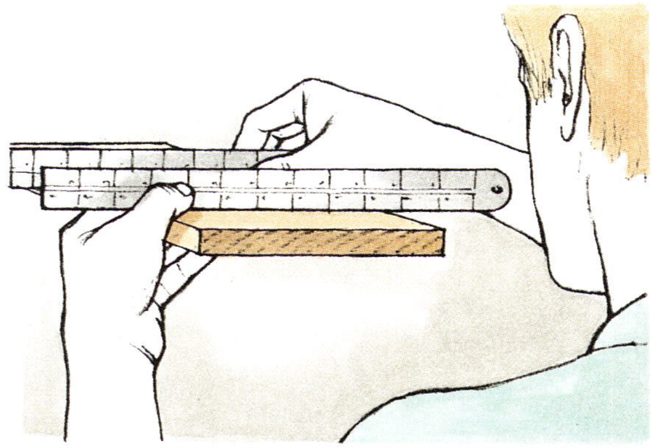

Auf Windschiefe prüfen

Um eine Verkrümmung zu erkennen, legen Sie über beide Enden des Werkstücks je einen Stahlmaßstab und peilen darüber. Beide Maßstäbe müssen parallel aufliegen.

Ein Brett in gleiche Teile einteilen

Sie können ein Werkstück mit jedem Maßstab oder Bandmaß in gleiche Teile teilen. Um ein Brett z.B. in vier Teile zu teilen, legen Sie ein Ende des Maßstabs an der Brettkante an und den vierten Teilstrich an der anderen. Dann markieren Sie die Teilstriche dazwischen.

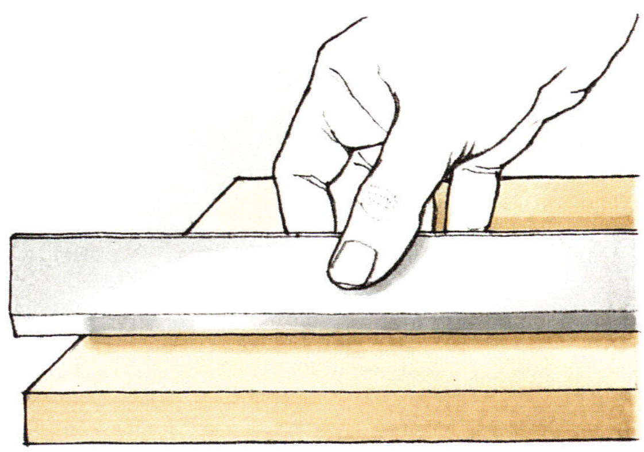

Ebenheit kontrollieren

Um die Ebenheit einer Fläche zu prüfen, legen Sie ein Richtscheit auf die Oberfläche. Wackelt das Richtscheit oder scheint Licht darunter durch, ist die Fläche nicht eben. Bei großen Flächen drehen Sie das Richtscheit in verschiedene Richtungen, um die gesamte Oberfläche zu prüfen.

Winkel und Schmiegen

Schreiner verwenden Winkel und Schmiegen zum Anreißen und zum Prüfen der Genauigkeit einzelner oder zusammengesetzter Teile.

Anschlagwinkel
Die edelsten Anschlagwinkel zum Anreißen und Prüfen von 90°-Winkeln haben eine Zunge aus gehärtetem Stahl, die im rechten Winkel an einen Schenkel aus Palisander mit einer Messingkante genietet ist. Ein Winkel mit einer 300 mm langen Zunge eignet sich für allgemeine Schreinerarbeiten am besten. Es gibt jedoch auch kleinere Metallwinkel, die für feinere Arbeiten verwendet werden.

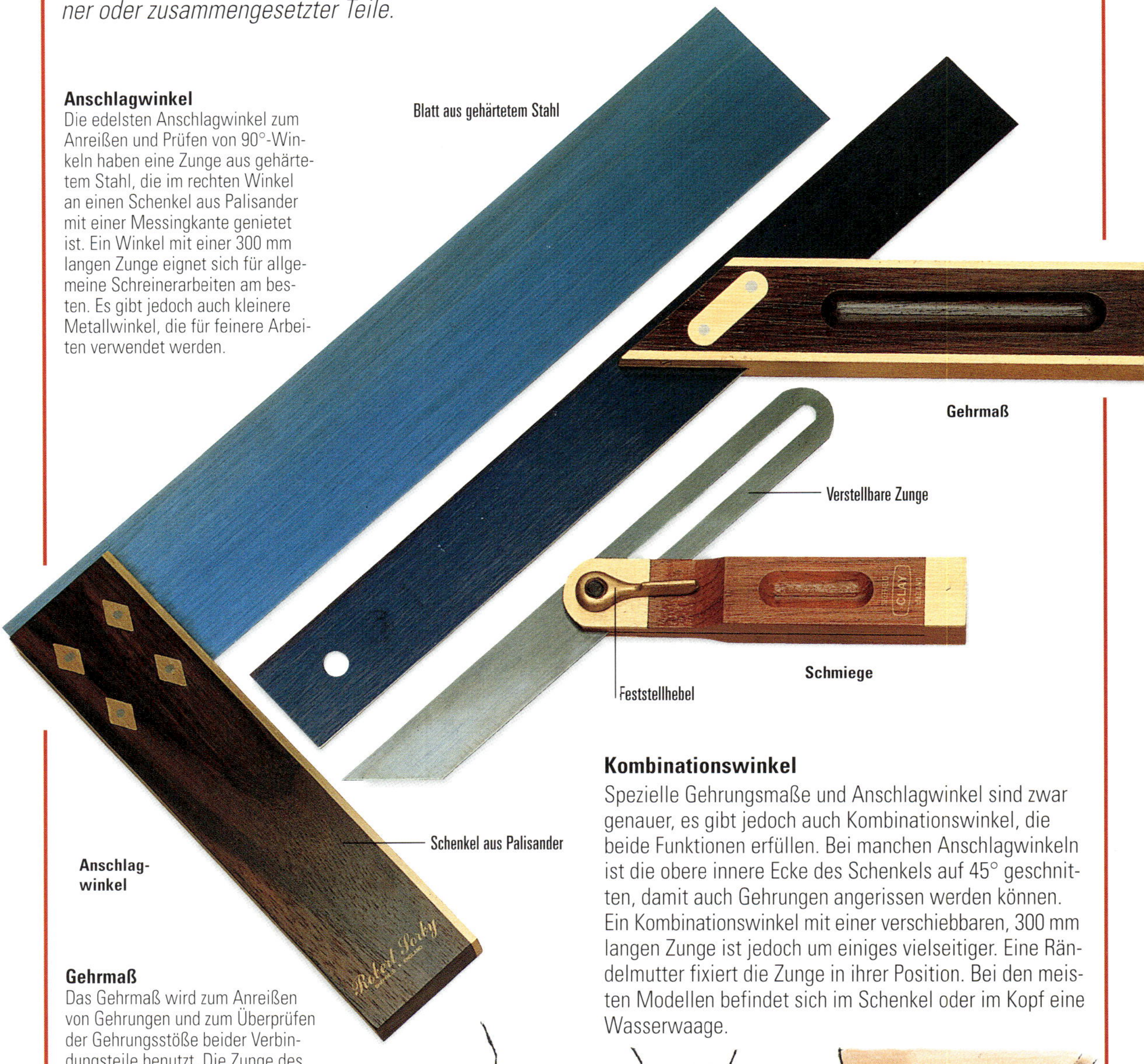

Gehrmaß
Das Gehrmaß wird zum Anreißen von Gehrungen und zum Überprüfen der Gehrungsstöße beider Verbindungsteile benutzt. Die Zunge des Gehrmaßes läuft in einem Winkel von genau 45° durch den Anschlagschenkel.

Schmiege
Mit einer Schmiege können Sie jeden beliebigen Winkel anreißen oder prüfen. Die einstellbare Zunge wird mit einem kurzen Messinghebel oder einer Schraube in der jeweiligen Stellung festgehalten.

Kombinationswinkel
Spezielle Gehrungsmaße und Anschlagwinkel sind zwar genauer, es gibt jedoch auch Kombinationswinkel, die beide Funktionen erfüllen. Bei manchen Anschlagwinkeln ist die obere innere Ecke des Schenkels auf 45° geschnitten, damit auch Gehrungen angerissen werden können. Ein Kombinationswinkel mit einer verschiebbaren, 300 mm langen Zunge ist jedoch um einiges vielseitiger. Eine Rändelmutter fixiert die Zunge in ihrer Position. Bei den meisten Modellen befindet sich im Schenkel oder im Kopf eine Wasserwaage.

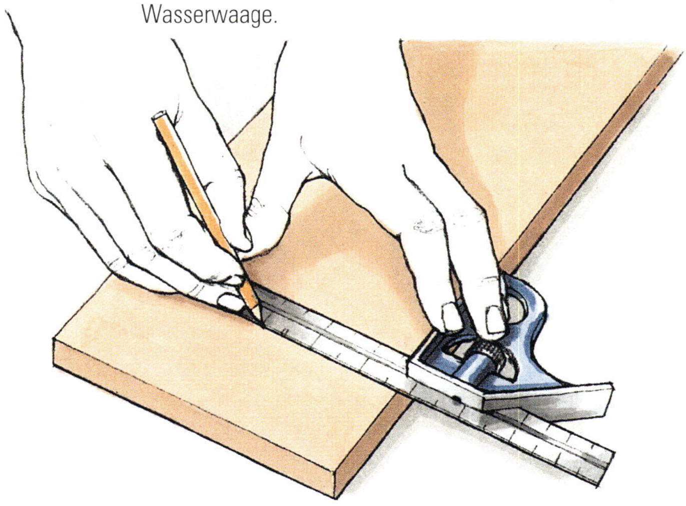

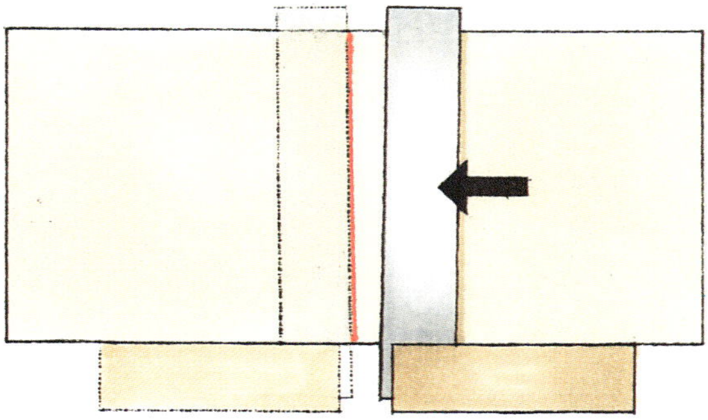

Die Genauigkeit eines Anschlagwinkels prüfen

Es lohnt sich, die Genauigkeit Ihrer Anschlagwinkel hin und wieder zu überprüfen. Das ist besonders wichtig, wenn Sie einen Kombinationswinkel mit einer verstellbaren Zunge benutzen. Ziehen Sie dazu mit dem Winkel einen senkrechten Riss zu einer Brettkante, schlagen Sie den Winkel um und schieben Sie ihn an den Riss heran. Die Zunge sollte nun mit dem Riss genau übereinstimmen.

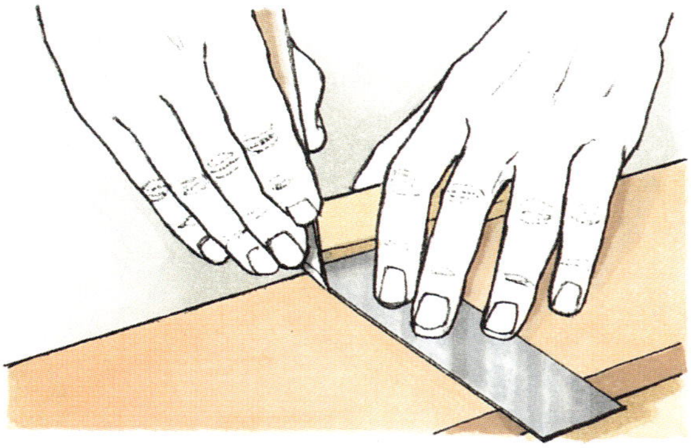

Anwendung des Anschlagwinkels

Reißen Sie rechte Winkel mit einem Anschlagwinkel an. Um Verbindungen anzureißen, sollten Sie zunächst einen Bleistift verwenden. Um aber die Holzfasern entlang der angezeichneten Linien zu durchtrennen, verwenden Sie ein Reißmesser, das einseitig schräg angefast ist.

Setzen Sie die Spitze des Messers auf die Bleistiftlinie und schieben Sie den Winkel an die flache Klingenseite heran. Drücken Sie den Winkel fest an die Kante des Werkstücks und ziehen Sie das Messer entlang der Risslinie.

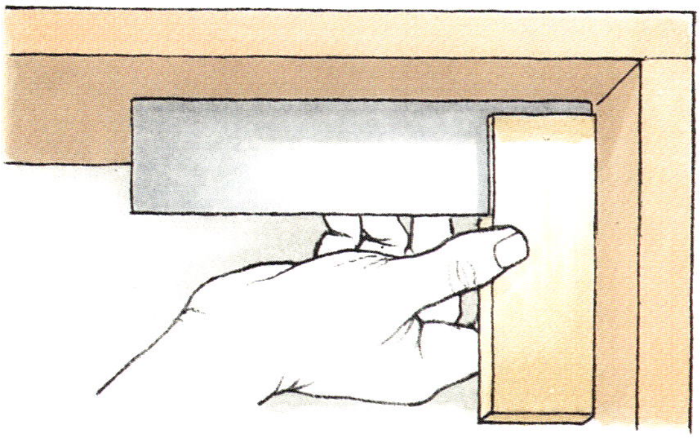

Eine Eckverbindung prüfen

Wenn Sie Eckverbindungen zusammensetzen, sollten Sie mit einem Anschlagwinkel prüfen, ob die beiden Teile einen rechten Winkel zueinander bilden.

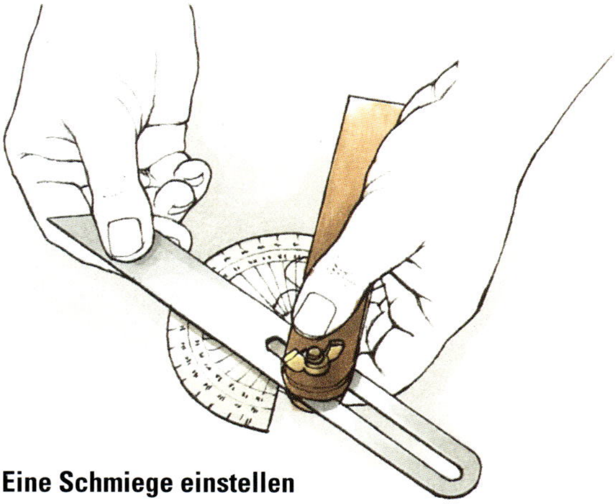

Eine Schmiege einstellen

Lösen Sie den Feststellhebel so weit, dass Sie die Zunge bewegen können. Stellen Sie den Winkel mit einem Winkelmesser ein und drehen Sie den Feststellhebel fest.

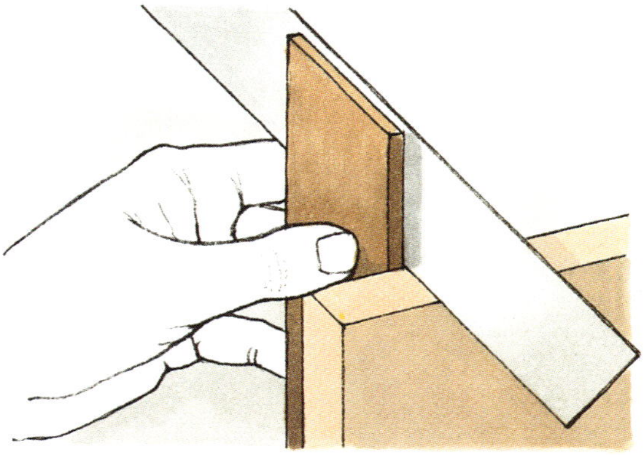

Eine Gehrung überprüfen

Schieben Sie das Gehrmaß oder die Schmiege auf die äußere Kante eines auf Gehrung geschnittenen Werkstücks. Schieben Sie das Werkzeug mit aufliegender Zunge entlang der Schrägfläche, um den Winkel zu überprüfen.

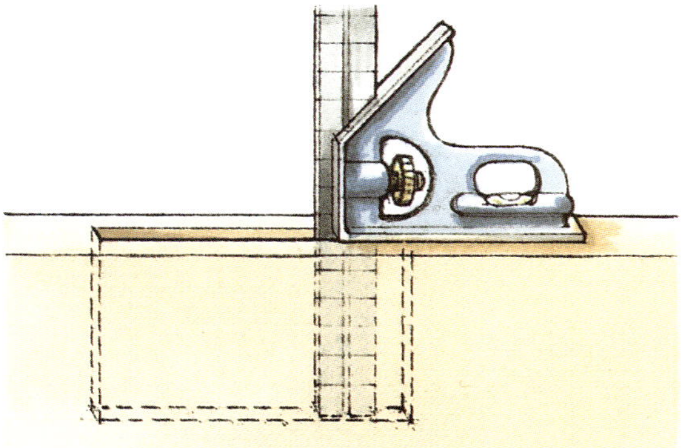

Einen Anschlagwinkel als Tiefenlehre verwenden

Sie können die Tiefe eines Zapfenlochs mit einem Kombinationswinkel messen. Lösen Sie die Rändelschraube und führen Sie das Ende der Zunge in das Zapfenloch ein, so dass es auf dem Boden des Lochs aufliegt. Der Kopf des Kombinationswinkels muss dabei auf der Kante des Werkstücks aufliegen. Der Abstand zwischen dem Ende der Zunge und der Innenkante des Kopfes gibt die Tiefe an.

Streichmaße

Ein Streichmaß soll eine klare, feine Linie auf dem Werkstück hinterlassen, die parallel zur Kante des Werkstücks verläuft. Es wird in der Regel zum Anreißen von Verbindungen und Falzen verwendet.

Streichmaß
Ein Streichmaß besteht aus einem verstellbaren Kopf, der auf einer Hartholzzunge läuft, an deren einem Ende sich ein spitzer Stahlstift befindet. Mit einer Flügelschraube lässt sich der Streichmaßkopf auf das Anreißmaß feststellen. Bessere Streichmaße haben in den Holzkopf bündig eingelassene Messingstreifen.

Zapfenstreichmaß
Ein Zapfenstreichmaß hat eine fest stehende und eine verstellbare Anreißspitze. So können Sie beide Wangen eines Zapfens gleichzeitig anreißen. Bei den besseren Zapfenstreichmaßen lässt sich die verstellbare Spitze über eine Flügelschraube am Ende der Zunge auf feinste Maße einstellen. Die meisten Zapfenstreichmaße haben auf der anderen Seite der Zunge noch eine einzelne, fest stehende Anreißspitze.

Schneidendes Streichmaß
Ein schneidendes Streichmaß hat statt der Anreißspitze eine kleine Klinge, mit der Sie quer zur Faser anreißen können, ohne die Holzoberfläche aufzureißen. Die Klinge, die durch einen Messingkeil gehalten wird, lässt sich zum Schärfen herausnehmen. Bei normalen Anreißklingen für verschiedene Eckverbindungen ist die Klinge abgerundet. Sie lässt sich jedoch auch durch eine messerartige Klinge austauschen.

Bogenstreichmaß
Es ist unmöglich, mit einem einfachen Streichmaß eine Linie parallel zu einer gebogenen Kante anzureißen. Ein Bogenstreichmaß hat einen Messinganschlag, der nur auf zwei Punkten aufliegt. So wackelt das Bogenstreichmaß nicht, wenn man es an einer gebogenen Kante entlangzieht.

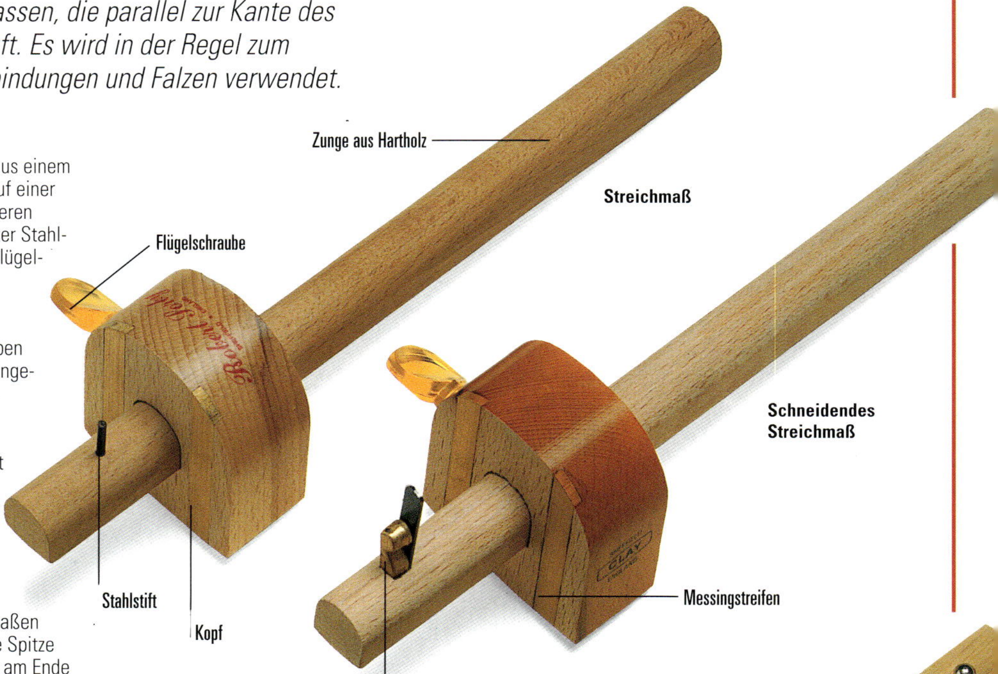

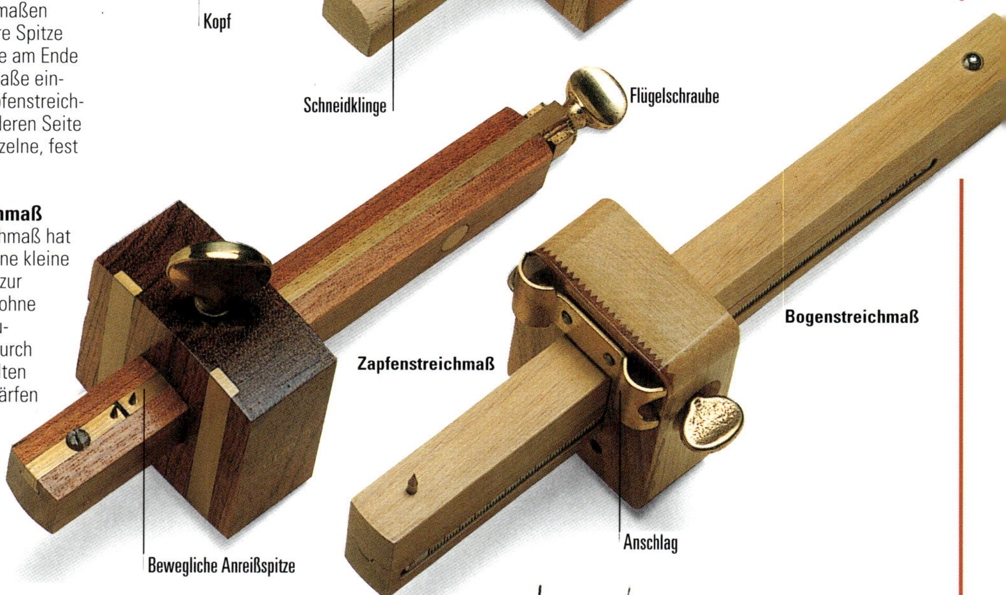

Stellmaß
Ein einfaches Streichmaß hat eine 200 mm lange Zunge, es gibt jedoch auch Streichmaße mit bis zu 800 mm langen Zungen, mit denen Sie Linien auf Holzwerkstoffplatten anreißen können. Diese werden als Stellmaß bezeichnet. Sie haben einen relativ breiten Kopf, der mit einem Haltekeil oder einer Druckschraube festgehalten wird.

1 Einstellen eines Streichmaßes

Manche Streichmaße haben Zungen mit einer Maßeinteilung. Mit ihrer Hilfe lässt sich der Kopf leicht einstellen. In der Regel messen Sie den Abstand jedoch mit einem Maßstab.

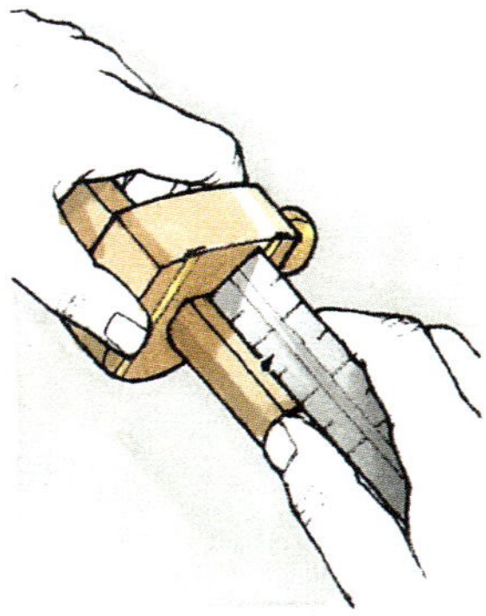

2 Justieren eines Streichmaßes

Ziehen Sie jetzt die Flügelschraube an und prüfen Sie die Einstellung. Falls nötig, korrigieren Sie kleine Abweichungen. Wollen Sie den Abstand vergrößern, klopfen Sie mit dem Fuß der Zunge auf eine Unterlage. Um den Abstand zu verringern, klopfen Sie mit dem anderen Ende der Zunge.

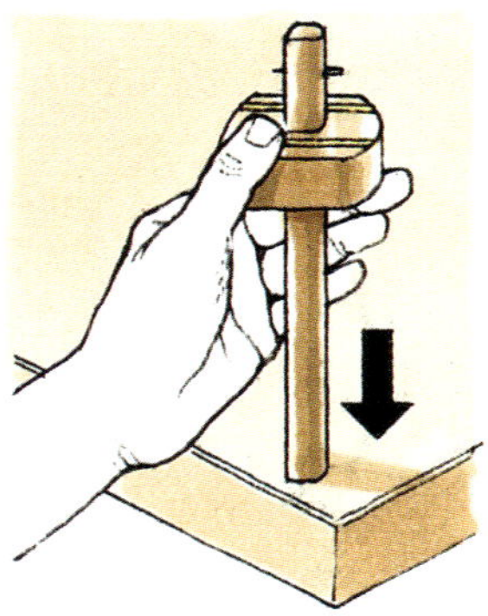

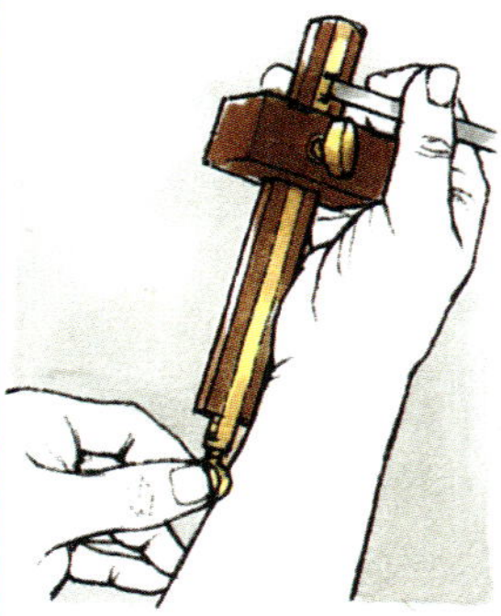

Einstellen eines Zapfenstreichmaßes

Stellen Sie zwischen den beiden Anreißstiften die Breite eines Stemmeisens und dann den Kopf passend zur Breite des Beines oder Holmes ein. Reißen Sie den entsprechenden Zapfen mit derselben Stifteinstellung an.

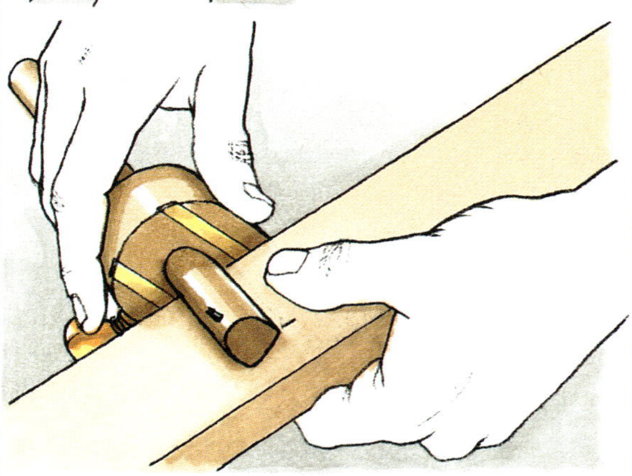

Anreißen mit einem Streichmaß

Drücken Sie den Anschlag fest gegen die Brettkante, wobei der Stift zu Ihnen zeigt, und schieben Sie den Kopf entlang der Brettkante. Bewegen Sie das Streichmaß, bis der Stift eine Linie auf dem Holz hinterlässt, und schieben Sie es dann von sich weg, um eine gerade Linie zu ziehen.

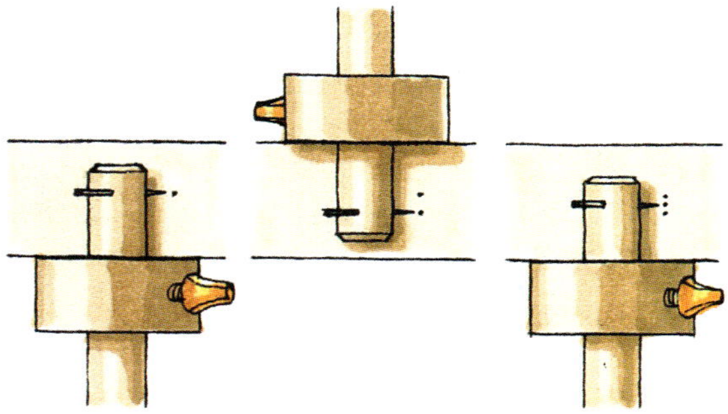

Die Mitte finden

Um die Mitte eines Holzstücks zu finden, stellen Sie ein Streichmaß so genau wie möglich auf die Hälfte der Holzstärke ein. Dann legen Sie es auf einer Seite an und machen einen kleinen Riss. Das Gleiche machen Sie nun von der anderen Seite. Liegen die Risse nebeneinander, müssen Sie das Streichmaß neu einstellen, bis die Risse sich decken.

Von Hand anreißen

Bei einfachen Arbeiten können Sie die Linien auch mit einem Bleistift anreißen.

Mit dem Finger anreißen

Legen Sie eine Fingerspitze an die Werkstückkante, um die Bleistiftlinie möglichst parallel zur Kante zu ziehen.

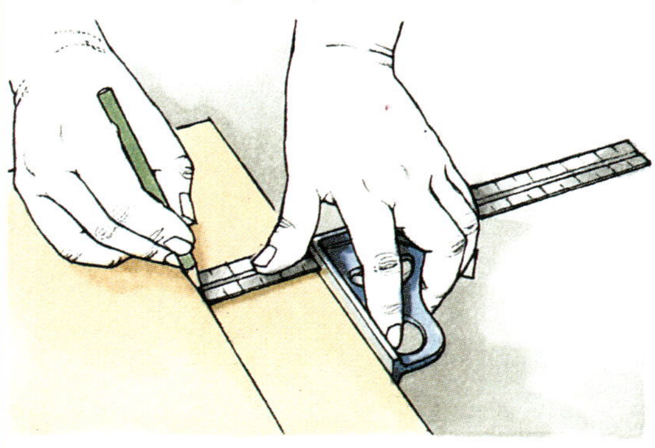

Mit einem Kombinationswinkel anreißen

Bei etwas breiteren Maßen folgen Sie der Werkstückkante mit dem Kopf eines Kombinationswinkels, wobei Sie den Stift am Ende der Zunge entlangführen.

Handsägen

Handsägen werden zum Zerteilen von Brettern und Holzwerkstoffplatten verwendet, die dann gehobelt werden können. Die besten Handsägen haben einen geschweiften Rücken, bei dem das Blatt in einer sanften S-Kurve zur Spitze hin schmaler wird. Dadurch wird die Säge leichter und hat ein besseres Gleichgewicht. Diese Sägen sind normalerweise hohlgeschliffen, d.h. sie sind oberhalb der Zahnlinie dünner geschliffen, um in der Schnittfuge mehr Spiel zu haben.

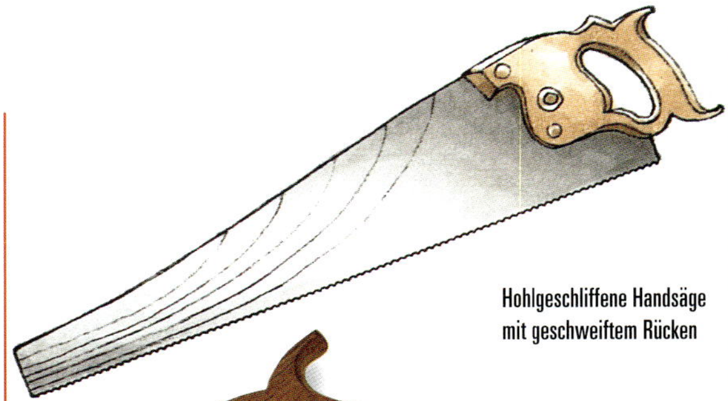

Hohlgeschliffene Handsäge mit geschweiftem Rücken

Längsschnittsäge
Diese Säge ist mit einem 650 mm langen Blatt die größte Handsäge und eignet sich besonders für Längsschnitte in Massivholz. Eine Längsschnittsäge hat große Zähne mit fast senkrechter Zahnbrust. Jeder Zahn ist rechtwinklig zur Sägeblattebene gefeilt, und seine scharfe Spitze schneidet wie ein Stecheisen in das Holz. Wie bei den meisten Sägen, mit Ausnahme der ganz kleinen, sind die Zähne „geschränkt", d.h. sie sind abwechselnd nach rechts oder links gebogen, damit die Schnittfuge weiter als das Sägeblatt stark ist. Dadurch wird verhindert, dass die Säge im Schnitt klemmt. Längsschnittsägen haben eine Zahngröße von 5 – 6 PPI.

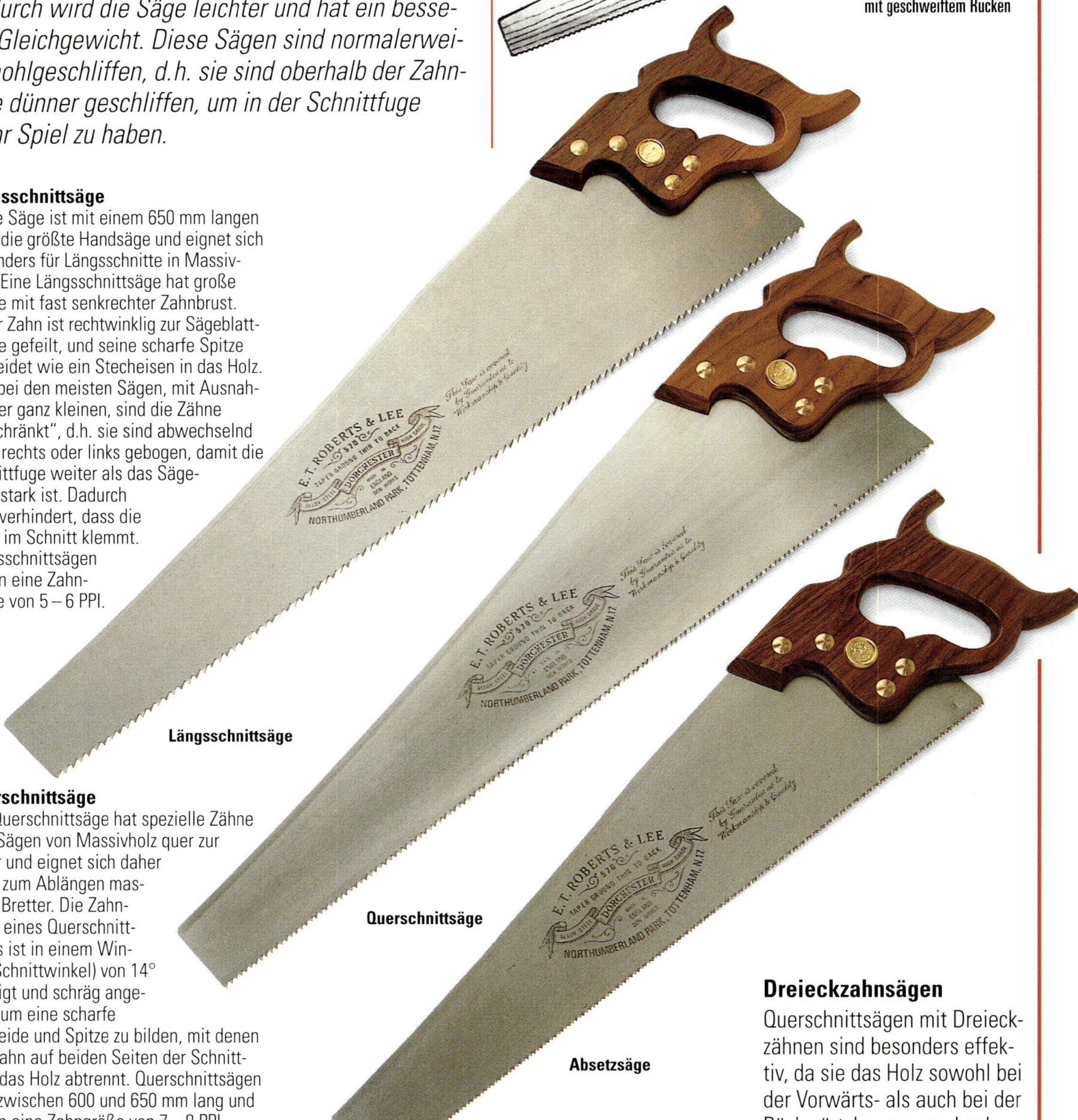

Längsschnittsäge

Querschnittsäge

Absetzsäge

Querschnittsäge
Die Querschnittsäge hat spezielle Zähne zum Sägen von Massivholz quer zur Faser und eignet sich daher ideal zum Ablängen massiver Bretter. Die Zahnbrust eines Querschnittzahns ist in einem Winkel (Schnittwinkel) von 14° geneigt und schräg angefeilt, um eine scharfe Schneide und Spitze zu bilden, mit denen der Zahn auf beiden Seiten der Schnittfuge das Holz abtrennt. Querschnittsägen sind zwischen 600 und 650 mm lang und haben eine Zahngröße von 7 – 8 PPI.

Absetzsäge
Diese Säge hat eine relativ feine Querschnittzahnung von 10 PPI und dient hauptsächlich zum Zerteilen großer Holzwerkstoffplatten, kann aber auch als Querschnittsäge für Massivholz verwendet werden. Die Absetzsäge hat ein 500 – 550 mm langes Blatt.

Universalsäge
Manche Hersteller bieten auch Universalhandsägen an, deren Zähne in der Form einer Querschnittzahnung ähneln, jedoch sowohl gegen als auch längs zur Faser gut schneiden. Universalsägen haben eine Zahngröße zwischen 6 und 10 PPI.

Dreieckzahnsägen

Querschnittsägen mit Dreieckzähnen sind besonders effektiv, da sie das Holz sowohl bei der Vorwärts- als auch bei der Rückwärtsbewegung durchtrennen. Dreieckzähne haben einen Schnittwinkel von 22,5°.

Gehärtete Zähne

Moderne Sägeblätter werden manchmal einem Hochfrequenz-Härteverfahren unterzogen. Eine Säge mit gehärteten Zahnspitzen, erkennbar an ihrer blauschwarzen Zahnlinie, bleibt länger scharf. Gehärtete Sägeblätter können jedoch nur vom Fachmann geschärft werden.

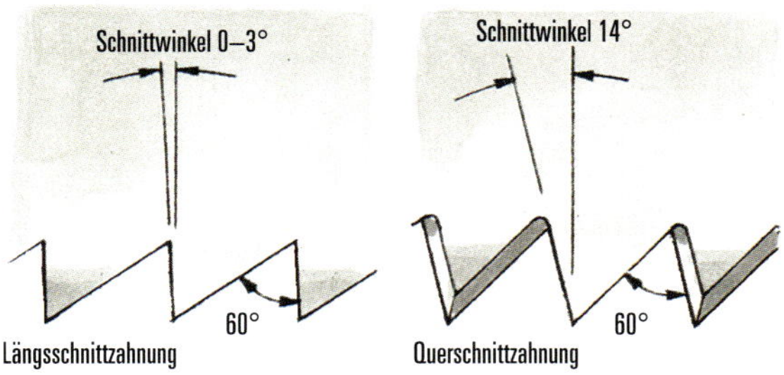

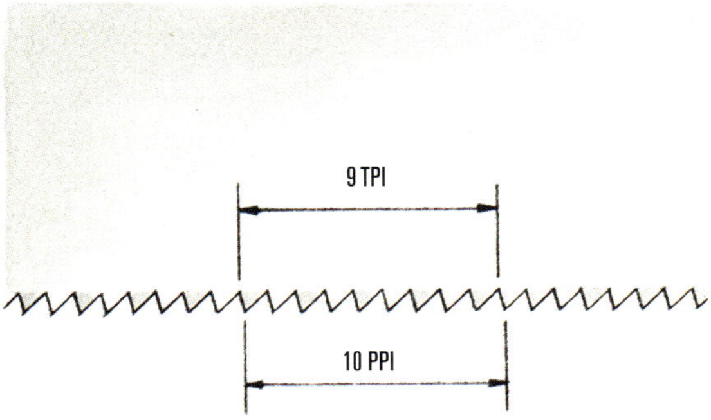

Zahngrößen

Die Zahngröße wird (in England und Amerika) meist in TPI (teeth per inch = Zähne pro Inch) angegeben, wobei von Zahnfuß bis Zahnfuß gemessen wird. Oder es wird die Anzahl der Zähne in PPI (points per inch = Zahnspitzen pro Inch) angegeben, wobei die Anzahl der Zahnspitzen gezählt wird, die auf 25 mm (oder 1 Inch) eines Sägeblattes stehen. Beim Abzählen erhält man immer ein PPI mehr als TPI.

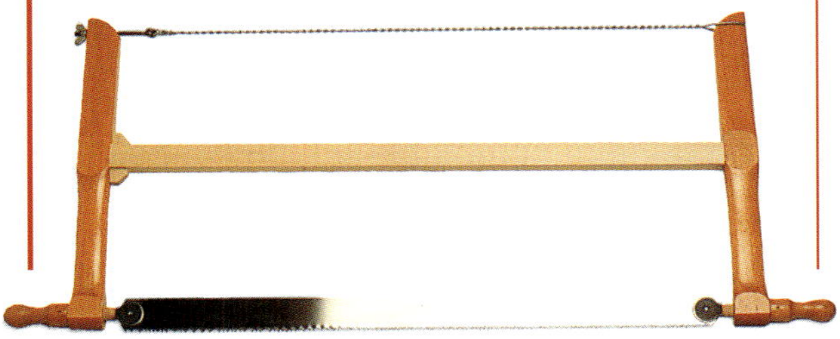

Gestellsäge

Obwohl sie äußerlich manchen Schweifsägen ähnelt (siehe S. 25), dient eine traditionelle Gestellsäge, je nach eingespanntem Blatt, zum Längs- oder zum Querschneiden von Massivholz. Das schmale Sägeblatt wird mit Hilfe eines gedrehten Drahts gespannt, der die Sägearme aus Massivholz oben zusammenzieht. Das Blatt lässt sich drehen, damit das Gestell bei großen Längsschnitten nicht im Weg ist.

Griffe

Elegante Griffe werden noch immer aus kurzfaserigem Hartholz hergestellt, obwohl die meisten Handsägen heute günstiger herzustellende Griffe aus Plastik haben. Das Material beeinträchtigt die Arbeit mit der Säge nicht. Der Griff muss jedoch gut in der Hand liegen. Er sollte tief hinter dem Blatt ansetzen, damit die maximale Stoßkraft bei der Vorwärtsbewegung erreicht wird.

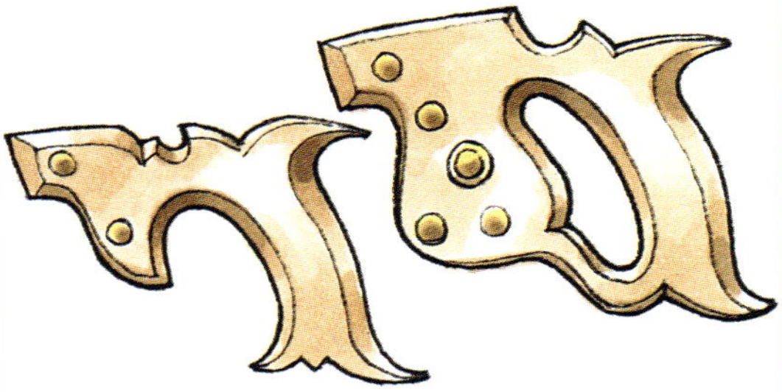

Offene und geschlossene Griffe

Einige kleinere Handsägen, wie Zinkensägen und Schlüssellochsägen, haben noch den offenen Pistolengriff. Die meisten Sägen gibt es mit den stärkeren geschlossenen Griffen.

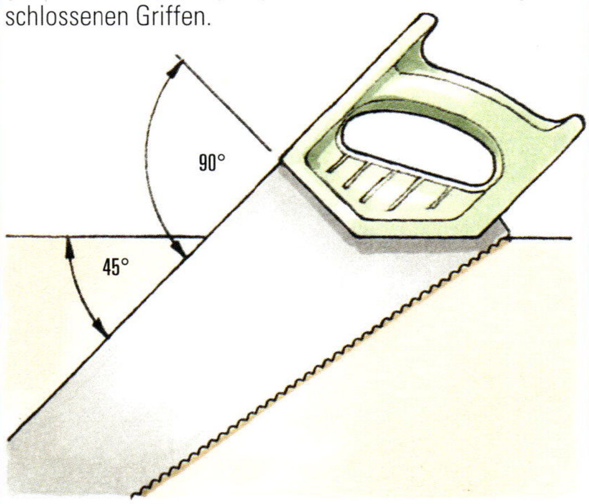

Eine Säge als Gehrmaß verwenden

Bei manchen Plastikgriffen stehen zwei Seiten in einem Winkel von 90° und 45° zum Sägerücken, so dass man die Säge als großen Winkel oder als Gehrmaß einsetzen kann.

Pflege der Handsägen

Sägezähne stumpfen schnell ab, wenn die Säge achtlos in einen Werkzeugkasten geworfen wird oder wenn ein Sägeblatt sich an einem anderen reibt. Schieben Sie einen Plastikschutz über die Zähne der Säge, bevor Sie die Säge länger weglegen. Transportieren Sie Ihre Sägen am besten in einer Textilhülle.
Beseitigen Sie Harzrückstände auf der Säge mit Benzin und reiben Sie die Säge mit einem öligen Lappen ein, wenn Sie sie längere Zeit nicht gebrauchen.

Handhabung der Handsägen

Mit einer gut geschärften und sauber geschränkten Handsäge können Sie über eine lange Zeit bequem und ohne größere Anstrengung arbeiten.

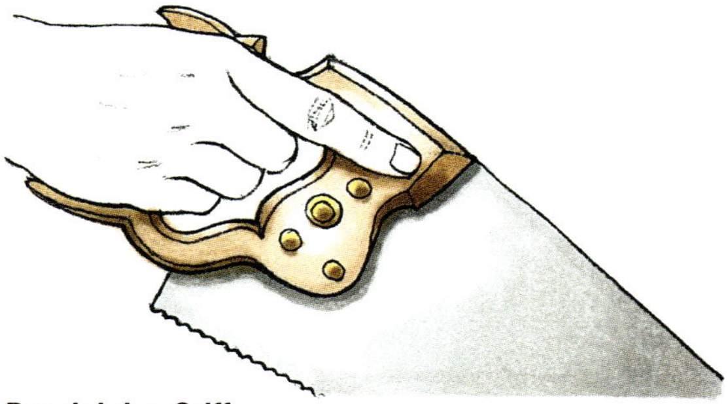

Der richtige Griff

Halten Sie die Handsäge so, dass der ausgestreckte Zeigefinger in Richtung der Blattspitze zeigt. Sie haben so das Blatt besser unter Kontrolle und der Sägegriff kann sich in Ihrer Hand nicht drehen.

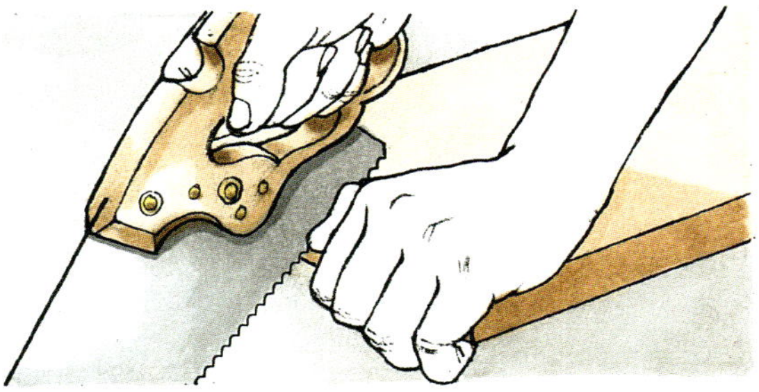

Ansetzen der Säge

Setzen Sie die Säge so an, dass der Schnitt auf der wegfallenden Seite des Risses liegt. Legen Sie das Blatt mit dem Daumen der anderen Hand an und beginnen Sie den Schnitt mit kurzen Rückwärtsbewegungen der Säge.

Den Schnitt durchführen

Führen Sie die Säge in langsamen, gleichmäßigen Zügen unter Ausnutzung der ganzen Sägeblattlänge. Schnelle oder ungleichmäßige Bewegungen sind sehr anstrengend und die Säge verklemmt sich oder verläuft leichter. Fängt die Säge an zu verlaufen, drehen Sie das Sägeblatt ein wenig, um zurück zum Riss zu gelangen. Falls die Säge ständig verläuft, sollten Sie deren Zähne überprüfen.

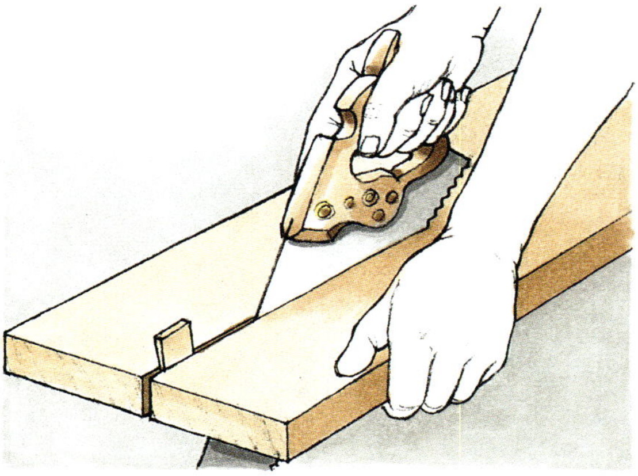

Die Schnittfuge offen halten

Falls sich die Schnittfuge schließt und das Sägeblatt einklemmt, halten Sie sie mit einem kleinen Keil offen. Sie können beide Blattseiten auch mit einer Kerze einreiben.

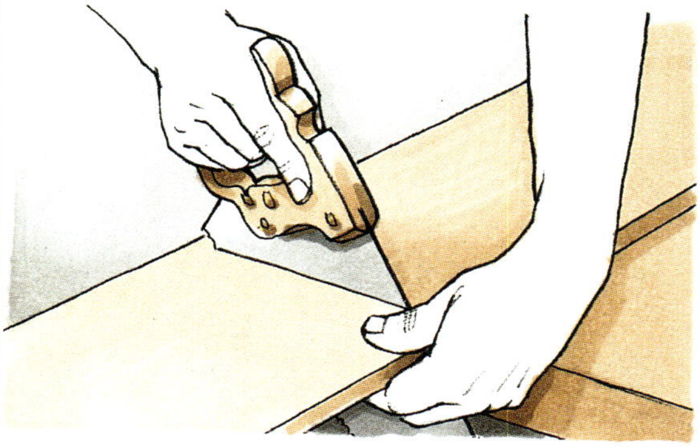

Den Schnitt beenden

Wenn Sie das Ende eines Risses erreichen, neigen Sie den Sägegriff weiter nach unten und sägen Sie langsam, um die letzten Holzfasern nicht auszubrechen. Halten Sie einen längeren Abschnitt mit Ihrer freien Hand fest oder bitten Sie einen Helfer, den Abschnitt zu stützen.

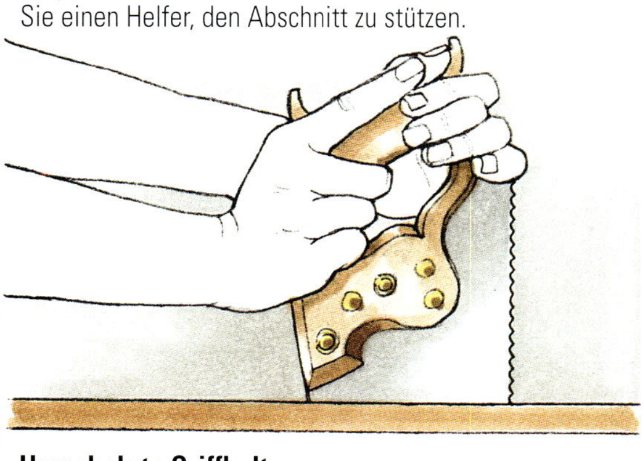

Umgekehrte Griffhaltung

Wenn Sie sich dem Ende eines langen Bretts oder einer Platte nähern, sollten Sie entweder von der anderen Seite her der Schnittfuge entgegen sägen, oder Sie ändern Ihren Griff an der Säge, so dass Sie in der gleichen Richtung weitersägen, die Zähne der Säge aber von Ihnen weg weisen.

Auflegen eines Werkstücks

Wenn Sie das Werkstück nicht richtig auflegen oder abstützen, können Sie auch nicht genau sägen. Spannen Sie ein Holzstück auf eine Bank oder legen Sie es auf ca. 600 mm hohe Böcke, wobei Sie das Brett mit einer Hand niederhalten.

Querschnitte
Zum Ablängen eines Bretts legen Sie es auf zwei Sägeböcke. Ist das Holz dünn und biegsam, legen Sie darunter ein steiferes Brett. Kurze Stücke können Sie auf einen Sägebock klemmen.

Längsschnitte
Beim Längssägen stützen Sie das Holz in ähnlicher Weise, verschieben jedoch die Sägeböcke nacheinander, damit Sie nicht in sie hineinsägen bzw. der Weg für den Sägeschnitt frei ist. Eine dünne Platte unterstützen Sie durch je ein Brett auf jeder Seite der Schnittfuge.

Querschnitte mit einer Gestellsäge
Beim Ablängen mit einer Gestellsäge stellen Sie das Gestell leicht schräg, so dass Sie den Riss auf dem Brett gut sehen können. Gegen Ende des Schnitts greifen Sie durch das Gestell und halten hinter dem Sägeblatt das wegfallende Teil mit einer Hand fest.

Längsschnitte mit einer Gestellsäge
Zwingen Sie das Werkstück an einer stabilen Bank fest, so dass Sie beide Hände frei haben, um die Säge zu führen. Stellen Sie das Blatt rechtwinklig zum Gestell ein. Halten Sie einen Sägearm mit beiden Händen fest, so dass das schmale Sägeblatt sich nicht verdrehen und die Säge nicht verlaufen kann.

Rückensägen

Rückensägen haben relativ kleine und nur leicht geschränkte Zähne zum Ablängen von Holz und zum Schneiden von Holzverbindungen. Das besondere Merkmal der Rückensägen ist ein kräftiger Stahl- oder Messingstreifen, der über dem Rücken der Säge sitzt. Er versteift das Sägeblatt, und sein Gewicht sorgt dafür, dass die Sägezähne ohne großen Kraftaufwand auf dem Holz aufliegen.

Zapfensäge
Die Zapfensäge ist mit 13 – 15 PPI und einer Blattlänge von ungefähr 250 – 350 mm die größte und am vielseitigsten verwendbare unter den Rückensägen. Sie kann sowohl zum Schneiden von Leisten als auch für genauere Arbeiten wie das Schneiden von Zapfen oder anderen großen Holzverbindungen verwendet werden.

Feinsäge
Die Feinsäge ist die kleinere Ausführung der Zapfensäge. Die Zähne sind mit einer Größe von 16 – 22 PPI sehr fein und nicht im üblichen Sinne geschränkt. Der Grat, der beim Schärfen durch das Feilen entsteht, sorgt jedoch für eine ausreichende Schnittfuge, die zum Schneiden von Zinken und anderen feinen Verbindungen erforderlich ist. Feinsägen mit einem traditionell geschlossenen Griff oder einem Pistolengriff haben in der Regel ein Blatt von ca. 200 mm Länge. Eine andere Ausführung hat ein längeres Blatt und einen geraden Handgriff.

Feinsäge mit gekröpfter Angel
Eine Feinsäge mit gekröpfter Angel eignet sich besonders zum Absägen von Dübeln und Zapfen bündig zur Holzoberfläche.

Perlsäge
Diese Miniatur-Feinsäge mit ungefähr 26 PPI eignet sich ideal zum Schneiden besonders feiner Verbindungen und für den Modellbau.

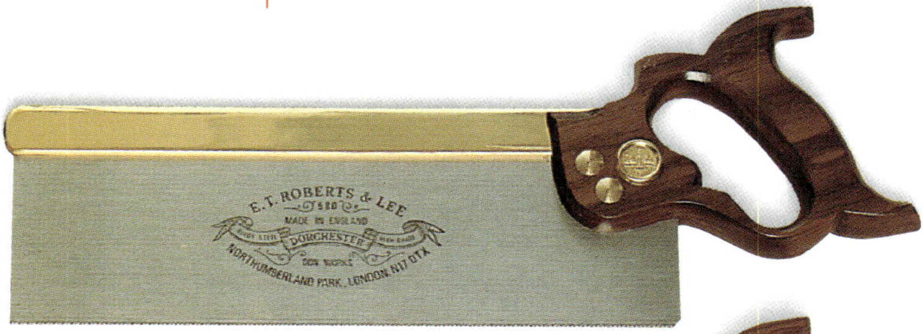

Zapfensäge

Traditionelle Feinsäge

Feinsäge mit umlegbarer gekröpfter Angel

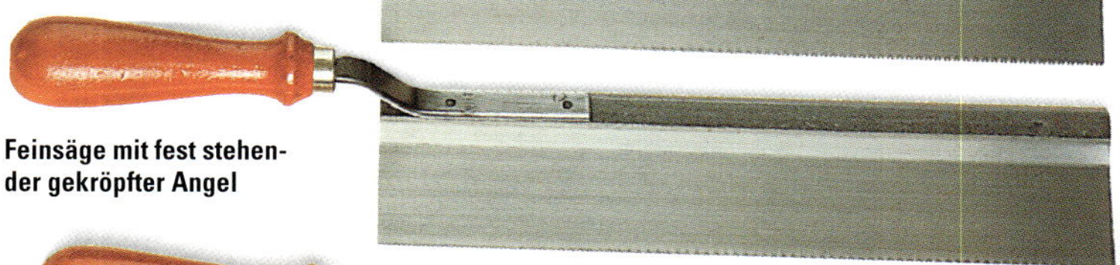
Feinsäge mit fest stehender gekröpfter Angel

Gerade Feinsäge

Perlsäge

Längsschneiden

Zwingen Sie das Werkstück in einer Werkbank fest, bevor Sie einen Zapfen oder einen Zinken schneiden.

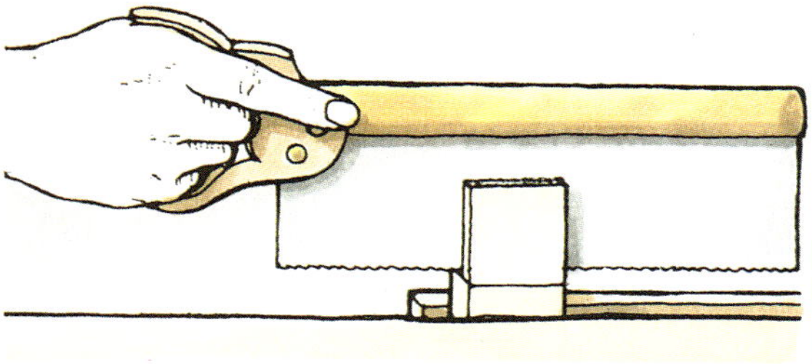

Querschneiden

Drücken Sie das Werkstück fest gegen eine Bank-Sägelade und beginnen Sie mit kurzen Rückwärtsstrichen auf der Abfallseite der Risslinie, bis die Schnittlinie angelegt ist. Beim Weitersägen senken Sie die Säge langsam bis in die Schnittlinie ab, um die Kerbe zu vertiefen.

Schweifsägen

Für das Aussägen von Rundungen und Löchern in Massivholz und in Holzwerkstoffplatten gibt es eine Reihe von Spezialsägen mit schmalem Sägeblatt. Sie sind in verschiedenen Größen und Ausführungen erhältlich: Welche Säge Sie wählen sollten, hängt von dem zu schneidenden Material und der Größe der Arbeit ab.

Schweifsäge
Die Schweifsäge ist eine mittelschwere Gestellsäge zum Schneiden von relativ dicken Holzstücken und hat ein 200 – 300 mm langes Sägeblatt. Es wird mit Hilfe einer Spannschnur gespannt, die die Sägearme oben zusammenzieht. Die Sägeblätter haben eine Zahngröße von 9 – 17 PPI und können um 360° gedreht werden, damit das Gestell nicht im Weg ist.

Kleine Bügelsäge
Das sehr schmale, 150 mm lange Sägeblatt wird durch die Zugkraft des Stahlbügels gespannt. Die Blätter mit 15 – 17 PPI sind zum Schärfen zu schmal und werden ersetzt, wenn sie stumpf oder gebrochen sind. Das Sägeblatt lässt sich drehen, damit das Gestell beim Sägen von Rundungen in Massivholz oder Platten nicht im Weg ist.

Laubsäge
Die Laubsäge ähnelt der kleinen Bügelsäge, hat jedoch einen tiefen Bügel, in den das Sägeblatt eingespannt wird. Mit einer Zahngröße von 32 PPI eignet sich die Laubsäge zum Schneiden von dünnen Holzteilen, Platten oder Furnierschichten. Die Laubsäge arbeitet auf Zug, damit das Sägeblatt nicht abknickt.

Stichsäge
Mit den meisten Schweifsägen lassen sich wegen des Gestells Löcher nur relativ nah an den Kanten eines Werkstücks schneiden. Eine Stichsäge hat ein schmales, spitz zulaufendes Sägeblatt, das steif genug ist, um auch ohne Spannung seine Form zu halten. Daher ist es möglich, ein Loch in eine Platte jeglicher Dicke und in beliebigem Abstand zur Kante zu schneiden. Das Sägeblatt mit 8 – 10 PPI ist entweder in einen Pistolengriff genietet oder in einem geraden Griff befestigt, der es ermöglicht, die Säge in jede beliebige Richtung zu drehen.

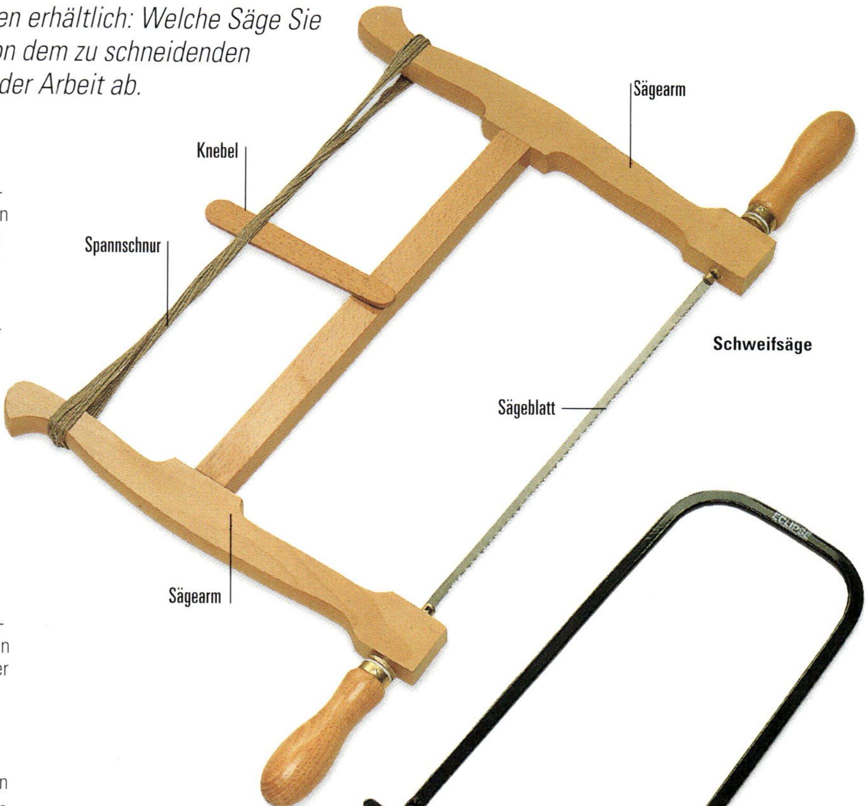

Schweifsäge

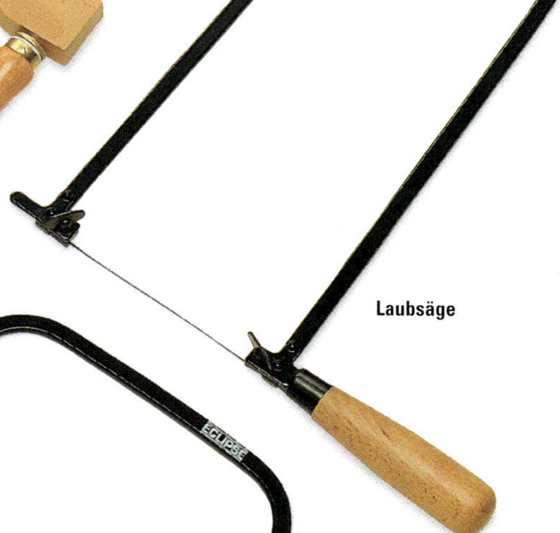

Laubsäge

Kleine Bügelsäge

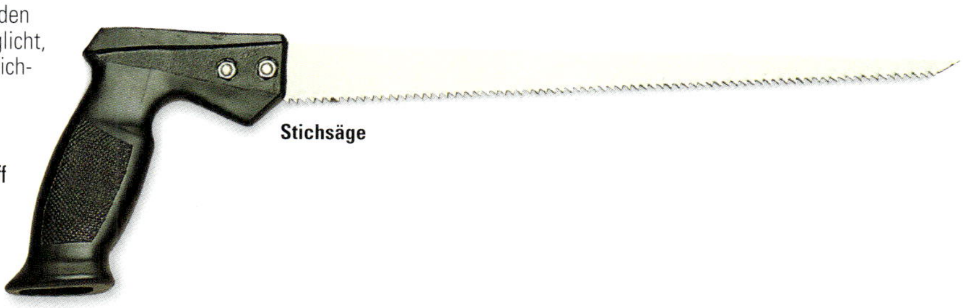

Stichsäge

Sägetechnik

Die meisten Schweifsägen erfordern eine bestimmte Sägetechnik, um der Eigenart des Sägeblatts entgegenzuwirken, sich auf Grund des Gestellgewichts zu verdrehen.

Handhabung einer Gestell-Schweifsäge

Eine Gestell-Schweifsäge muss mit beiden Händen gehalten werden, um die Schneidrichtung steuern und die vom Gestell ausgehende Drehkraft ausgleichen zu können. Legen Sie eine Hand so um den geraden Griff, dass der Zeigefinger auf das Sägeblatt zeigt. Legen Sie die andere Hand so dagegen, dass Zeige- und Mittelfinger den Arm der Säge auf beiden Seiten des Sägeblatts umspannen.

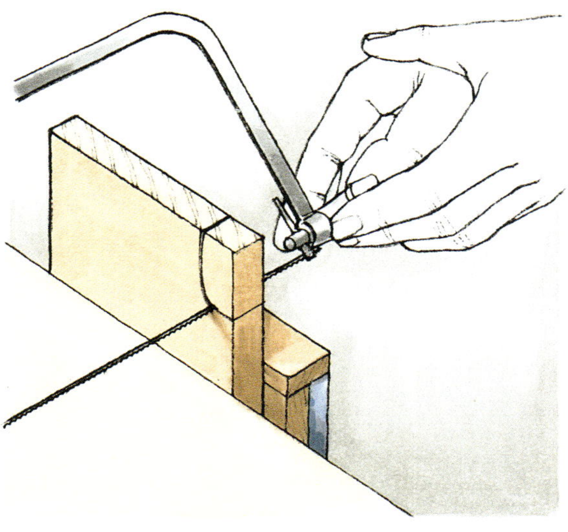

Sägen mit einer Bügelsäge

Um das Sägeblatt auf der Risslinie zu halten, legen Sie das vordere Glied des ausgestreckten Zeigefingers an den Bügel der Säge. Wenn es für Sie angenehmer ist, können Sie mit der anderen Hand die angelegte Hand umfassen und die Säge zweihändig führen.

Handhabung der Laubsäge

Dünne Werkstücke vibrieren leicht, wenn sie nicht von unten durch einen Schichtholzstreifen gestützt werden. Dieser muss an die Werkbank geschraubt sein und über deren Vorderkante herausragen. Machen Sie einen v-förmigen Einschnitt in das Schichtholz, damit das Sägeblatt Platz hat. Um auf Zug nach unten sägen zu können, setzen Sie sich auf einen niedrigen Stuhl, so dass die Werkbank etwa in Brusthöhe ist.

Einen Ausschnitt sägen

Zum Schneiden von Löchern innerhalb einer Fläche reißen Sie das Loch an und bohren auf der Abfallseite der Risslinie ein kleines Loch. Stecken Sie das Sägeblatt durch das Loch und spannen Sie es dann wieder in den Bügel ein.

Löcher mit einer Stichsäge sägen

Um ein Loch mit einer Stichsäge zu sägen, bohren Sie ein Einsetzloch für die Sägespitze in den geplanten Ausschnitt. Sägen Sie gleichmäßig, damit sich das Blatt bei der Vorwärtsbewegung nicht verbiegt.

Wechseln der Sägeblätter

Schweifsägeblätter sind empfindlich. Stumpfe, gebrochene oder geknickte Sägeblätter können aber schnell und einfach gewechselt werden.

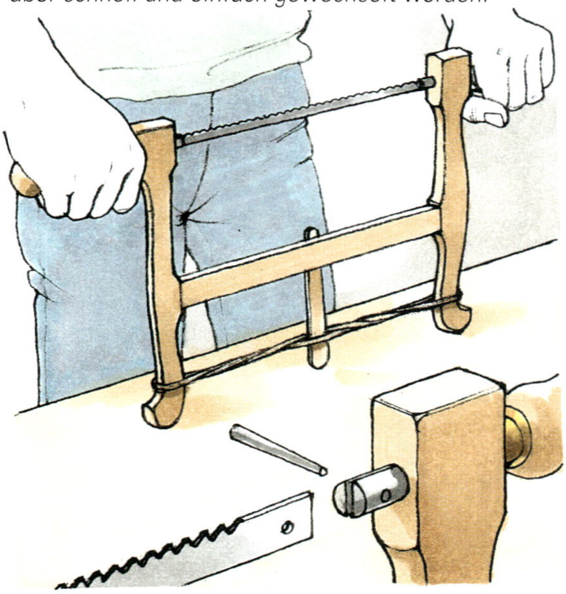

Einsetzen eines Schweifsägeblatts
Wickeln Sie den Knebel ab, um die Spannschnur zu lockern, und setzen Sie beide Enden des neuen Blatts in die Schlitze der Zapfen an den Sägearmen ein. Stecken Sie die konischen Stifte durch das Loch im Blatt und im Zapfen. Spannen Sie die Spannschnur wieder fest und drehen Sie mit den beiden Handgriffen das Sägeblatt gerade.

Einsetzen eines Stichsägeblatts
Um ein Stichsägeblatt einzusetzen, lösen Sie die Klemmschrauben und schieben das Ende des Blatts mit dem Schlitz in den Griff. Ziehen Sie anschließend die Klemmschrauben wieder an.

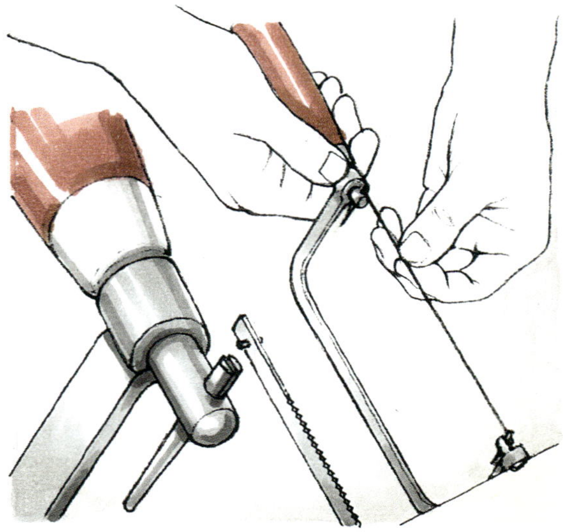

Auswechseln eines Bügelsägeblatts
Das Blatt der Bügelsäge wird in die Schlitze in den Haltestiften an beiden Bügelenden eingehängt. Um ein beschädigtes Blatt auszuwechseln, drehen Sie den Griff gegen den Uhrzeigersinn, um den Abstand zwischen den Haltestiften zu verringern. Halten Sie den am Griff befestigten Stift zwischen Daumen und Zeigefinger fest, damit er sich nicht mitdreht. Hängen Sie das Blatt am Ende der Säge ein, so dass die Zähne von Ihnen wegzeigen. Dann drücken Sie den Bügel fest auf eine Bank, so dass Sie auch das andere Ende einhängen können. Halten Sie den Haltestift wie vorher beschrieben fest und spannen Sie das Sägeblatt durch Drehen am Griff. Richten Sie dann beide Stifte nach Augenmaß aus.

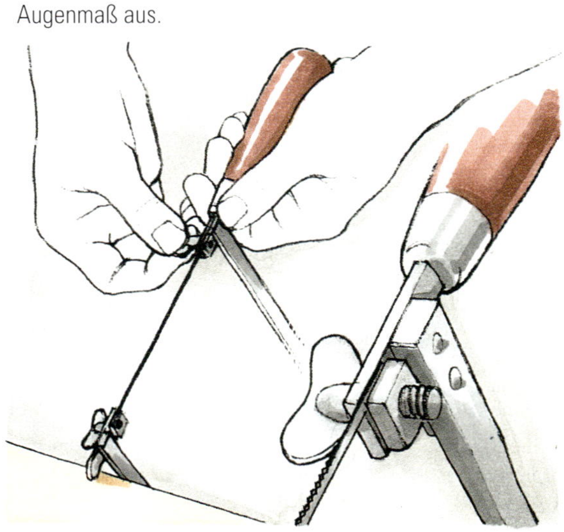

Einsetzen eines Laubsägeblatts
Laubsägeblätter werden ähnlich eingesetzt. Anstatt der Haltestifte dienen jedoch Flügelschrauben zum Einspannen des flachen Teils an jedem Ende des Sägeblatts. Spannen Sie das Blatt am Ende der Säge ein, wobei die Zähne zum Griff zeigen. Drücken Sie dann den Bügel an der Werkbank zusammen und spannen Sie das andere Ende des Sägeblatts mit Hilfe der zweiten Flügelschraube fest. Wenn Sie den Bügel loslassen, wird das Blatt ausreichend gespannt.

Hämmer und Klüpfel

In vielen Werkstätten findet man eine große Anzahl von Hämmern. Für die Herstellung von Holzverbindungen werden sie nur dann gebraucht, wenn die Verbindung mit Stiften oder Nägeln verstärkt wird.

Querhammer (englische Form)

Querhammer (rechteckige Form)

Schreinerhammer (englische Form)

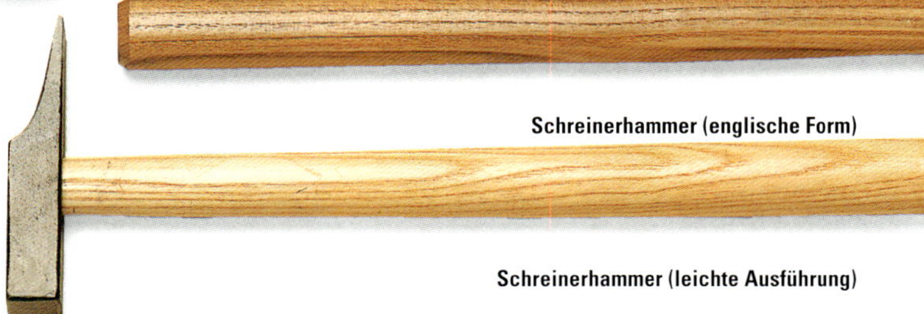

Schreinerhammer (leichte Ausführung)

Klauenhammer

Querhammer

Mit einem mittelschweren Querhammer lassen sich die meisten Arbeiten erledigen. Er ist schwer genug, um Verbindungen zusammenzuklopfen und wieder auseinander zu nehmen, aber so ausreichend balanciert, dass man mit der keilförmigen Finne am Kopfteil Nägel oder Drahtstifte einschlagen kann.

Schreinerhammer

Für feine Arbeiten, wie z. B. das Einschlagen von Nägeln in kleine Bilderrahmen auf Gehrung, verwenden Sie einen leichten Schreinerhammer.

Klauenhammer

Klauenhämmer haben sich für die Herstellung von Hilfsvorrichtungen oder Modellattrappen aus Weichholz bewährt. Man kann mit ihnen nicht nur große Nägel mühelos einschlagen, sondern diese mit der gespaltenen Klaue auch wieder herausziehen, indem der starke Stiel als Hebel benutzt wird. Hämmer mit Metallstiel sind zwar etwas teurer, aber dafür auch stärker belastbar als die mit Holzstiel.

Nageltreiber

Mit dem keilförmigen Nageltreiber und einem Hammer werden Nägel unter die Holzoberfläche versenkt.

Der Schreinerklüpfel

Auf Stemmeisen oder Hohlbeitel mit Plastikgriffen können Sie zwar mit einem Metallhammer schlagen; haben diese Werkzeuge aber einen Holzgriff, sollten Sie einen Holzhammer verwenden, damit die Griffe nicht beschädigt werden. Der Klüpfel ist ein spezielles Schreinerwerkzeug. Der breite Kopf ist trapezförmig, so dass seine Schlagfläche senkrecht auf das Stemmwerkzeug trifft und er sich mit jedem Schlag auf dem nach oben breiter werdenden Stiel stärker festzieht.

Stemmeisen und Hohlbeitel

Ein Grundsortiment guter Stemmeisen und Hohlbeitel ist für jede Art der Holzbearbeitung unerlässlich. Bei der Herstellung von Holzverbindungen werden sie hauptsächlich zum Ausstemmen des wegfallenden Holzes und zum Ausformen der Verbindungen verwendet.

Stemmeisen

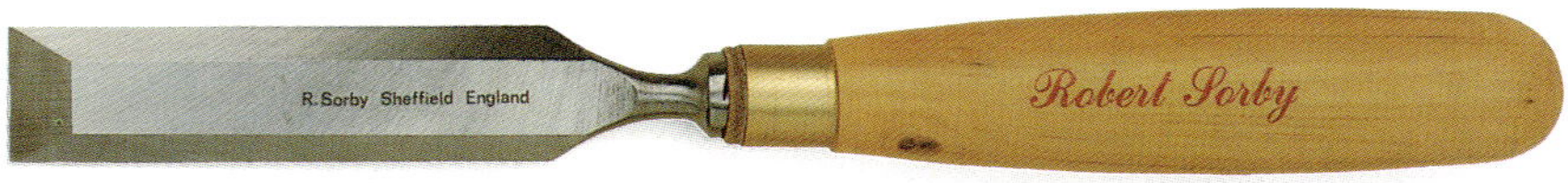

Stecheisen mit Fase

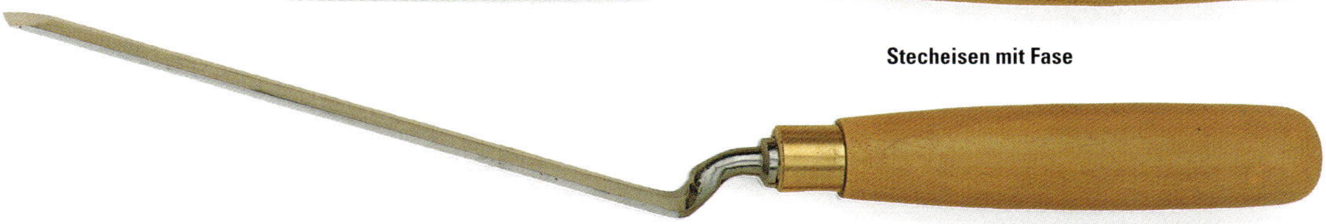
Gekröpftes Stecheisen

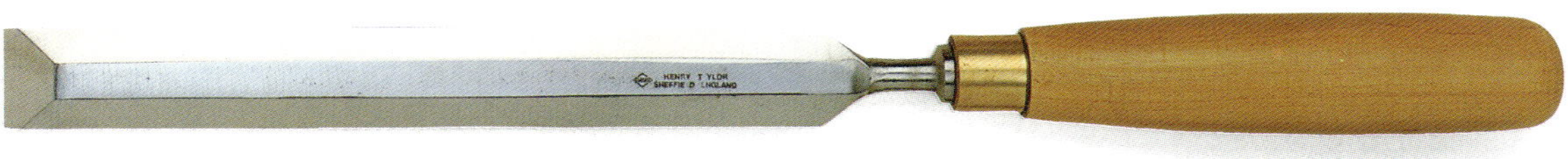
Langes Stecheisen

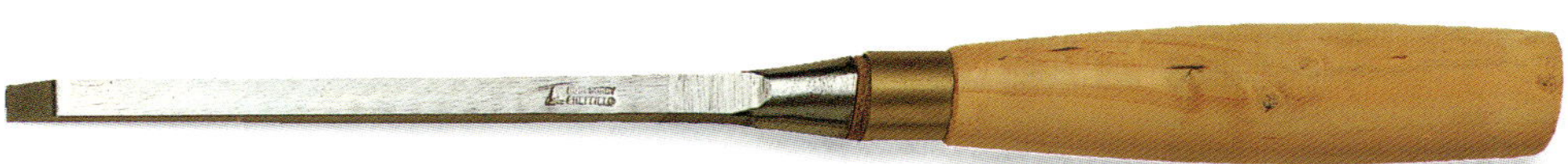
Schlitzbeitel

Stemmeisen
Das normale Stemmeisen hat eine starke Klinge mit rechteckigem Querschnitt. Sie können es mit einem Holzhammer in Hart- und Weichholz treiben, es hält dieser Beanspruchung stand. Die Stemmeisenbreite reicht von 3 – 38 mm.

Stecheisen mit Fase
Dieses Stecheisen mit seiner schmalen Klinge ist für feinere Arbeiten geeignet und sollte nur mit der Hand geführt werden. In erster Linie wird es zum Glätten und zur Endbearbeitung von Verbindungen verwendet. Da die beiden Längsseiten der Klinge abgeschrägt sind, eignet es sich zum Ausstemmen von Zinken und Schwalbenschwänzen. Stecheisen gibt es in den gleichen Breiten wie Stemmeisen.

Langes Stecheisen
Dieses Stecheisen hat eine extra lange Klinge zum Ausstemmen von Nuten. Die gekröpfte Variante eignet sich zum Ausstemmen von sehr breiten Verbindungen.

Schlitzbeitel
Schlitzbeitel sind Lochbeitel zum Ausheben von tiefen Schlitzen. Die vorn abgeschrägte Klinge verkeilt sich nicht im Holz und ist stark genug, um damit Reste aus einem Stemmloch auszuheben. Die breiten Seitenflächen helfen, ihn senkrecht zum Schlitz zu führen. Schlitzbeitel gibt es bis zu einer Breite von 12 mm.

Hohlbeitel
Ein Hohlbeitel hat eine Klinge mit gebogenem Querschnitt. Die Schneidfase ist entweder auf der Innenseite angeschliffen, man spricht dann von einer Innenschneide, oder sie ist auf der Außenseite (Außenschneide) angeschliffen. Hohlbeitel werden zum Ausstemmen von Hohlformen oder zum Abstechen runder Brüstungen verwendet. Ihre Breite beträgt 6 – 25 mm.

Innenschneide

Außenschneide

Hobel

Bankhobel sind Universalwerkzeuge zum Glätten von Holzoberflächen und um das Werkstück auf sein Fertigmaß zu bringen. Es gibt noch Hobel aus Holz, aber mittlerweile sind fast alle Hobel aus Metall gefertigt. Zum Nachhobeln und Verputzen von Verbindungen brauchen Sie zusätzlich einige Spezialhobel.

Metall-Schlichthobel

Metall-Putzhobel

Holz-Putzhobel

Falzhobel

An und für sich wird dieser Hobel im Maschinenzeitalter nicht mehr gebraucht, aber Falze lassen sich erstaunlich schnell von Hand hobeln. Der Hobel hat einen verstellbaren Seiten- und Tiefenanschlag. Wenn Sie das Eisen in der Spitze des Hobels einsetzen, können Sie abgesetzte Falze hobeln. Der seitlich sitzende Vorschneider schneidet bei der Bearbeitung von Querholz die Holzfasern vor dem Eisen durch.

Schlichthobel

Mit dem 350 mm langen Schlichthobel können fast alle Kanten exakt und winklig bestoßen werden. Die noch längere Raubank eignet sich hervorragend für Breitenverbindungen. Da ihre Anschaffung aber kostspielig ist, machen die meisten Schreiner die Arbeit mit einem Schlichthobel.

Putzhobel

Der Putzhobel ist mit seinen 250 mm Länge der kleinste Bankhobel und ideal zur Endbearbeitung von Werkstücken. Manche Schreiner bevorzugen hölzerne Putzhobel mit ihren ergonomisch geformten Griffnasen und Sohlen aus Pockholz.

Simshobel (oben)

Der Metall-Simshobel ist ein exzellentes Werkzeug zum Glätten der rechtwinkligen Brüstungen von großen Verbindungen. Das Eisen liegt in einem flachen Winkel zur Sohle, so dass auch Hirnholz bearbeitet werden kann.

Absatzsimshobel (darunter)

Als kleine Variante des Simshobels dient er zur Bearbeitung kleiner Verbindungen.

Hirnholzhobel

Der Hirnholzhobel ist so klein, dass er mit einer Hand gehalten werden kann, aber stark genug, dass man Holzflächen großzügig und schnell bearbeiten kann. Er ist vielseitig einsetzbar und wird vorwiegend zum Bestoßen von Hirnholz verwendet.

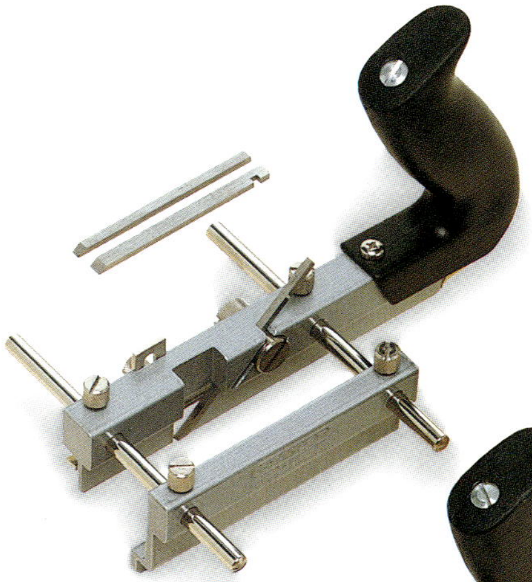

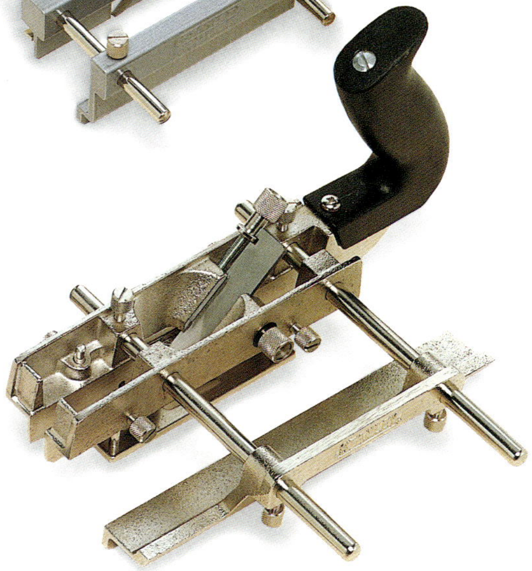

Nuthobel (oben)

Der Hobel ist nicht teuer und wird zum Hobeln von schmalen Nuten verwendet, die parallel zu einer Kante verlaufen. Die auswechselbaren Eisen sind 3 – 12 mm breit. Der Nuthobel hat einen starken Seitenanschlag und einen Tiefenanschlag.

Kombinationshobel (darunter)

Mit dem Kombinationshobel lassen sich noch breitere Nuten als mit dem Nuthobel herstellen. Außerdem eignet er sich zum Anhobeln von passenden Federn auf den Kanten von Gegenstücken. Entsprechend modifiziert kann er zum Anhobeln eines Rundstabs an eine gefederte Kante verwendet werden.

Grundhobel (links)

Der Grundhobel, mit dem früher Gratnuten oder Aussparungen für Gelenkbänder ausgehobelt wurden, ist weitgehend von der Elektrooberfräse verdrängt worden. Da er aber relativ billig und einfach zu handhaben ist, wird er immer noch als Werkzeug geschätzt, mit dem man präzise arbeiten kann. Spezielle verstellbare Eisen eignen sich zum Einebnen von rechtwinkligen Nuten oder Gratnuten.

Bankhobel zerlegen und einstellen

Alle Bankhobel haben einen ähnlichen Aufbau und werden auf dieselbe Weise zerlegt. Bei einigen Hobeln wird das Eisen durch einen Keil gehalten, die meisten modernen Bankhobel aus Holz haben jedoch Eisen mit einer Metallklappe und ein Stellrad zur Tiefeneinstellung.

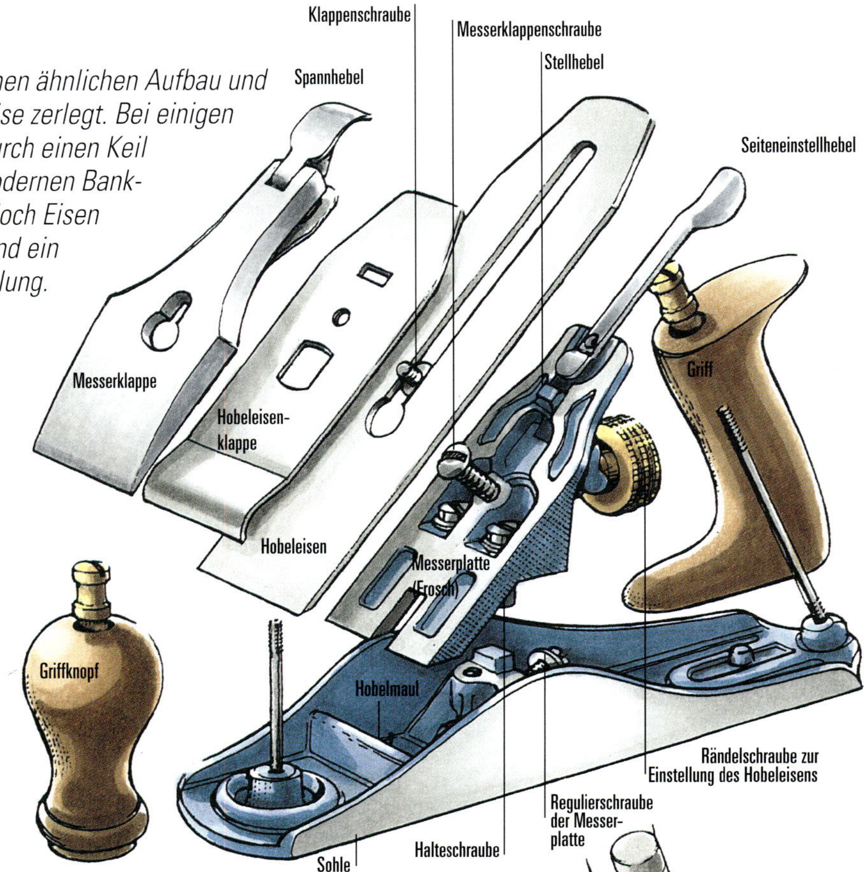

Teile eines Metall-Bankhobels

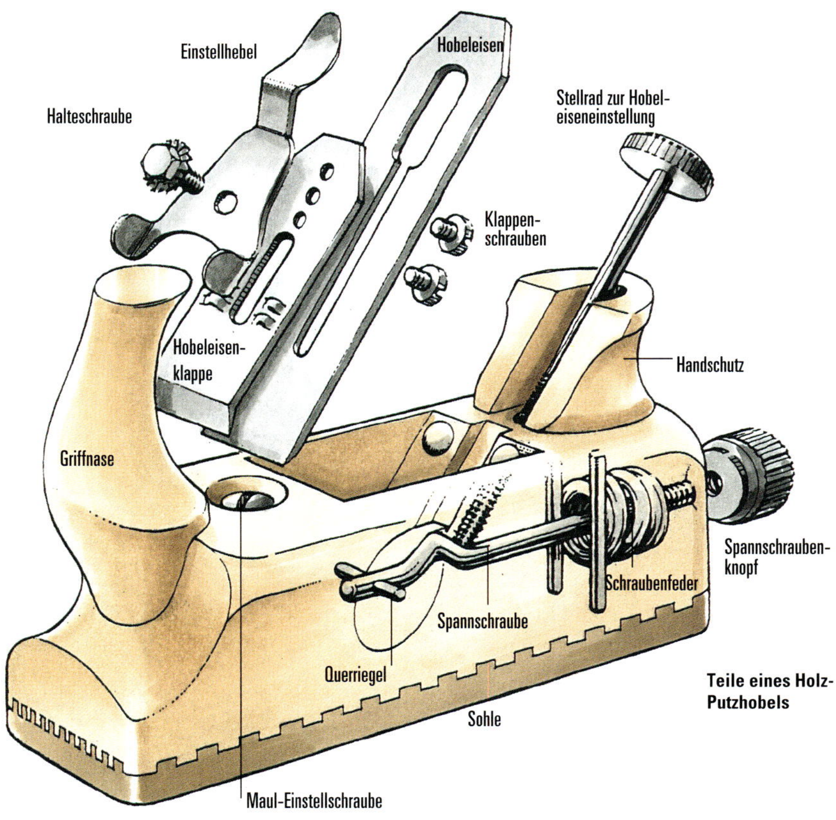

Teile eines Holz-Putzhobels

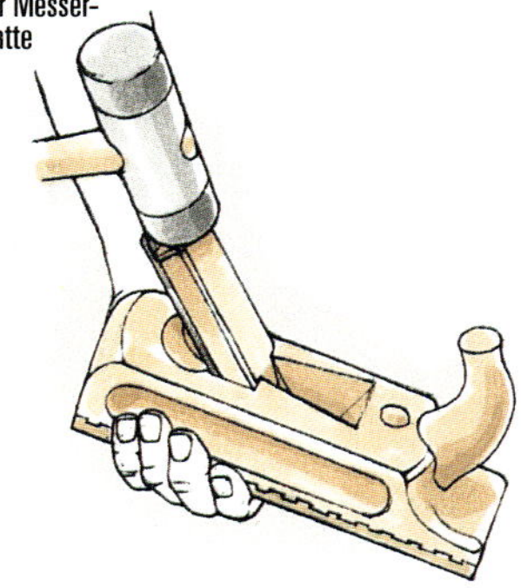

Einstellen eines Schrupphobels

Setzen Sie das Hobeleisen und den Keil in den Hobel ein und stellen Sie die Schnitttiefe ein, indem Sie nun mit einem Holzhammer auf die Oberkante des Hobeleisens klopfen. Passt die Einstellung, klopfen Sie den Holzkeil fest. Um das Hobeleisen und den Keil wieder zu lösen, klopfen Sie auf die Unterseite des Hobels.

Ausbau des Hobeleisens und der Hobeleisenklappe

Um das Hobeleisen eines Metall-Bankhobels zum Nachschärfen oder für andere Einstellungen herauszunehmen, drücken Sie zunächst den Hebel der Messerklappe nach oben und ziehen diese rückwärts unter der Schraube heraus. Nehmen Sie nun das Eisen und die Klappe heraus. Dadurch wird ein keilförmiges Gussteil, die Messerplatte, sichtbar, das die Bedienungselemente für die Tiefen- und die Seiteneinstellung des Hobeleisens enthält.
Um die Hobeleisenklappe und das Hobeleisen voneinander zu trennen, lösen Sie die Klappenschraube mit einem großen Schraubendreher und schieben die Klappe in Richtung der Schneide, bis sich der Schraubenkopf durch das Loch im Hobeleisen stecken lässt.

Einstellen der Messerplatte

Die Schneidkante des Hobeleisens tritt durch eine Öffnung in der Hobelsohle, das Maul, aus. Durch Einstellen der Messerplatte können Sie die Hobelmaulweite verändern und so die Stärke der Hobelspäne bestimmen. Für grobe Hobelarbeiten wird das Maul weiter gestellt, um einen ausreichenden Durchgang für dicke Späne zu schaffen. Bei feinen Arbeiten wird das Hobelmaul eng eingestellt, damit die feinen Späne früh gebrochen werden.
Um die Messerplatte nach vorn oder hinten zu verstellen, lösen Sie die beiden Halteschrauben und drehen mit einem Schraubendreher an der Regulierschraube.

Ausbau des Hobeleisens eines Holzhobels

Drehen Sie das Stellrad zur Hobeleiseneinstellung um etwa 10 mm zurück und lösen Sie den Spannschraubenknopf am Ende des Hobels ein wenig. Drehen Sie den Querriegel der Spannschraube um 90°, so dass sich die Eisenteile, d.h. Hobeleisen, Hobeleisenklappe und Einstellhebel, lösen. Um das Hobeleisen zum Nachschärfen herauszunehmen, entfernen Sie die beiden Schrauben auf der Rückseite des Eisens.

Zusammensetzen und Einstellen eines Holzhobels

Wenn Sie das Hobeleisen geschärft haben (siehe S. 38f.), schrauben Sie die Hobeleisenklappe und das Eisen wieder zusammen und setzen das Doppeleisen in den Hobel ein. Stecken Sie den Querriegel durch den Schlitz im Doppeleisen und drehen Sie ihn, so dass er wieder quer in den Rillen in der Klappe liegt. Ziehen Sie die Spannschraube leicht an.
Drehen Sie an dem Stellrad, bis das Eisen aus dem Maul herausragt, und stellen Sie die Schneide mit dem Einstellhebel parallel zur Sohle ein. Drehen Sie das Stellrad wieder bis zur gewünschten Position zurück und ziehen Sie die Spannschraube an.
Um die Größe des Mauls bei einem Holzhobel einzustellen, drehen Sie die Schraube hinter der Griffnase.

Zusammenbau von Eisen und Klappe bei einem Metallhobel

Nach dem Schärfen des Eisens schrauben Sie die Hobeleisenklappe und das Eisen wieder zusammen und setzen das Doppeleisen in den Hobel ein, bevor Sie die notwendigen Einstellungen vornehmen.

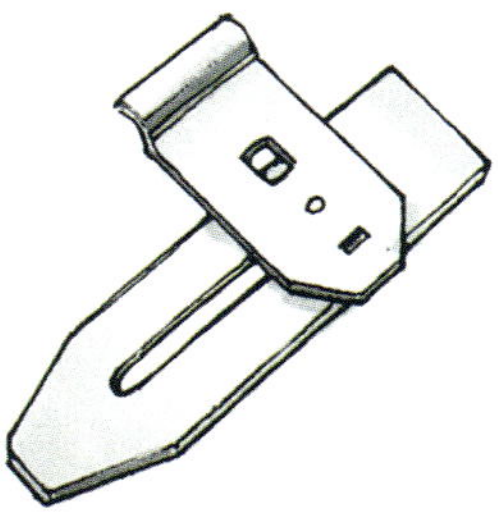

1 Hobeleisenklappe auf das Eisen aufsetzen
Halten Sie das Hobeleisen mit der Fase nach unten und legen Sie die Klappe quer darüber, um die Schraube durch das Loch zu stecken.

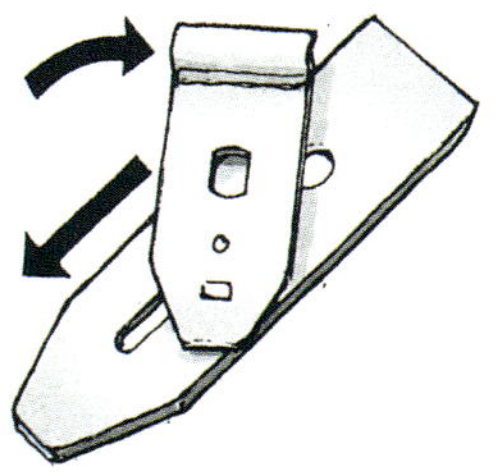

2 Klappe und Eisen ausrichten
Schieben Sie die Klappe weg von der Schneide im Schlitz des Hobeleisens nach hinten und drehen Sie sie so, dass sie parallel auf dem Eisen liegt. Die Klappe darf nicht über die Schneide gezogen werden.

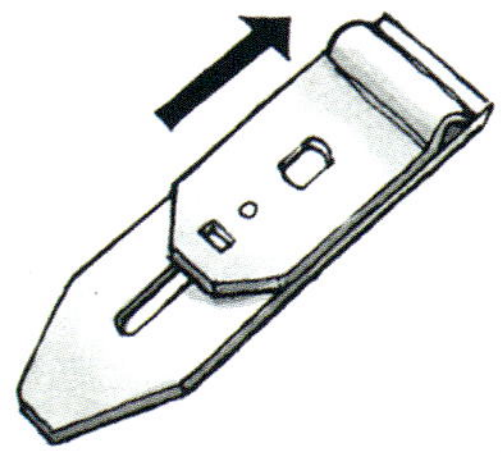

3 Eisen nach vorn schieben
Schieben Sie die Klappe bis auf einen Abstand von 1 mm an die Schneide heran und ziehen Sie die Schraube fest.

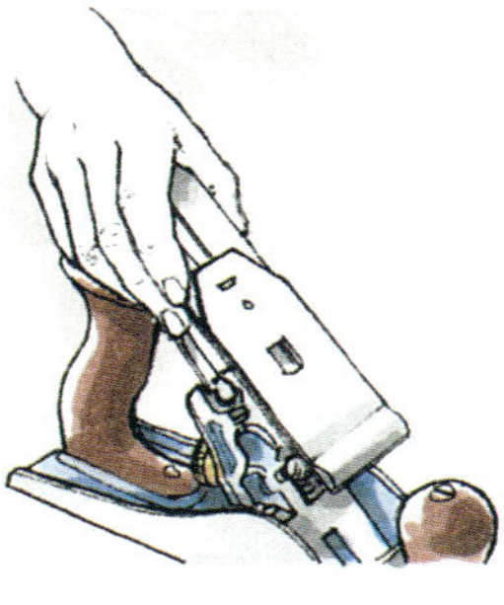

4 Doppeleisen einsetzen
Legen Sie das Doppeleisen in den Hobel, indem Sie es über die vorstehende Messerklappenschraube und auf den Stellhebel setzen. Darauf legen Sie die Messerklappe.

5 Eisen einstellen
Drehen Sie an der Rändelschraube, bis das Eisen über die Hobelsohle vorsteht. Peilen Sie über die Sohle des Hobels und verschieben Sie den Seiteneinstellhebel, bis die Schneide parallel zur Sohle steht. Stellen Sie die Schnitttiefe ein.

Wartung der Bankhobel

Von Zeit zu Zeit können beim Hobeln kleinere Probleme auftreten. Wenn Sie Ihre Hobel jedoch ausreichend pflegen, sollten außer dem Nachschärfen kaum Wartungsarbeiten nötig sein. Sorgen Sie dafür, dass Ihre Hobel immer sauber sind, und wischen Sie Metallflächen ab und zu mit einem öligen Lappen ab. Legen Sie den Hobel auf seine Wange, wenn Sie ihn nicht gebrauchen.

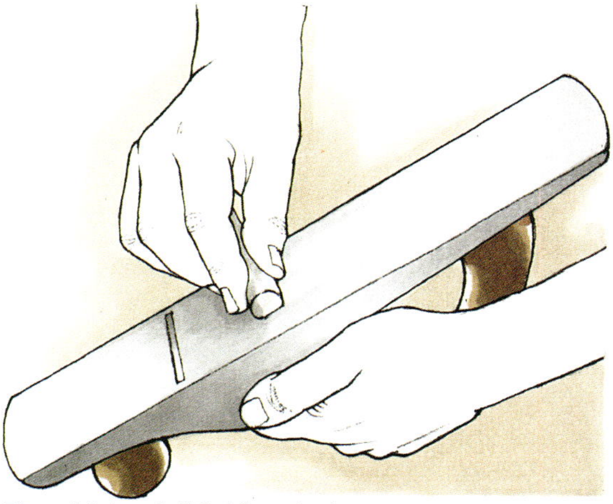

Eine „klebende" Sohle schmieren

Hobelsohlen aus Holz werden durch den Gebrauch glatt und brauchen nicht mit irgendwelchen Mitteln behandelt zu werden. Wenn ein Metallhobel jedoch nicht mehr richtig über das Werkstück gleitet, können Sie die Sohle mit einer weißen Kerze leicht abreiben.

Rattern des Eisens beheben

Wenn Ihr Hobel vibriert oder „rattert", anstatt die Späne ruhig abzuheben, überprüfen Sie den richtigen Sitz des Hobeleisens. Ziehen Sie die Messerklappenschraube oder, bei einem Holzhobel, die Spannschraube nach. Vibriert das Messer weiter, vergewissern Sie sich, ob keine Fremdkörper hinter dem Eisen festsitzen, und ziehen Sie bei einem Metallhobel die Halteschrauben der Messerplatte fest.

Hobelspäne verstopfen die Klappe

Liegt die Klappe nicht ganz dicht auf dem Hobeleisen auf, geraten Späne unter ihre vordere Kante. Stellen Sie sicher, dass die Rückseite des Hobeleisens vollkommen eben ist und dass keine Harzreste vorhanden sind, die die Hobeleisenklappe nicht plan aufliegen lassen. Falls das Hobeleisen verbogen ist, legen Sie es auf ein gerades Brett und klopfen Sie es mit einem Hammer flach.
Ziehen Sie die Vorderkante der Klappe auf einem Ölstein ab, bis sie ganz gerade ist. Achten Sie darauf, den ursprünglichen Winkel der Kante dabei nicht zu verändern.

Eine verzogene Sohle abrichten

Wenn Sie mit Ihrem Hobel keine einwandfreien feinen Späne hobeln können, legen Sie zur Prüfung ein Metall-Richtscheit über die Sohle, um festzustellen, ob sie verzogen ist. Eine Metallsohle können Sie auf einem Bogen Schleifpapier abrichten, das Sie mit doppelseitigem Klebeband auf eine Glasplatte spannen. Das ist jedoch eine langwierige und mühselige Arbeit, die Sie besser von einem Fachmann vornehmen lassen sollten.
Das Abrichten einer Holzsohle ist viel einfacher. Stellen Sie das Eisen zurück, packen Sie den Hobel etwa in der Mitte und schieben Sie ihn auf einem Schleifpapier kräftig vor und zurück. Prüfen Sie die Sohle regelmäßig mit einem Richtscheit nach.

Handhabung von Bankhobeln

Wenn Sie ein Werkstück zum Hobeln einspannen, achten Sie immer auf den Maserverlauf. Es ist grundsätzlich besser, mit der Faser zu hobeln, da beim Hobeln gegen die Faser die Holzfasern ausreißen. Wenn Sie Holz mit einer unregelmäßigen Maserung hobeln, stellen Sie das Hobeleisen auf ganz feine Späne ein.

Halten und Führen eines Metallhobels

Bei einem Metallhobel legen Sie eine Hand um den Handgriff und den ausgestreckten Zeigefinger seitlich an das Eisen. So können Sie den Hobel besser führen. Umfassen Sie den vorderen Griffknopf mit der linken Hand, um das vordere Ende nach unten zu drücken.

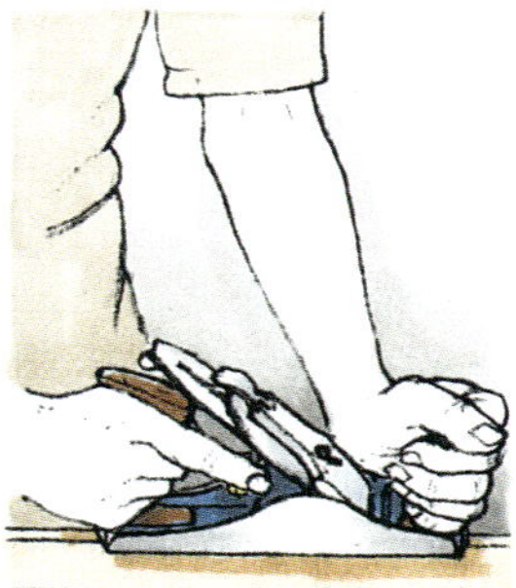

Halten und Führen eines Holz-Putzhobels

Legen Sie Ihre Hand um den runden Handschutz am hinteren Ende des Hobels und halten Sie den Hobelkasten mit Daumen und Fingern fest. Mit der ergonomisch geformten Griffnase sorgen Sie für den Druck nach unten.

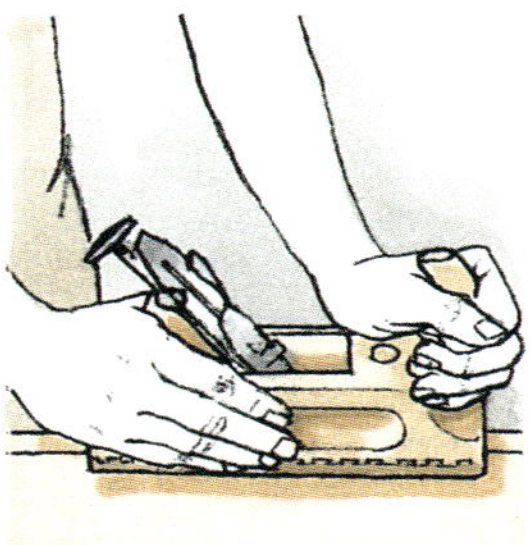

Das Hobeln

Stellen Sie sich in Schrittstellung neben die Hobelbank. Der hintere Fuß weist in Richtung Bank, der andere steht parallel dazu. Ihre Füße bleiben fest am Boden, während Sie mit dem Oberkörper den Hobel vorwärts stoßen. Üben Sie am Anfang des Hobelstoßes Druck auf den vorderen Teil des Hobels aus und verlagern Sie erst am Ende des Stoßes den Druck auf den hinteren Teil, um das Werkstück an den Enden nicht rund abzuhobeln.

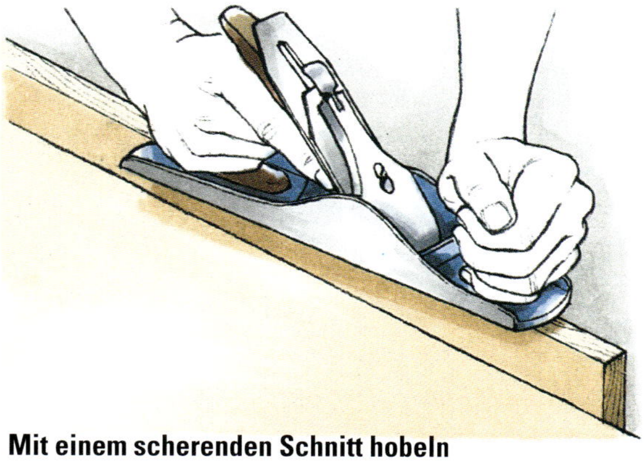

Mit einem scherenden Schnitt hobeln

Werkstücke mit unruhiger Maserung zu hobeln ist mitunter einfacher, wenn Sie den Hobel leicht schräg zur Schnittrichtung führen.

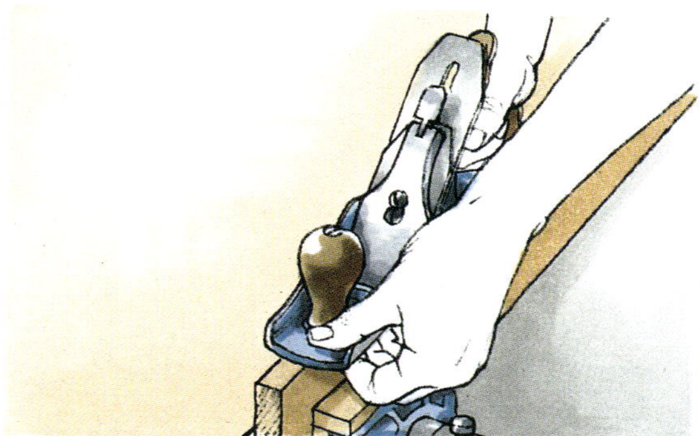

Kanten hobeln

Um eine Winkelkante zu hobeln, drücken Sie mit dem Daumen auf das vordere Ende des Hobels und biegen die Finger um die Sohle herum; so dienen sie gleichzeitig als Führungsanschlag. Ganz ähnlich halten Sie den Hobel, wenn Sie an eine Kante eine schräge Fase anhobeln.

Eine Fläche plan hobeln

Zum Planhobeln einer Fläche hobeln Sie zuerst in zwei Richtungen schräg über das Brett. Überprüfen Sie die Ebenheit mit einem Richtscheit (siehe S. 15). Hobeln Sie zum Abschluss mit fein eingestelltem Eisen parallel zu den Werkstückkanten.

Abziehsteine

Holzbearbeitungswerkzeuge werden geschärft, indem auf besonders zugerichteten Schleifsteinen Metallspäne abgetragen werden, um eine dünne Schneide zu erhalten. Gute natürliche Abziehsteine sind teuer. Aber auch mit den billigeren künstlichen Abziehsteinen lassen sich gute Resultate erzielen. Während des Schärfvorgangs wird der Abziehstein entweder mit Wasser oder mit Öl benetzt, damit der Werkzeugstahl nicht überhitzt. Gleichzeitig werden die feinen Stein- und Metallabriebe fortgespült, die sonst die Oberfläche des Steins zusetzen. Im Allgemeinen werden Abziehsteine als rechteckige Blöcke verkauft, die auf der Werkbank befestigt werden können. Diese dienen dem Schärfen von Werkzeugen mit normalen Kanten. Andere Steine sind klein und messerförmig oder haben eine Tropfenform; sie werden zum Schärfen von Hohl- und Bildhauereisen verwendet.

Rechteckige Steine
Die meisten Schreiner schärfen ihre Stemm- und Hobeleisen auf einem rechteckigen Abziehstein, der etwa 200 x 50 mm groß und 25 mm dick ist. Manche Schreiner verwenden verschiedene Steine für jede Phase des Schärfens. Es gibt jedoch günstigere Kombinationssteine, bei denen zwei Steine unterschiedlicher Körnung aufeinander geklebt sind. Es gibt auch Kombinationen aus natürlichen und synthetischen Abziehsteinen. Abziehsteine werden häufig in einem Holzetui geliefert, in dem sie nebeneinander auf die Werkbank gespannt werden können.
Sie können Abziehsteine aber auch in speziellen verstellbaren Schärfsteinhaltern festspannen, damit sie auf der Werkbank nicht verrutschen.

Form- und Feilsteine
Kleine geformte Steine werden zum Schärfen von Hohlbeiteln, Bildhauereisen und Drechselwerkzeugen verwendet. Formsteine in Tropfenform und konische Steine sind hier am praktischsten. Es gibt auch messerförmige Feilsteine und Steine mit viereckigem oder dreieckigem Querschnitt zum Abziehen von kleinen Schnitzwerkzeugen, Bohrern und Fräsern.

Ölsteine

Die meisten natürlichen und künstlichen Abziehsteine werden mit einem leichten Öl geschmiert. Der Arkansasstein, den es nur in Arkansas in den USA gibt, wird allgemein als der beste Ölstein angesehen. Der kompakte Silikatkristall kommt in verschiedenen natürlichen Körnungen vor. Der grobe, grau gesprenkelte Weiche Arkansasstein greift den Stahl rasch an und wird zum ersten Anschleifen der Schneidkanten verwendet. Auf dem Weißen Harten Arkansasstein wird der Abziehwinkel an die Schneidkante angeschliffen, die dann mit dem Schwarzen Arkansasstein fein abgezogen und poliert wird. Noch feiner ist der seltene durchscheinende Stein.
Künstliche Ölsteine bestehen aus Aluminiumoxiden oder Siliziumkarbid. Sie werden wie die entsprechenden natürlichen Steine nach grober, mittlerer und feiner Körnung unterschieden und sind um einiges preiswerter.

Wassersteine

Da er relativ weich und porös ist, schleift ein Schärfstein mit nasser Oberfläche schneller als der entsprechende Ölstein, denn zieht man ein Metalleisen über einen Wasserstein, werden ständig neue Schleifpartikel vom Stein gelöst. Da er so weich ist, kann man jedoch den Wasserstein auch leicht beschädigen, besonders wenn man schmale Stemmeisen abzieht. Natürliche Wassersteine sind teuer, so dass die meisten Werkzeuganbieter nur künstliche Wassersteine im Angebot haben. Mit ihnen kann man jedoch fast genauso gut arbeiten. Die Körnung der Wassersteine reicht von 800 (grob) über 1000 und 1200 (mittelfein) bis zu 4000 oder 6000 für feinste Schliffe. Noch feinere Steine mit einer Körnung von 8000 gibt es zum Polieren von Schneidkanten. Extragrobe Körnungen von 100 und 220 werden zum Ausbessern von beschädigten oder sehr abgenutzten Eisen verwendet.
Kreideartige Nagura-Steine werden vor der eigentlichen Verwendung über die nasse Oberfläche gerieben, so dass eine Schleifpaste entsteht, die die Schleifwirkung des Wassersteins verbessert.

Körnung	Künstliche Ölsteine	Natürliche Ölsteine	Wassersteine
Grob	Grob	Weicher Arkansas	Körnung 800
Mittel	Mittel	Harter Arkansas	Körnung 1000 – 1200
Fein	Fein	Schwarzer Harter Arkansas	Körnung 4000 – 6000
Extrafein		Durchscheinender Arkansas	Körnung 8000

Diamantsteine

Diese extrem abnutzungsfesten, feinen Schärf-„Steine" bestehen aus einer nickelplattierten Stahlplatte, in die Partikel von monokristallinem Diamant eingebettet sind, welche in einer starren Polycarbonat-Masse gebunden sind. Diese schnell schleifenden Schärfwerkzeuge, die als rechteckige Steine oder als schmale Feilen erhältlich sind, können trocken oder mit Wasser verwendet werden. Diamantsteine schärfen Stahl- und Hartmetallwerkzeuge.

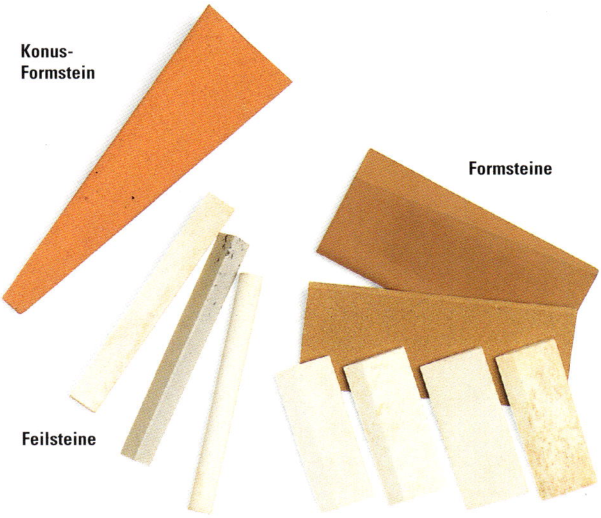

Polierstahl

Als Alternative zu normalen Schärfsteinen gibt es Platten aus Stahl oder Gusseisen, deren geölte Oberfläche mit immer feiner werdenden Siliziumkarbidpartikeln bestäubt wird. Auf einem solchen Polierstahl erhalten Hobel- oder Stemmeisen einen absolut glatten Spiegel und eine messerscharfe Schneide. Um bei Stahlwerkzeugen eine ultimative Schneidkante zu erhalten, polieren Sie das Eisen zuletzt noch auf einer ebenen Stahl- oder Keramikplatte, die mit einem speziellen Diamantspray besprüht ist.

Pflege der Abziehsteine

Legen Sie grobe Wassersteine vor der Verwendung für ungefähr 5 Minuten ins Wasser. Feine Steine brauchen etwas weniger Zeit. Damit die Steine immer einsatzbereit sind, sollten Sie sie in einem Kunststoffbehälter aufbewahren, damit sie feucht bleiben. Die Temperatur sollte nie unter den Gefrierpunkt fallen. Ölsteine sollten immer bedeckt aufbewahrt werden, damit sich kein Staub auf der Oberfläche festsetzt. Reiben Sie die Oberfläche von Zeit zu Zeit mit grober Leinwand und Paraffin ab. Alle Abziehsteine werden durch die ständige Benutzung hohl und müssen abgerichtet werden. Einen Ölstein richten Sie ab, indem Sie seine Oberfläche auf einer geölten, mit Siliziumkarbidpulver besprühten Glasscheibe abschleifen. Einen Wasserstein reiben Sie auf nassem Schleifpapier mit Körnung 200, das Sie dazu auf eine Glasplatte kleben.

Stemmeisen und Hobeleisen abziehen

Ein neues Hobel- oder Stemmeisen ist ab Werk auf einen Keilwinkel von etwa 25° geschliffen. Für Weichholz ist die Schneide bei diesem Winkel scharf genug. Bei der Bearbeitung von Hartholz würde sie jedoch schnell abstumpfen. Deshalb ziehen manche Schreiner das Eisen noch auf eine zweite Fase, den Abziehwinkel, ab. Der genaue Winkel richtet sich nach dem Werkzeug und nach der Arbeit, die Sie damit ausführen möchten. Ein Bankhobel beispielsweise hobelt am besten mit einem Abziehwinkel zwischen 30 und 35°. Ein Stecheisen, das nicht mit einem Holzhammer in das Holz getrieben werden soll, kann auf einen flachen Winkel von nur etwa 20° abgezogen werden. Zum Schneiden eines Zapfenlochs in dichtes Hartholz benötigen Sie dagegen eher ein Stemmeisen mit einem Schneidenwinkel von 35°.

Den Spiegel eines Eisens abziehen

Nach dem Schleifen eines neuen Eisens bleiben auf der Rückseite (der Spiegelseite) und der Fase winzige Kratzer zurück. Dadurch ist die Schneide rau und selbst nach dem Abziehen noch nicht richtig scharf. Deshalb sollte als erstes die Spiegelseite des Eisens auf einem mittelfeinen Stein oder einem Polierstahl abgezogen werden. Benetzen Sie den Abziehstein und legen Sie das Eisen mit der Fase nach oben flach auf den Stein. Schieben Sie das Eisen hin und her, während Sie darauf drücken. Konzentrieren Sie sich dabei auf die 50 mm direkt hinter der Schneide, den Rest des Eisens brauchen Sie nicht abzuziehen. Wiederholen Sie den Vorgang dann auf einem feinen Stein, bis das Metall glänzt.

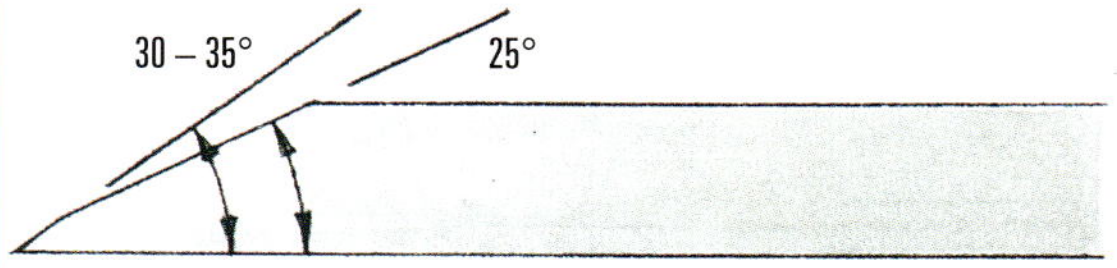

Ein Hobeleisen abziehen

Nehmen Sie das Eisen mit der Fase nach unten in die Hand. Ihr Zeigefinger sollte dabei an einer Kante aufliegen. Legen Sie die Fingerspitzen der anderen Hand genau über der Schneidkante auf das Eisen.
Legen Sie die Fase auf einen nassen, mittleren Abziehstein und bewegen Sie das Eisen, bis Sie merken, dass die Fase voll auf der Oberfläche des Steins aufliegt. Ein breites Eisen führen Sie leicht schräg über den Stein, damit die ganze Schneide Kontakt mit dem Stein hat.
Heben Sie das Eisen hinten ein wenig an und schieben Sie es hin und her, um die zweite Fase abzuziehen. Nutzen Sie dabei die ganze Länge des Steins. Halten Sie Ihre Handgelenke möglichst steif, um den Winkel nicht zu verändern.

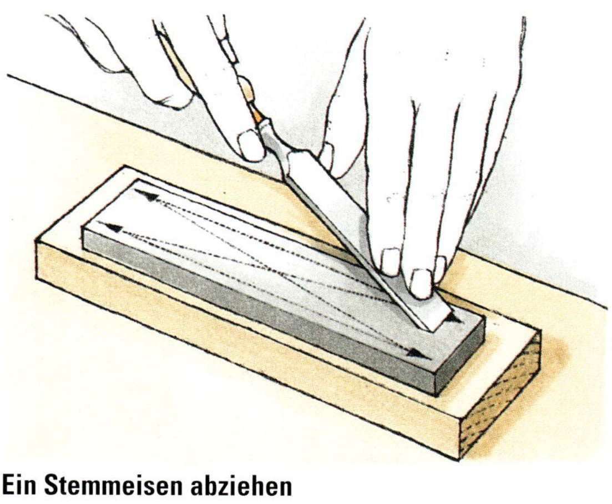

Ein Stemmeisen abziehen

Ein Stemmeisen schärfen Sie genauso wie oben beschrieben. Da die meisten Stemmeisen jedoch relativ schmal sind, führen Sie die Schneidkante von einer Steinseite zur anderen, um ein ungleichmäßiges Abnutzen des Steins zu verhindern.

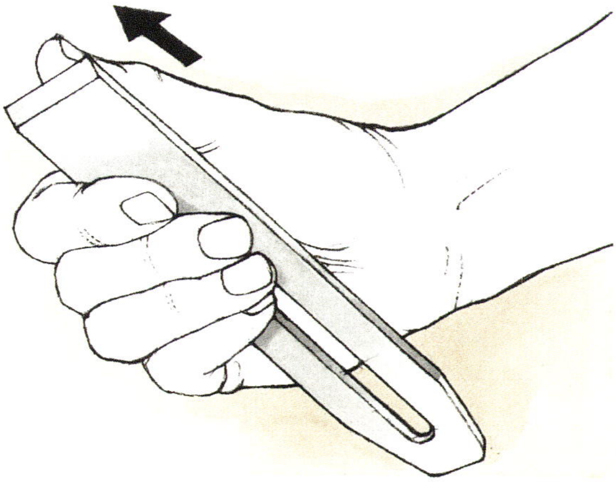

Entfernen des Grats
Wenn Sie eine ca. 1 mm breite Fase angeschliffen haben, wechseln Sie auf einen feinen Stein und ziehen das Hobel- oder Stemmeisen erneut ab. Beim Abziehen entsteht an der Schneide des Eisens ein Grat. Sie können ihn fühlen, wenn Sie mit dem Daumen von hinten über die Kante fahren. Dieser Grat wird nun entfernt, indem Sie die Spiegelseite flach über den feinen Stein ziehen und dann die Fase noch ein- oder zweimal kurz abziehen. Anschließend ziehen Sie auch die Spiegelseite noch einmal ab. So bricht der Grat ab und hinterlässt eine scharfe Schneide.

Das Eisen polieren
Als letzter Schritt wird die Schneidkante auf einem extrafeinen Stein (siehe S. 37) oder einem Streichriemen poliert. Dies ist ein Streifen aus dickem Leder, auf den etwas Polierpaste aufgetragen ist.

Mit einer Schleifführung abziehen

Wenn Sie beim Schärfen von Stemm- und Hobeleisen Schwierigkeiten haben, einen exakten Winkel einzuhalten, können Sie das Eisen auch in eine Vorrichtung einspannen, die es im gewünschten Winkel zum Abziehstein hält. Es gibt viele verschiedene Ausführungen dieser Schleifführung, die sich besonders zum Schärfen kurzer Schabhobeleisen eignen.

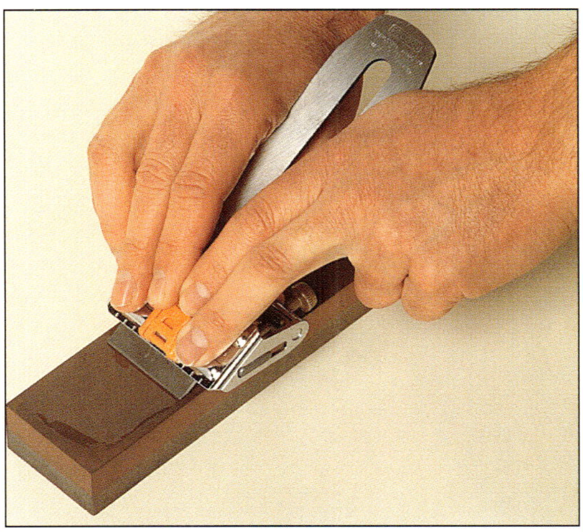

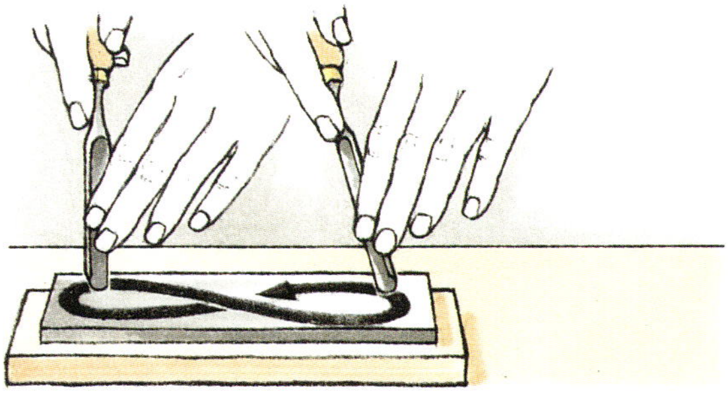

Hohlbeitel mit Außenschneide schärfen
Um einen Hohlbeitel mit Außenschneide (siehe S. 29) abzuziehen, reiben Sie das Eisen in Achten über den Abziehstein. Dadurch kommt die gesamte runde Schneidkante in Kontakt mit dem Stein und die Fläche wird gleichmäßig ausgenutzt.

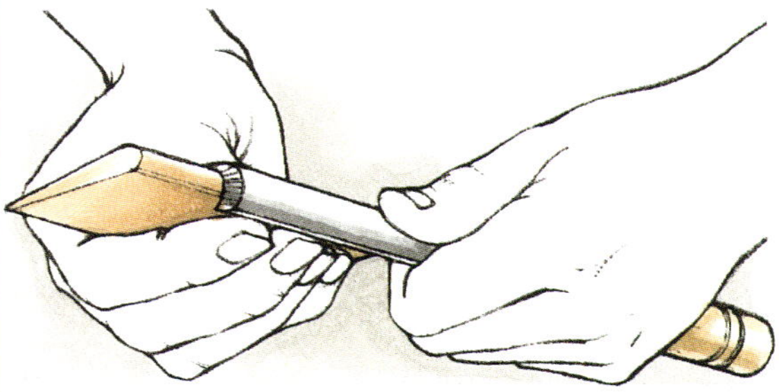

Den Grat entfernen und das Eisen polieren
Den auf der Innenseite der Schneide entstandenen Grat entfernen Sie mit einem nassen Formstein. Zum Schluss wird mit weichem Leder die Schneidkante poliert.

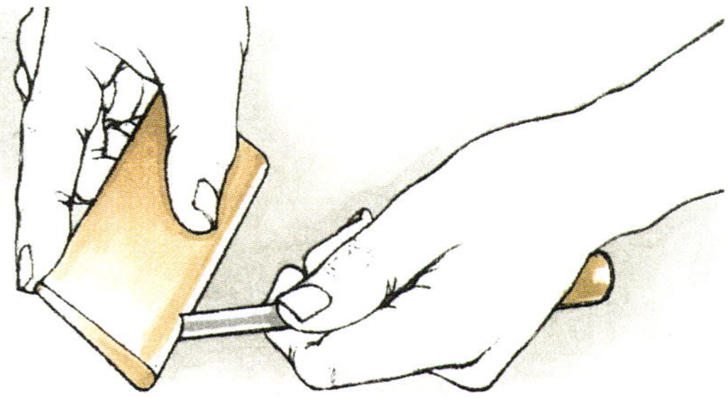

Hohlbeitel mit Innenschneide schleifen
Die Fase der Schneidkante eines Hohlbeitels mit Innenschneide ziehen Sie mit einem ähnlichen Formstein ab.

Entfernen des Grats
Den Grat (siehe oben links) entfernen Sie, indem Sie die Spiegelseite des Eisens auf einem leicht mit Wasser benetzten Abziehstein abreiben. Legen Sie die Spiegelseite des Hohlbeitels flach auf den Stein und rollen Sie den Hohlbeitel seitlich hin und her.

Handbohrer und Bohrwinden

Robuste, aber dennoch leichte Handbohrmaschinen und Bohrwinden eignen sich hervorragend für die Arbeit „vor Ort“, da sie völlig unabhängig von einer Stromquelle sind. Eine Bohrwinde eignet sich besonders gut zum Bohren von Löchern mit einem Durchmesser von bis zu 50 mm.

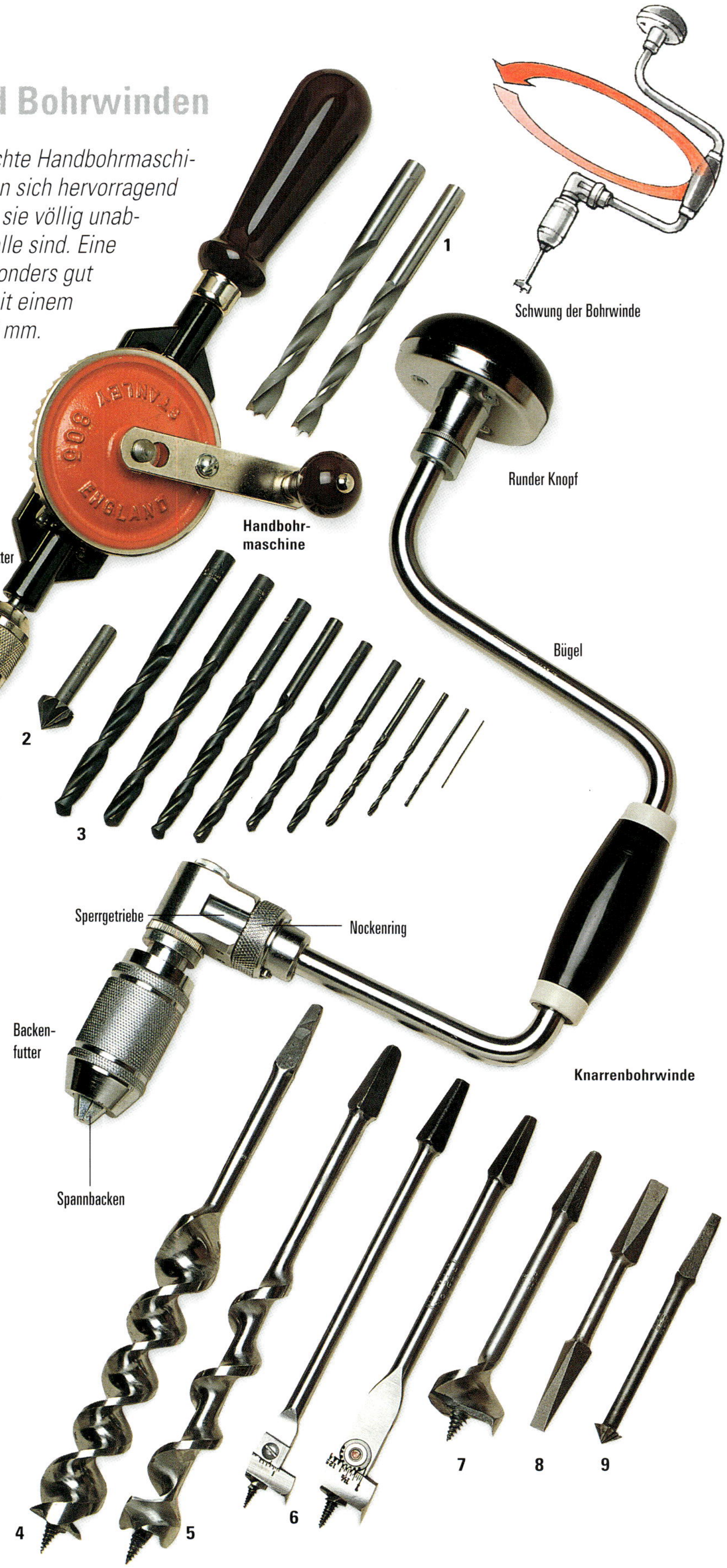

1 Dübelbohrer
2 Versenker für die Handbohrmaschine
3 Spiralbohrer
4 Douglasbohrer
5 Schlangenbohrer
6 Verstellbare Zentrumbohrer
7 Zentrumbohrer
8 Schraubendrehereinsatz
9 Versenker für die Bohrwinde

Handbohrmaschine
Auch wenn sie nicht mehr zu den Standardwerkzeugen eines Schreiners gehört, ist die Handbohrmaschine doch ein sehr praktisches Werkzeug. Durch Drehen an der Kurbel wird das Futter mittels eines Zahnradantriebs in eine Drehbewegung versetzt. In das Bohrfutter lassen sich eine Reihe verschiedener Spiral- und Dübelbohrer einspannen.

Knarrenbohrwinde
Werkzeughersteller bieten noch immer eine spezielle Knarrenbohrwinde zum Bohren von Löchern durch Decken- und Bodenbalken an. Eine normale Bohrwinde wird angetrieben, indem der Bügel im Uhrzeigersinn gedreht wird, während gleichzeitig Druck auf den runden Knopf am oberen Ende der Winde ausgeübt wird. Der von dem Bügel beschriebene Kreis wird als der Schwung bezeichnet, und die Größe einer Bohrwinde wird als Durchmesser des Schwungs angegeben. Die Standardgröße einer Bohrwinde liegt bei ungefähr 250 mm Schwung.
Eine Knarre macht es möglich, die Bohrwinde auch an engen Stellen zu verwenden, wo keine volle Umdrehung möglich ist. Haben Sie den Bohreinsatz so weit wie möglich im Uhrzeigersinn gedreht, lässt sich die Winde durch die Knarre zurückdrehen, ohne dass sich dabei das Bohrfutter mitdreht. Durch einen Nockenring lässt sich die Knarre auf Rechts- oder Linkslauf umstellen.

Bohreinsätze

In die Spannbacken einer Handbohrmaschine können Sie zylindrische Spiralbohrer und Dübelbohrer einsetzen. Die Spannbacken einer Bohrwinde sind für spezielle Bohrer mit Vierkantschaft ausgelegt. Manche Bohrwinden haben allerdings ein Universalfutter, das auch Bohrer mit rundem Schaft aufnimmt.

Spiralbohrer

Einfache Spiralbohrer haben zwei Spiralnuten, die die anfallenden Späne aus dem Bohrloch fördern. Die Nuten bilden an der Spitze zwei Schneiden. In die meisten Handbohrmaschinen passen Bohrer mit einem Schaftdurchmesser von bis zu 9 mm. Die meisten Schreiner benutzen einen Bohrersatz, mit dem sie sowohl in Holz als auch in Metall bohren können.

Dübelbohrer

Dies ist ein Spiralbohrer mit einer scharfen Zentrierspitze, die verhindert, dass der Bohrer verläuft. Zwei scharfe Span-Nuten sorgen für ein sauberes Bohrloch.

Schlangenbohrer

Ein Schlangenbohrer für eine Knarrenbohrwinde hat nur eine eingängige Spiralwindung, die die Späne an die Oberfläche transportiert und den Bohrer auch in tiefen Löchern gut führt. Er hat außerdem zwei Vorschneider an der Spitze der Schneide, die das Loch vor dem Eintreten der Schneidkanten vorschneiden und für ein sauber geschnittenes Bohrloch sorgen. Die Gewindespitze zieht den Bohrer in das Holz. Der ähnliche Douglasbohrer hat eine doppelgängige Transportschlange. Schlangenbohrer gibt es mit einem Durchmesser von 6 – 38 mm.

Verstellbare Zentrumbohrer

Ein verstellbarer Zentrumbohrer lässt sich auf verschiedene Bohrlochgrößen einstellen. Je nach Modell können Sie Löcher mit einem Durchmesser zwischen 12 und 38 mm oder zwischen 22 und 75 mm bohren.

Zentrumbohrer

Da nicht verstellbare Zentrumbohrer zum Ausbohren flacher Löcher zwischen 68 und 112 mm Durchmesser gedacht sind, sind sie einfacher und daher auch billiger als die entsprechenden verstellbaren Zentrumbohrer.

Schraubendrehereinsatz

Dieser Einsatz verwandelt die Bohrwinde in einen leistungsstarken Schraubendreher.

Versenker

Versenker, egal ob für die Handbohrmaschine oder die Bohrwinde, werden zum Schneiden sich verjüngender Vertiefungen verwendet, die die Köpfe von Schrauben aufnehmen, damit diese mit der Holzoberfläche bündig sind.

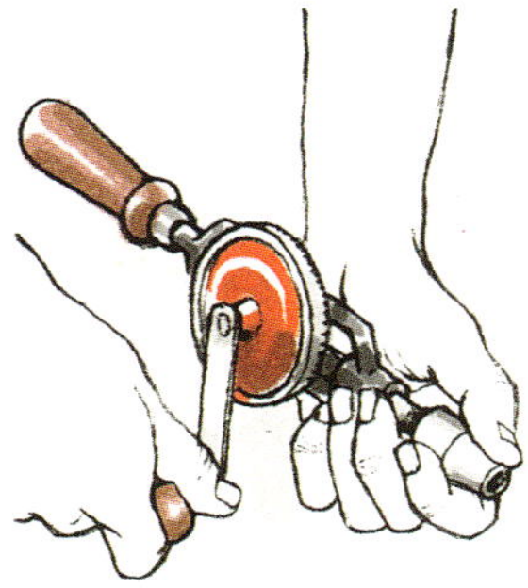

Einsetzen eines Bohrers in eine Handbohrmaschine

Um die Spannbacken einer Handbohrmaschine zu öffnen, halten Sie das Futter mit der einen Hand fest und drehen mit der anderen Hand die Kurbel rückwärts. Setzen Sie dann einen Bohrer ein und schließen Sie die Spannbacken wieder, indem Sie das Futter festhalten und die Kurbel im Uhrzeigersinn drehen.

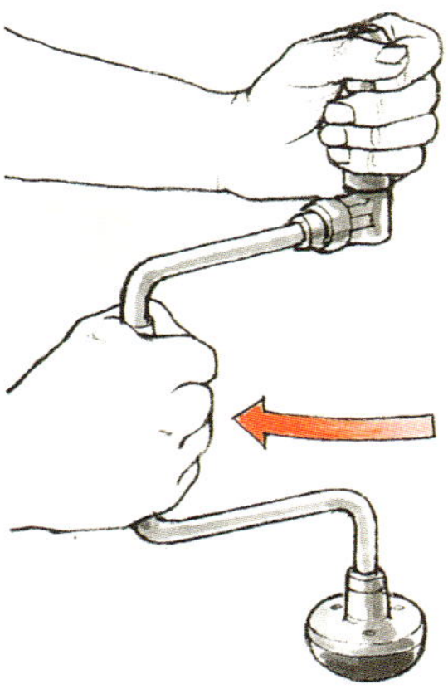

Einsetzen eines Bohrers in eine Bohrwinde

Sperren Sie die Knarre durch Umstellen des Nockenrings und halten Sie das Bohrfutter fest, während Sie den Bügel im Uhrzeigersinn drehen. Setzen Sie einen Bohrer ins Futter ein und schließen Sie die Spannbacken, indem Sie den Bügel andersherum drehen.

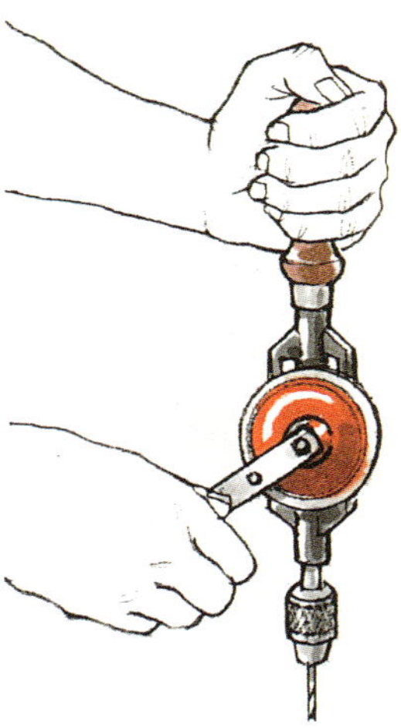

Handhabung einer Handbohrmaschine

Setzen Sie die Spitze des Bohrers auf das Werkstück und drehen Sie die Kurbel langsam vor und zurück, bis der Bohrer in das Holz eindringt. Dann kurbeln Sie zügig weiter, bis die gewünschte Tiefe erreicht ist. Üben Sie bei kleinen Spiralbohrern nicht zu viel Druck aus. Das Gewicht der Handbohrmaschine reicht meist schon aus, um den Bohrer in das Holz zu treiben.

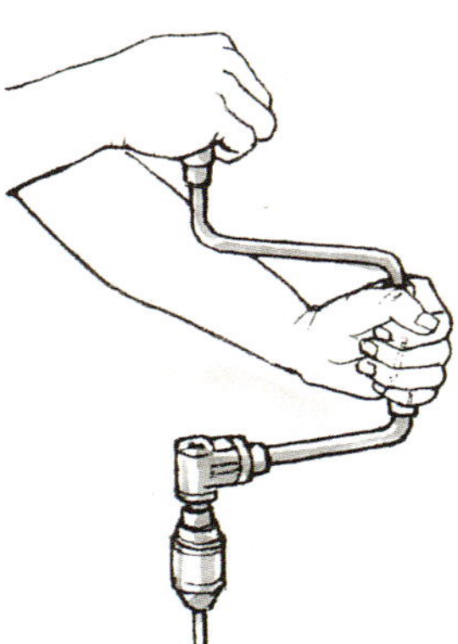

Bohren mit einer Bohrwinde

Halten Sie die Bohrwinde senkrecht, während Sie den Bügel drehen. Um waagerecht zu bohren, drücken Sie den Knopf gegen Ihren Körper. Wenn Sie dann die gewünschte Tiefe erreicht haben, stellen Sie die Knarre auf die Gegenrichtung ein und drehen den Bügel ein paar Windungen rückwärts. Dann ziehen Sie die Winde nach oben.

Elektrobohrmaschinen

Die Bohrmaschine ist nicht nur für die Holzbearbeitung wichtig. Auch die meisten Haushalte verfügen über mindestens eine Bohrmaschine mit Netzanschluss oder über eine Akkubohrmaschine für kleinere Reparaturen. Entsprechend groß ist auch die Auswahl an Geräten auf dem Markt. Sie reicht von billigen Geräten bis hin zu technisch aufwendigen und leistungsstarken Modellen für den professionellen Einsatz. Eine Bohrmaschine der mittleren Klasse reicht normalerweise aber aus.

Elektrobohrmaschine mit Netzanschluss

Die meisten Schreiner entscheiden sich immer noch für eine Bohrmaschine mit Netzanschluss. Diese Geräte sind zwar relativ schwer und unhandlich, aber extrem robust und zuverlässig.

Schlagbohren
Mit einem Schalter wird das Schlagwerk zugeschaltet, das dann mehrere hundert Hammerschläge pro Sekunde auf den Bohreinsatz abgibt, um etwa Mauerwerk aufzubrechen. Bei der Holzbearbeitung wird diese Funktion nicht eingesetzt.

Elektrobohrmaschine mit Netzanschluss

Bohrfutter
Die meisten Bohrmaschinen haben ein Dreibackenfutter, in das der Schaft des Bohrers eingespannt wird. Manche Bohrfutter müssen mit einem gezahnten Schlüssel gespannt werden. Viele Bohrmaschinen haben jedoch ein Schnellspannfutter, in das der Bohrer eingespannt wird, wenn man den zylindrischen Ring dreht, der den Spannmechanismus umschließt. Andere Bohrfutter öffnen sich, wenn sie zurückgezogen werden.

Tiefenanschlag
Der einstellbare Tiefenanschlag stößt an das Werkstück, wenn die gewünschte Bohrtiefe erreicht ist.

Rechts-/Linkslauf
Ein Schalter stellt die Drehrichtung der Maschine um.

Schalterarretierung
Durch Eindrücken des kleinen Knopfes am Griff der Bohrmaschine wird der Drückerschalter für den Dauerbetrieb verriegelt. Drückt man erneut auf den Knopf, ist der Drücker wieder frei.

Drehzahleinstellung
Einfache Bohrmaschinen haben meist eine begrenzte Anzahl fest eingestellter Geschwindigkeitsstufen, die mit einem Schalter angewählt werden. Die meisten Bohrmaschinen haben heute jedoch eine stufenlose Drehzahlsteuerung, die über den Druck reguliert wird, den Sie auf den Schalter ausüben. Bei den meisten Bohrmaschinen lässt sich an einem Stellrad eine maximale Drehzahl vorwählen. Viele Bohrmaschinen haben auch ein elektronisches Steuerungssystem, das die gewählte Drehzahl auch hält, wenn der Bohrer stark belastet wird. Ein ähnliches System schützt den Motor vor Überlastung, falls der Bohrer festklemmt, und vermindert den anfänglichen Ruck beim Einschalten von Maschinen mit hoher Drehzahl. Die Hersteller empfehlen in der Regel einen optimalen Drehzahlbereich für ihre Maschinen. Im Allgemeinen aber gilt: hohe Drehzahlen für Holz und niedrige Drehzahlen für Mauerwerk, Metall sowie zum Eindrehen von Holzschrauben.

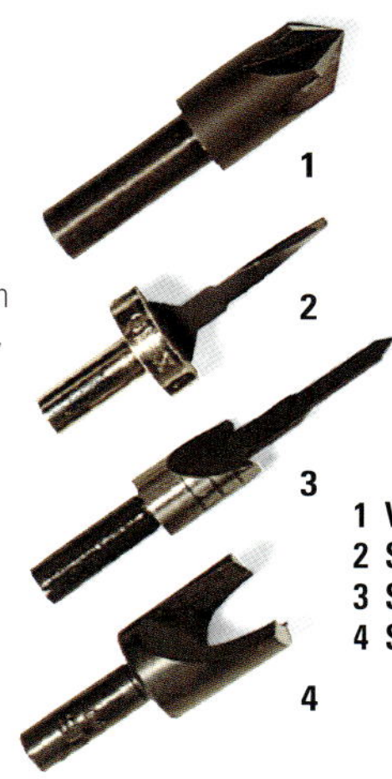

1 Versenker
2 Senkbohrer
3 Stufenbohrer
4 Scheibenschneider

Bohrer für die Elektrobohrmaschine

Die meisten Elektrobohrmaschinen haben eine Bohrfutterspannweite von 10 – 13 mm. Die Bohrfutterspannweite gibt die maximale Größe des Bohrerschafts an, die das Futter aufnehmen kann. Die Schaftgröße eines Bohrers entspricht genau dem Lochdurchmesser, den man mit diesem Bohrer bohren kann.

Spiralbohrer mit abgesetztem Schaft

Spiralbohrer mit einem Durchmesser von 13 – 25 mm haben einen abgesetzten Schaft, damit sie in die üblichen Bohrfutter passen. Spiralbohrer sind nicht einfach zu zentrieren. Bei Harthölzern empfiehlt es sich, die Lochmitte zuerst mit einem Zentrierkörner anzukörnen.

Flachfräsbohrer

Dies sind relativ billige Bohrer für das Bohren von großen Löchern mit 6 – 38 mm Durchmesser. Die lange Führungsspitze ermöglicht ein sicheres Ansetzen in der Mitte des Lochs, selbst beim Bohren schräg zur Werkstückfläche.

Forstnerbohrer

Diese Bohrer sind beste Qualitätsbohrer zum Bohren sauberer, maßhaltiger Löcher mit glattem Bohrgrund und einem Durchmesser von bis zu 50 mm. Ein Forstnerbohrer verläuft auch bei astigem oder wild gemasertem Holz nicht. Auch sich überschneidende Löcher und Löcher, deren Lochrand seitlich offen ist, können problemlos gebohrt werden.

Versenker

Sie dienen zum Schneiden einer kegelartigen Vertiefung, in die der Kopf einer Holzschraube versenkt wird. Setzen Sie die Spitze des Versenkers mittig in ein Führungsloch im Holz und reiben Sie mit hoher Geschwindigkeit das Senkloch sauber aus.

Senkbohrer

Dieser Bohrer bohrt das Führungs-, das Spanloch und das Senkloch in einem Arbeitsgang. Die erhältlichen Größen entsprechen den gängigsten Schraubengrößen.

Stufenbohrer

Anstatt einer kegelartigen Vertiefung für einen Schraubenkopf schneidet dieser Bohrer ein sauber abgesetztes Stufenloch, in das die Schraube bis unter die Oberfläche des Werkstücks eingedreht werden kann. Es kann später mit einem Holzdübel ausgefüllt werden, um die Schraube zu verdecken.

Scheibenschneider

Mit diesem Werkzeug werden runde Zapfen aus dem Holz geschnitten, die exakt in das Loch passen, das mit dem Stufenbohrer gebohrt wurde, so dass sie die eingedrehten Schrauben verdecken.

Schraubendreherbits

Sie dienen zum Ein- oder Ausdrehen von Schlitz- und Kreuzschlitzschrauben.

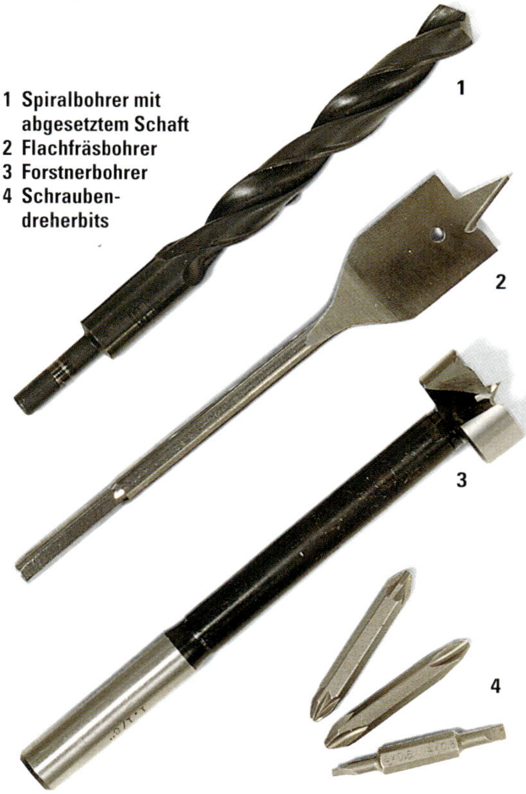

1 Spiralbohrer mit abgesetztem Schaft
2 Flachfräsbohrer
3 Forstnerbohrer
4 Schraubendreherbits

Bohrständer

Ein Bohrständer verwandelt eine tragbare Elektrobohrmaschine in eine Ständerbohrmaschine. Durch Herunterziehen des Bohrhebels wird der Bohrer in das Werkstück abgesenkt. Die Tiefe der Bohrung kann über einen Tiefenanschlag am Ständer eingestellt werden. Schrauben Sie die schwere Grundplatte an eine Werkbank.

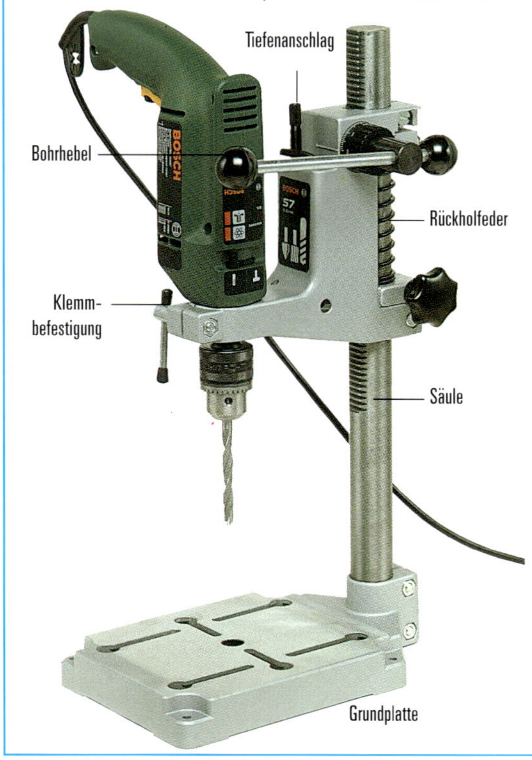

Schraubendreher

In den meisten Werkstätten werden für die Herstellung von Werkstücken in größeren Stückzahlen mit mehreren Schraubbefestigungen elektrische oder pneumatische Bohrschrauber verwendet. Im Grunde benötigen Sie aber nur ein Grundsortiment von Schlitz- und Kreuzschlitzschraubendrehern.

Werkstattschraubendreher
Der normale Universalschraubendreher hat einen relativ großen ovalförmigen Plastik- oder Holzgriff, der gut in der Hand liegt. Die normalerweise flache Spitze kann aus einem zylindrischen Schaft geschliffen sein, oder sie wurde breit geschmiedet und auf die passende Größe zurückgeschliffen. Die Spitze des Schraubendrehers muss genau in den Schraubenschlitz passen, d.h. Sie brauchen eine ganze Reihe von Schraubendrehern unterschiedlicher Größen.

Kreuzschlitzschraubendreher
Traditionelle Holzschrauben und moderne schnell drehende Gewindeschrauben haben Kreuzschlitze, damit die Angriffsfläche von Schraubendreher und Schraube größer ist. Entsprechende Schraubendreher haben spitz zulaufende Schneiden mit vier Nuten.

Schraubendrehereinsätze
Es gibt Schlitz- und Kreuzschlitzschraubendrehereinsätze für elektrische Bohrschrauber und Elektrobohrer mit variabler Drehzahl.

von links nach rechts
Moderner Werkstattschraubendreher
Traditioneller Werkstattschraubendreher
Schraubendreher mit geriffeltem Plastikheft
Knarrenschraubendreher
Pozidrivschraubendreher
Phillips-Schraubendreher

Winkelschraubendreher
Abgewinkelter Stahlstab, der an den Enden entweder gerade oder für Kreuzschlitze passend zurechtgeschliffen ist. Er eignet sich ideal für lösbare Verbindungen, die für einen normalen Schraubendreher zu wenig Raum bieten.

Spannknechte und Spannzwingen

Formschlüssige Holzverbindungen sorgen für eine optimale Kontaktfläche zwischen den Verbindungsteilen, so dass eine gute Leimverbindung entsteht. Eine sorgfältig hergestellte Holzverbindung muss mit nur wenig Druck zusammengespannt werden, d.h. die Spannzwingen dienen hauptsächlich dazu, das Werkstück zusammenzusetzen und die Teile zusammenzuhalten, während der Leim abbindet. Viele Spannzwingen zu haben ist immer nützlich, aber es sollte genügen, wenn Sie zwei Zwingen jeden Typs in verschiedenen Größen besitzen.

1 Rohrspanner
2 Spannknecht
3 Moment-Schraubknecht
4 Bügelschraubzwinge
5 Tiefenspanner
6 Moment-Schraubzwinge
7 Parallel-Schraubzwinge

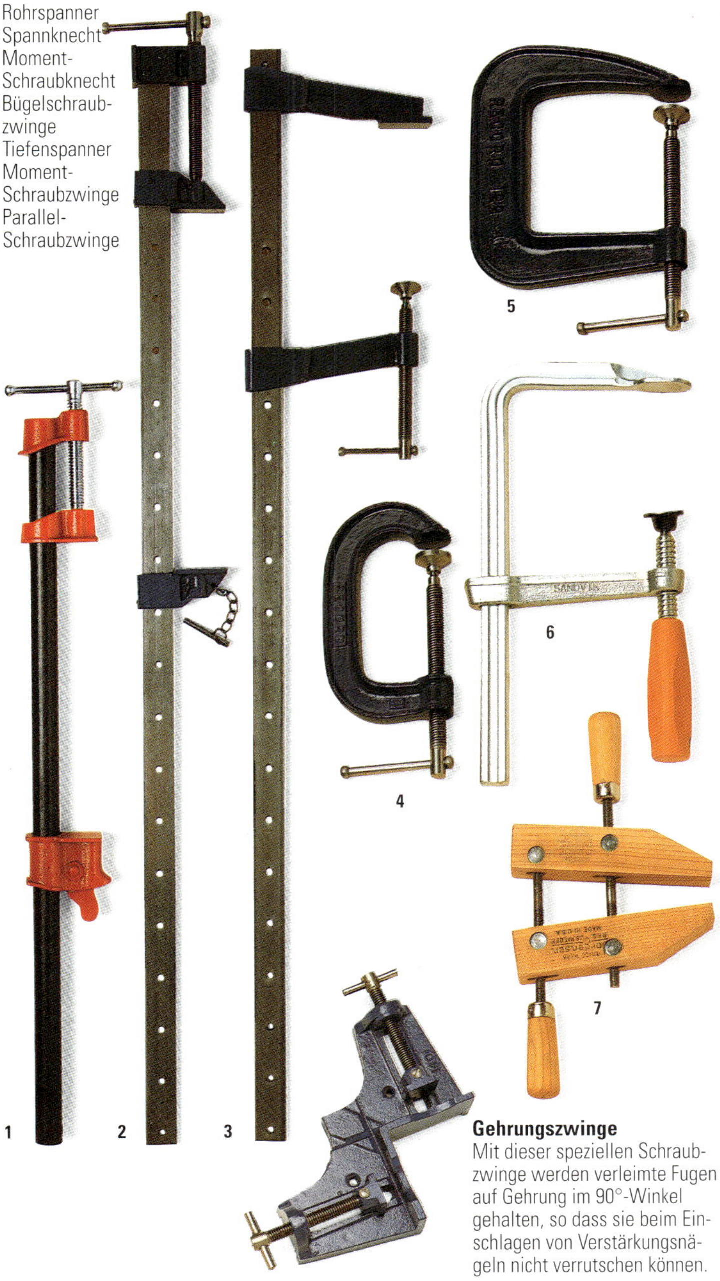

Gehrungszwinge
Mit dieser speziellen Schraubzwinge werden verleimte Fugen auf Gehrung im 90°-Winkel gehalten, so dass sie beim Einschlagen von Verstärkungsnägeln nicht verrutschen können.

Moment-Schraubknechte

Moment-Schraubknechte können der Größe eines Werkstücks rasch angepasst werden. Sie sind in verschiedenen Ausführungen erhältlich. Bei manchen Schraubknechten ist sowohl der Gleitbacken als auch der Druckbacken mit Spindel frei beweglich, bei der kleineren Ausführung kann lediglich der Druckbacken mit Spindel reguliert werden. Leichte Schraubknechte haben Spannbacken aus Holz.

Parallel-Schraubzwingen

Diese traditionelle Schraubzwinge mit breiten Holzbacken kann so angesetzt werden, dass auch auf breite Flächen der entsprechende Druck ausgeübt wird. Sie eignet sich insbesondere zum Zusammenspannen von sehr großen Rahmen oder konisch geformten Werkstücken.

Spannknechte

Mit Spannknechten werden große Rahmen, Brettflächen oder Korpusse zusammengehalten. Sie haben am einen Ende der Stahlschiene einen Druckbacken mit Spindel und einen zweiten, beweglichen Gleitbacken, so dass Werkstücke unterschiedlicher Größen eingespannt werden können. Der bewegliche Gleitbacken wird mit einem konischen Steckstift, der in eines der Löcher auf der Stahlschiene gesetzt wird, an der entsprechenden Stelle befestigt. Die Spannknechtlänge variiert von 450 bis 1200 mm.

Bügelschraubzwingen

Bügelschraubzwingen sind hervorragende Universalzwingen. Oft werden zu bearbeitende Werkstücke damit an die Werkbank geklemmt. Meistens sind sie aus Gusseisen hergestellt. Der Bügel ist nicht verstellbar. Druck entsteht, indem die Spindel mit Kugelgelenk angezogen wird. Bügelschraubzwingen sind in vielen Größen erhältlich.

Rohrspanner

Sie sind ähnlich wie Spannknechte, die Backen sitzen allerdings auf einem runden Stahlrohr.

Leime und Kleber

Leime und Kleber sind in flüssiger Form, als Pulver und als Granulat, die man mit Wasser vermischt, erhältlich. Sie können mit Pinsel, Rolle oder Spachtel aufgetragen werden. Alle Leime dringen in die Zellstruktur des Holzes ein und stellen eine starke Verbindung zwischen den Holzfasern her. Leime, die infolge von Wasserverdunstung abbinden, sind allerdings meistens nicht wasserbeständig. Soll die Verbindung Feuchtigkeit standhalten, nehmen Sie einen Klebstoff, der chemisch abbindet.

Auftragen der Leime

Die Verbindungen sollten passgenau geschnitten sein. Verlassen Sie sich nicht darauf, dass der Leim Lücken schließt. Die zu verbindenden Flächen sollten sauber und fettfrei sein. Einige Holzarten, wie Palisander oder Teak, sollten nach Fertigstellung der Werkstücke so schnell wie möglich verleimt werden, da durch das Harz auf ihren Oberflächen ein Film entsteht und der Leim nicht mehr richtig in das Holz eindringen kann.

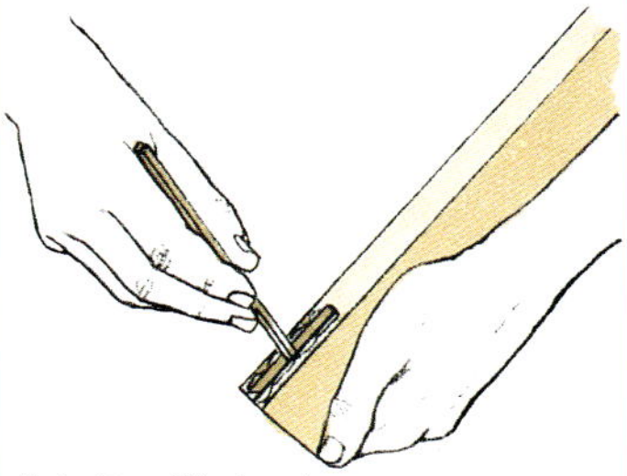

Arbeiten Sie in einem warmen, trockenen Raum. Der Leim wird dünn und gleichmäßig auf beide zu verbindenden Flächen aufgetragen. Achten Sie darauf, dass die Flächen eines Schlitzes bestrichen sind, da der Leim auf dem Zapfen beim Zusammenstecken abgestreift wird. Arbeiten Sie in angemessenem Tempo, so dass die Teile zusammengefügt werden können, bevor das Holz aufquillt und der Leim anfängt zu ziehen. Für große oder komplizierte Verbindungen sollten Sie einen Zweikomponentenkleber verwenden, dessen Komponenten jeweils auf eine Fläche aufgetragen werden. Spannen Sie die Teile zusammen und entfernen Sie den überschüssigen Leim mit einem feuchten Tuch.

PVAC-Leim

Der auch „Weißleim" genannte Polyvinylacetatleim ist ein gut zu handhabender Leim für Holzverbindungen. Die gebrauchsfertige Emulsion wird in Plastikflaschen geliefert und bindet bei Verdampfen des Wassers ab. Es ist ein ungiftiger, leicht aufzutragender Leim, der nach dem Abbinden fast unsichtbar ist.
Universal-PVAC-Leim eignet sich nur für Innenarbeiten. Auch wenn die Verbindung ziemlich fest wird, bleibt er relativ elastisch und die Leimfuge kann sich bei andauernder hoher Belastung verformen. Er lässt sich nicht gut schleifen, da der Leim durch die Reibung weich wird und das Schleifpapier verklebt.
Der aliphatische PVAC-Leim ist dem Universalleim ähnlich, aber feuchtigkeitsbeständiger und weniger elastisch. Chemisch abbindender, querverbindender PVAC-Leim ist noch wasserbeständiger und führt zu einer äußerst festen Verbindung.

Harnstoffharzleim

Harnstoffharzleim ist ein chemisch abbindender Zweikomponentenkleber. Er ist äußerst wasserbeständig und bildet eine feste Leimfuge. Harz und Härter sind vorgemischt in Pulverform erhältlich und können mit Wasser verdünnt innerhalb von 20 Minuten aufgetragen werden.
Es gibt das Harz auch mit separatem flüssigem Härter. Härter und Harz werden jeweils auf eine Fläche aufgetragen. Erst wenn die Teile zusammengefügt werden, beginnt der Kleber abzubinden.
Für noch stärkere und wasserbeständigere Verbindungen nehmen Sie einen Resorcinharzkleber. Er ist ebenfalls ein Zweikomponentenkleber, der vor dem Auftragen angerührt wird. Das Harz wird in flüssiger Form geliefert, der Härter ist in flüssiger Form oder als Pulver erhältlich. Der ausgehärtete Kleber bildet eine rötlich braune Leimfuge.
Tragen Sie stets Schutzmaske, Augenschutz und Handschuhe und arbeiten Sie in einem gut gelüfteten Raum, wenn Sie mit formaldehydhaltigem, ungehärtetem Kleber hantieren.

Hautleim

Der traditionelle Hautleim wurde weitgehend von Kunststoffklebern abgelöst, bietet aber in der Möbelrestaurierung oder bei Furnierarbeiten einige Vorteile. Der geruchsintensive, aber ungiftige Leim wird aus Tierhäuten und Knochen hergestellt. Seine starke Klebekraft kann durch Hitze und Feuchtigkeit aufgehoben werden. Normalerweise ist er als wasserlösliches Granulat erhältlich und wird in einem doppelwandigen Gefäß erhitzt. In weicher und flüssiger Konsistenz wird er heiß auf beide zu verbindenden Flächen aufgetragen und bindet durch Abkühlung und Verdampfung innerhalb von zwei Stunden ab.

Rohstoff Holz

Wo das Holz herkommt

Bäume, ob sie nun in Wäldern oder im Freistand wachsen, tragen nicht nur zur Klimaregulierung bei, sondern bieten auch Lebensraum für zahllose Pflanzen und Tiere. Bäume liefern eine Vielzahl von Produkten – von Alltagsgegenständen bis hin zu Grundsubstanzen für die Herstellung von Harzen, Gummi, Pharmazeutika. Werden Bäume gefällt und zu Schnittholz verarbeitet, liefern sie ein äußerst vielfältiges und vielseitig verwendbares Material.

Was ist ein Baum?

In der Botanik gehört der Baum zu den Spermatophyten – einer Abteilung der Samenpflanzen, die in die Klassen der Gymnospermen und der Angiospermen unterteilt ist. Gymnospermen sind Zapfen tragende Nadelhölzer, auch Weichhölzer genannt. Angiospermen sind Blätter tragende, Laub wechselnde oder immergrüne Laubhölzer und werden auch als Harthölzer bezeichnet. Alle Bäume sind perennierend, d.h. ihr Wachstum erstreckt sich über mindestens drei Jahre.

Der Stamm eines Baumes, auch Baumschaft genannt, trägt die Krone der Blätter tragenden Zweige. Das Wurzelwerk hält den Baum im Boden und versorgt ihn mit Wasser und Mineralien aus der Erde. Die äußere Schicht des Stammes dient als eine Art Kanal, durch den die Säfte von den Wurzeln zu den Blättern aufsteigen.

Bergnadelwald

Nährsubstanzen und Photosynthese

Bäume nehmen über Poren in den Blättern, genannt Stomata, Kohlendioxid aus der Luft auf. Durch die Verdunstung des Wassers in den Blättern wird der Saft durch winzige Zellen hindurch nach oben transportiert. Die grünen Pigmente in den Blättern nehmen die Energie des Sonnenlichts auf und bilden aus Kohlendioxid und Wasser organische Stoffe. Diese als Photosynthese bezeichnete Reaktion erzeugt die Nährstoffe, die ein Baum zum Leben braucht. Gleichzeitig wird Sauerstoff an die Atmosphäre abgegeben. Die in den Blättern gebildeten Nährstoffe werden zu den Wachstumszonen des Baumes geleitet und in bestimmten Zellen auch gespeichert.

Trotz der verbreiteten Vorstellung, Holz „atme" und müsse durch Pflege mit „Nährstoffen" versorgt werden – ein Baum stirbt, wenn er gefällt wird. Mit Ausdehnung oder Schwinden nach dem Fällen reagiert das Holz lediglich auf die Umgebung, indem es, ähnlich einem Schwamm, Feuchtigkeit aufnimmt oder abgibt. Holzbehandlungsstoffe wie Wachse und Öle verschönern und schützen die Oberfläche und stabilisieren bis zu einem gewissen Grad auch diese Ausdehnungsschwankungen, aber sie „ernähren" das Holz nicht.

Zellstruktur

Holz besteht aus einer Masse röhrenförmiger Cellulosezellen, die durch Lignin, einen organischen Stoff, verbunden sind. Diese Zellen sorgen für den Halt des Baumes, die Saftzirkulation und die Speicherung von Nährstoffen. Die Zellen variieren in Größe, Form und Verteilung, sie sind jedoch überwiegend länglich und dünn und verlaufen längs der Hauptachse des Baumstamms bzw. der Äste. Die Ausrichtung der Zellen bestimmt den Maserverlauf, während ihre unterschiedliche Größe und Verteilung den Charakter der Holzstruktur bei den verschiedenen Arten ausmachen.

Holzbestimmung

Bei Schnittholz kann aufgrund seiner Zellstruktur zwischen Weich- und Hartholz unterschieden werden. Die einfache Zellstruktur von Weich- oder Nadelhölzern besteht hauptsächlich aus Tracheiden, die in erster Linie für den Safttransport und den Halt des Baumes sorgen. Sie bilden gleichmäßige Zellreihen, auch Strahlen genannt, und machen den Großteil des Baumvolumens aus.

Hart- oder Laubhölzer haben weniger Tracheiden als Nadelhölzer. Stattdessen besitzen sie Gefäße (Tracheen) oder Poren, die Saft transportieren, sowie stützende Fasern.

Kohlendioxid
Von den Blättern aus der Luft aufgenommen.
Sauerstoff
Von lebenden Bäumen an die Luft abgegeben.
Laubtragende Zweige
Die Blätter bilden durch Photosynthese Nährstoffe, die den Baum versorgen.
Stamm
Der Stamm hält die Laub tragenden Äste und liefert den Hauptteil des nutzbaren Holzes.
Gymnospermen – Nadel tragende Bäume
Angiospermen – Laub tragende Bäume
Die Wurzeln
Die Wurzeln halten den Baum und nehmen Wasser und Mineralien aus dem Boden auf.

Wie Bäume wachsen

Eine dünne Schicht lebender Zellen zwischen Rinde und Holz, genannt Kambium, teilt sich jedes Jahr und bildet auf der Innenseite neues Holz und auf der Außenseite Phloem oder Bast. Wenn der Stammumfang des Baumes größer wird, reißt die alte Rinde und aus dem Bast wird neue Rinde gebildet. Während der Wachstumsperiode, wenn die Zellen viel Feuchtigkeit halten, lässt sich die Rinde leicht schälen. In den Wintermonaten werden die Zellen steifer und halten die Rinde fest zusammen. Die neuen Holzzellen entwickeln sich zu zwei spezialisierten Zelltypen: zu lebenden Zellen, die Nährstoffe speichern, und nicht lebenden Zellen, die den Saft im Baum nach oben leiten und dem Baum Halt geben.
Jedes Jahr wird um den Splintholzring des letzten Jahres ein neuer Ring aufgebaut. Gleichzeitig verändert sich das Holz der ältesten, innersten Schicht durch chemische Prozesse zu Kernholz, welches sehr fest wird und so die stützende Säule des Baumes bildet. Die Kernholzschicht nimmt jährlich zu. Die Splintholzschicht bleibt während der gesamten Lebenszeit des Baumes immer annähernd gleich stark.

Europäische Eiche
Quercus petraea
Das Bild zeigt einen Querschnitt des Stammes einer Europäischen Eiche.

Borke
Äußerste Schutzschicht des Baums. Der Begriff „Borke" kann auch das lebende Innengewebe einschließen.

Bast oder Phloem
Inneres Gewebe der Rinde, das die in der Photosynthese aufgebauten Nährstoffe leitet.

Kambiumschicht
Dünne Schicht lebender Zellen, die neues Holz und neue Rinde bildet.

Splintholz
Neues Holz, dessen Zellen Nährstoffe transportieren oder speichern.

Jahresring
Holzschicht, die sich während einer Wachstumsperiode bildet. Ein Jahresring besteht aus großen Frühholz- und kleineren Spätholzzellen.

Markstrahlen
Strahlenförmig von der Mitte ausgehende Zellbündel, die horizontal Nährstoffe leiten. Auch Holzstrahlen genannt.

Kernholz
Reifes Holz, das die stützende Säule des Baumes bildet.

Markröhre
Innerer Kern des Stammes. Wird häufig von Pilzen und Insekten befallen.

Markstrahlen
Markstrahlen, auch Holzstrahlen genannt, verlaufen strahlenförmig von der Mitte des Stammes nach außen. Ähnlich wie die Zellen, die längs der Achse des Stammes verlaufen, speichern sie Nährstoffe und leiten sie horizontal durch das Splintholz. Die flachen vertikalen Bänder, die von Markstrahlzellen gebildet werden, sind in Weichhölzern kaum sichtbar. Bei einigen Harthölzern wie Eiche sind sie jedoch, besonders bei einem Quartierschnitt, deutlich zu erkennen.

Splintholz
Splintholz ist normalerweise gut an seiner helleren Farbe zu erkennen, welche sich von dem dunkleren Kernholz deutlich abhebt. Der Farbunterschied ist jedoch bei sehr hellen Holzarten, vor allem bei Weichhölzern, weniger ausgeprägt. Da Splintholzzellen eine relativ dünne Zellwand besitzen und recht durchlässig sind, geben sie in der Regel Feuchtigkeit schnell ab und schwinden stärker als das dichtere Kernholz. Durch seine vielen Poren nimmt es jedoch Farbstoffe und Schutzmittel besser an.
Für Schreiner ist Splintholz gegenüber dem Kernholz minderwertig. Es ist nicht sehr widerstandsfähig gegen Pilzfäule, und die in einigen Zellen eingelagerten Kohlenhydrate machen es anfälliger für Insektenbefall.

Kernholz
Die abgestorbenen Splintholzzellen, die das Kernholz bilden, spielen für das weitere Wachstum des Baumes keine Rolle und können organische Stoffe einlagern. Harthölzer, deren Kernholzzellen Stoffe einlagern und undurchlässig werden, z.B. Weißeiche, sind unempfindlich und sehr viel besser für die Herstellung dichter Fässer geeignet als Hölzer, die offene Kernholzzellen haben und daher relativ durchlässig sind, z.B. Roteiche.
Die chemischen Substanzen, durch die sich, bei Harthölzern manchmal recht stark, die Farbe der Zellwände der toten Zellen verändert, werden als Extrakte bezeichnet. Sie verleihen dem Kernholz auch seine Widerstandsfähigkeit gegen Insekten- und Pilzbefall.

Jahresringe
Die deutliche Ringbildung von Früh- und Spätholz entspricht dem Zuwachs einer Wachstumsperiode und ermöglicht die Bestimmung des Alters eines Baumes sowie der klimatischen Bedingungen, unter denen er wuchs. So deuten etwa breite Jahresringe auf gute Wachstumsbedingungen hin, während schmale auf schlechte, wasserarme Bedingungen hinweisen. Über eine genaue Untersuchung der Jahresringe lässt sich die Wachstumsgeschichte des Baumes genau nachvollziehen.

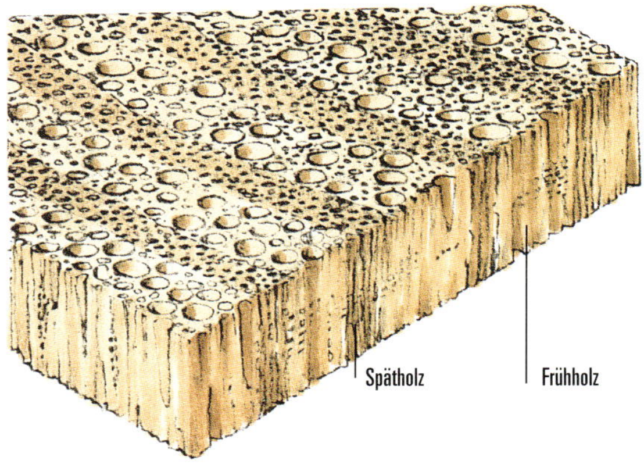

Frühholz
Frühholz ist der schnell wachsende Teil eines Jahresringes, der im Frühjahr zu Beginn der Wachstumsperiode gebildet wird. Bei Nadelbäumen bilden dünnwandige Tracheiden, die einen schnellen Safttransport ermöglichen, den Großteil des Frühholzes. Bei Laubbäumen erfüllen die offenen röhrenartigen Gefäße (Tracheen) dieselbe Funktion. Das Frühholz ist im Jahresring an seiner größeren Breite und der helleren Farbe zu erkennen.

Spätholz
Spätholz wächst langsamer im Sommer und bildet dickerwandige Zellen. Durch das langsamere Wachstum entsteht härteres und in der Regel dunkleres Holz, das kaum Saft leitet, aber dem Baum Halt bietet.

Junger Laubwald

Die Holzauswahl

Bei der Holzauswahl spielen meist das Aussehen des Materials sowie seine physikalischen Eigenschaften und seine Bearbeitbarkeit eine Rolle. Nachdem Sie sich für eine Holzart entschieden haben, müssen Sie die Bretter, die idealerweise vom selben Baum stammen sollten, nach Qualität und Zustand aussuchen.

Der Holzkauf

Holzhändler haben meist die Weichholzarten auf Lager, die im Zimmerer- und Schreinerhandwerk am häufigsten verarbeitet werden, nämlich Fichte, Tanne und Kiefer. Dieses Holz wird in der Regel als Dimensionsware verkauft, der in der Branche übliche Begriff für auf Standardmaße geschnittenes und gehobeltes Holz. Eine oder mehrere Flächen sind bereits abgerichtet.

Hartholz wird im Allgemeinen als Brettware in verschiedenen Maßen verkauft, manche Arten auch als Dimensionsware. Dimensionsholz wird in Einheiten von 1 Fuß oder 300 mm verkauft (siehe Kasten rechts). Vergewissern Sie sich, welche Maßeinheiten Ihr Lieferant verwendet, da die Einheiten des Dezimalsystems ungefähr 5 mm (3/16 Zoll) kürzer sind als bei den Angaben in Zoll und Fuß. Unabhängig davon, nach welchem System Sie den Holzbedarf berechnen, sollten Sie auf alle Fälle möglichen Ausschuß mit einrechnen.

Beim Berechnen der benötigten Holzmenge müssen Sie berücksichtigen, dass beim Hobeln mindestens 3 mm Stärke pro Fläche verloren gehen. Die endgültige Breite und Stärke des Brettes ist also geringer als das vom Holzhändler angegebene Nenn- oder Sägemaß. Die Länge stimmt jedoch immer mit dem angegebenen Maß überein.

Bretterstapel auf einem Holzplatz

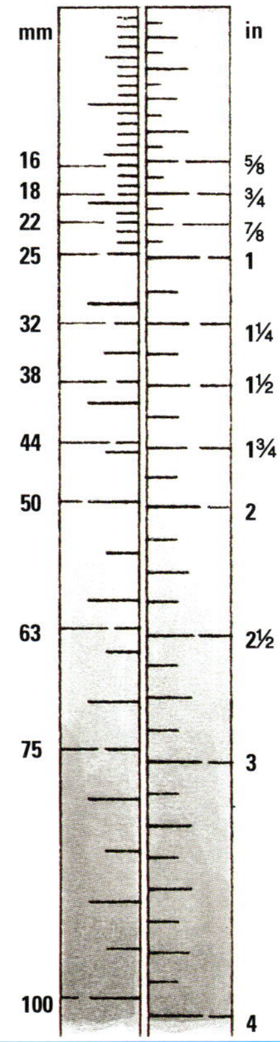

Maßeinheiten

Der Holzhandel ist ein internationales Geschäft, bei dem die Erzeugerländer entweder das Dezimalsystem oder die in den englischsprachigen Ländern gängigen Maßeinheiten wie Fuß und Zoll (inch) verwenden. Obwohl es Bestrebungen zur einheitlichen Verwendung des Dezimalsystems gibt, werden derzeit noch beide Systeme gebraucht. Um Verwirrung und Fehler zu vermeiden, sollten Maße immer in Einheiten nur eines Systems angegeben werden. Das in Echtgröße abgebildete Lineal zeigt die leichten Abweichungen der beiden Systeme bei den Standardgrößen bis 100 mm (4 Zoll).

Güteklassen

Weichholz wird je nach Maserverlauf und Wuchsfehlern in verschiedene Güteklassen eingeteilt. Für allgemeine Holzarbeiten sind wahrscheinlich die besseren Qualitäten mit gutem Erscheinungsbild und ohne Festigkeitssortierung am besten geeignet. Nach Festigkeit sortiertes Weichholz wird als Bauholz eingesetzt.

Hartholz wird nach der Fläche fehlerfreien Holzes klassifiziert: je größer die Fläche, desto höher die Güteklasse. Die Güteklassen I und II sind am besten geeignet.

Viele Holzfachhändler schicken Holz auch auf Bestellung zu, es ist jedoch immer zu empfehlen, das Holz selbst auszusuchen. Nehmen Sie einen Hobel zum Holzkauf mit, damit Sie das Holz anhobeln können, um bei verschmutztem Holz oder unter Sägemarkierungen die Färbung und Maserung zu überprüfen.

Schnittholzlisten

In Schnittholzlisten wird die fertige Länge, Breite und Stärke jedes Holzteils für ein Projekt angegeben. In der Liste sollten auch das gewünschte Material und die erforderliche Menge angegeben werden. Eine Schnittholzliste ermöglicht es dem Holzlieferanten, das Material am günstigsten zusammenzufassen, und gibt gleichzeitig eine Übersicht zum Schneiden des Holzes auf die jeweils benötigten Maße.

Holzfehler

Wenn Holz nicht sorgfältig getrocknet wird, können im Holz Schäden auftreten, die es unbrauchbar oder nur sehr schwer zu bearbeiten machen. Unzureichendes Trocknen kann zum Schwund von auf Maß geschnittenen Teilen, zu aufgehenden Fugen, zum Verwerfen oder zu Rissen führen. Prüfen Sie die Oberfläche auf offensichtliche Fehler, wie Risse, Äste und ungleichmäßigen Faserverlauf. Sehen Sie sich das Hirnende an. Hier erkennen Sie, wie das Holz vom Stamm geschnitten wurde und ob Verformungen vorliegen. Peilen Sie auch über die Länge des Brettes, um festzustellen, ob das Brett verzogen ist. Tief sitzende Flecke, die durch im Stapel angesammeltes Wasser oder unverträgliches Stapelleistenholz verursacht wurden, sind schwer zu entfernen. Darüber hinaus sollten Sie auf Spuren von Schädlings- und Pilzbefall achten.

1 Oberflächenrisse
Sie treten meist längs der Strahlen auf und werden durch zu schnelles Trocknen der Oberfläche verursacht.

2 Hirnrisse
Diese Risse kommen häufig vor und sind auf zu schnell trocknende Endflächen zurückzuführen. Durch Versiegeln der Enden mit einem wasserfesten Farbanstrich lassen sich diese Risse verhindern.

3 Innenrisse
Diese Risse entstehen, wenn das Holz außen fest wird, bevor es innen ganz trocken ist. Das Holzinnere schwindet dann mehr, was zum Reißen der inneren Holzfasern führt.

4 Spalten
Diese Risse in der Holzstruktur werden von Wachstumsfehlern oder Schwundspannungen verursacht. Ringrisse sind Risse, die zwischen den Jahresringen entstehen.

5 Verziehen oder Verwerfen
Meist verursacht durch unsauberes Stapeln, wilde Maserung oder Spannungen, die durch schlechtes Trocknen entstanden sind. Reaktionsholz reigt ebenfalls zum Verziehen oder Verwerfen, wenn es geschnitten oder getrocknet wird.

6 Totäste oder Schwarzäste
Reste abgestorbener Äste, deren Stümpfe von neuen Jahresringen überwachsen werden. Die den Ast umgebende Maserung ist unregelmäßig und schwer zu bearbeiten.

7 Rindeinschluss
Kann das Aussehen des Holzes beeinträchtigen und das Holzgefüge schwächen.

Holzeigenschaften

Für den Schreiner spielen Maserung, Farbe und Struktur des Holzes die wichtigste Rolle bei der Wahl des richtigen Holzes. Die Bearbeitbarkeit oder die Härte, obgleich eigentlich ebenso wichtig, sind für ihn zweitrangig. Wenn es gar ums Furnier geht, ist das Aussehen alles.
Das Arbeiten mit Holz ist ein stetiger Entdeckungs- und Lernprozess. Jedes Holz ist einzigartig und jedes Stück eines Baumes oder sogar eines Brettes ist anders und stellt eine Herausforderung dar. Nur durch den direkten Umgang mit dem Werkstoff Holz lassen sich seine besonderen Eigenschaften erfahren.

Maserung
Die Holzfasern, die der Hauptachse eines Baumstammes folgen, bilden die Maserung. Durch die Anordnung und Ausrichtung der länglichen Zellen ergibt sich der unterschiedliche Maserverlauf.
Gerade und gleichmäßig gewachsene Bäume haben eine gerade Maserung. Wenn Zellen von der Hauptachse des Baumes abweichen, entsteht „querstreifiges" Holz. „Drehwüchsiges" Holz entsteht aus spiralförmig nach oben wachsenden Bäumen. Wenn der Drehwuchs seine Richtung ändert, spricht man von „Wechseldrehwuchs". Ein wellenartiger Faserverlauf mit kurzen, gleichmäßigen Wellen und eine „geriegelte Maserung" mit unregelmäßigen Wellen entsteht bei Bäumen mit einer wellenförmigen Zellstruktur. Eine „wilde Maserung" entsteht, wenn die Zellen ihre Richtung im Holz ändern. Holz mit solch unregelmäßiger Maserung lässt sich schwer bearbeiten.
Bretter mit einer ungleichmäßigen oder wellenförmigen Maserung weisen unterschiedliche Zeichnungen auf, die durch die Lage der Fasern zur Brettfläche und die wechselnde Lichtreflexion der Zellstruktur bedingt sind. Solche Bretter werden bevorzugt für die Herstellung von Furnieren verwendet.

Mit der Faser hobeln

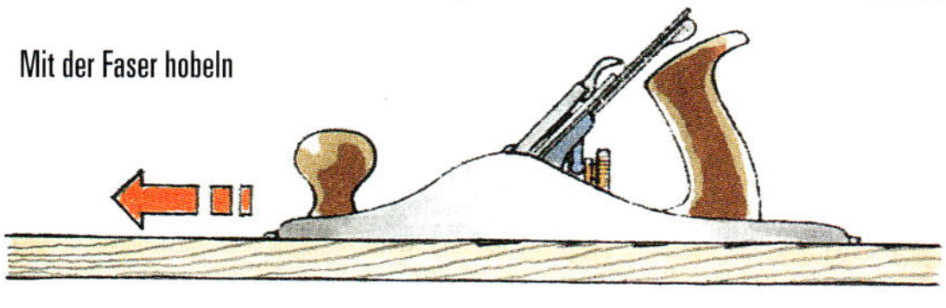

Gegen die Faser hobeln

Holzbearbeitung
Beim Hobeln „mit der Faser" folgt der Hobel dem Verlauf der Maserung, und die Fasern verlaufen parallel bzw. in Hobelrichtung. Das Hobeln ist unproblematisch, es entsteht eine glatte Oberfläche. Beim Hobeln „gegen die Faser" stehen die Fasern gegen die Hobelrichtung nach oben und die Fläche wird rau. Vom Sägen „mit der Faser" spricht man bei Schnitten in Längsrichtung des Holzes, also entlang der Richtung der länglichen Zellen. Sägen oder Hobeln „quer zur Faser" bezieht sich auf eine Bearbeitung, die mehr oder weniger senkrecht zur Faserrichtung ausgeführt wird.

Zeichnung
Der Begriff „Maserung" wird auch zum Beschreiben des Aussehens verwendet. Eigentlich gemeint ist jedoch eine Kombination aus natürlichen Wachstumsmerkmalen, die zusammen als „Zeichnung" bezeichnet werden. Die Zeichnung umfasst den Unterschied zwischen Frühholz und Spätholz, die Farbverteilung, die Dichte, die Konzentrizität oder Exzentrizität der Jahresringe, die Spuren einer Holzkrankheit und die Art und Weise, wie der Stamm geschnitten wurde.

Nutzen der Zeichnung
Wenn Stämme tangential eingeschnitten werden, haben die gewonnenen Fladerbretter eine u-förmige Zeichnung. Wird ein Stamm radial bzw. im Quartierschnitt geschnitten, liefern die parallel liegenden Linien ein weniger ausgeprägtes Bild.
Das aus einer Astgabel geschnittene Holz weist eine blumige oder wellige Zeichnung auf und wird gern für Furniere verwendet. Holz mit Maserknollen, die durch Wucherung aufgrund einer Verletzung des Baumes entstanden sind, wird ebenfalls für Furniere verwendet. Es ist bei Drechslern sehr beliebt, ebenso wie die interessante Zeichnung von Stockholz, das aus dem Stock oder den Wurzeln des Baumes stammt.

Struktur
Der Begriff „Struktur" bezieht sich auf die relative Größe der Holzzellen. Fein strukturierte Hölzer haben kleine, dicht aneinander liegende Zellen, während grob strukturierte Hölzer relativ große Zellen haben. Mit der „Struktur" beschreibt man auch die Verteilung der Zellen in Bezug auf die Jahresringe. Ist der Unterschied zwischen dem Früh- und dem Spätholz deutlich zu sehen, spricht man von einer groben, ist er gering, von einer feinen Struktur.
Holzarten mit einer groben Struktur, wie Eiche oder Esche, haben bei langsamem Wuchs feinere Zellen und sind leichter und weicher als bei schnellem Wuchs. Schnell wachsende Bäume haben in der Regel eine ausgeprägtere Zeichnung und liefern zudem härteres, festeres und auch schwereres Holz.

Wirkung der Struktur

Der Unterschied in der Struktur zwischen Frühholz und Spätholz ist für den Schreiner wichtig, da das Frühholz sich leichter einschneiden lässt als das dichtere Spätholz. Werden die Schneidkanten der Werkzeuge regelmäßig geschliffen, gibt es kaum Probleme. Bei der Verwendung von Schleifmaschinen kann es vorkommen, dass vom Frühholz mehr abgeschliffen wird als vom Spätholz. Die Holzarten mit regelmäßigen Jahresringen sind am besten zu bearbeiten und nehmen eine Oberflächenbehandlung gut an.

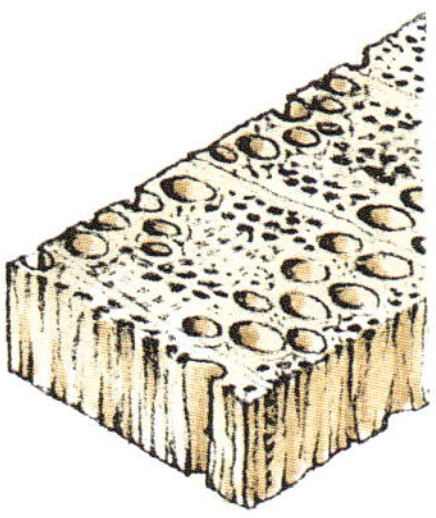

Ringporiges Holz

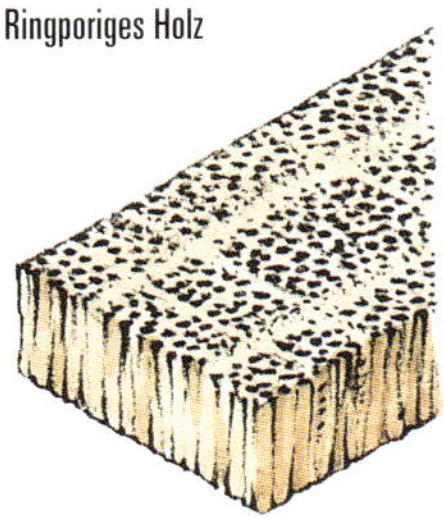

Zerstreutporiges Holz

Laubholzporen

Die Verteilung von Laubholzzellen kann eine ausgeprägte Wirkung auf die Holzstruktur haben. Ringporige Laubholzarten, wie Eiche und Esche, weisen klare Ringe großer Gefäße im Frühholz und dichte Fasern und Zellgewebe im Spätholz auf. Das macht die Oberflächenbehandlung schwieriger als bei den zerstreutporigen Holzarten, wie Buche, bei denen die Gefäße und Fasern relativ gleichmäßig verteilt sind. Holzarten wie Mahagoni sind zwar zerstreutporig, doch ihre größeren Zellen verleihen ihnen eine gröbere Struktur.

Dauerhaftigkeit

Der Begriff „Dauerhaftigkeit" bezieht sich auf das Verhalten von Holz, wenn es mit Erde in Berührung kommt. Holz wird als nicht resistent klassifiziert, wenn es weniger als fünf Jahre überdauert. Sehr dauerhaftes Holz überdauert mehr als 25 Jahre. Die Dauerhaftigkeit einer Holzart kann sich je nach Sonneneinstrahlung und klimatischen Bedingungen verändern.

Botanische Klassifizierung

Die meisten Schreiner und Holzlieferanten verwenden die handelsüblichen Namen für die Holzarten, wie Buche oder Nussbaum. Dennoch ist der botanische Name die einzige allgemein gültige Bezeichnung, auf die man sich bei der Bestimmung einer Holzart verlassen kann. In Handelskatalogen und Nachschlagewerken werden die Abkürzungen „sp." und „spp." verwendet, um darauf hinzuweisen, dass die entsprechende Holzart zu einer Reihe von Arten innerhalb einer Baumgattung oder -familie gehört.

Strukturen und Muster (von links nach rechts)
Gerade Maserung (Sitkafichte)
Schrägfaserigkeit (Satinholz)
Faserwellung (Riegelwuchs-Sykamore)
Wilde Maserung (Gelbbirke)
U-förmiges Muster (Ostindischer Palisander)
Welle oder Zwiesel (Nussbaum)
Maserknollen (Ulme)
Stockholz (Esche)
Feinstruktur (Europäische Linde)
Grobstruktur (Edelkastanie)

TANNE

KAURI

BRASILIAN. ARAUKARIE

OSTAUSTRAL. ARAUKARIE

LIBANONZEDER

ALASKAZEDER

RIMU

EUROP. LÄRCHE

FICHTE

SITKAFICHTE

ZUCKERKIEFER

GEBIRGSSTROBE

GELBKIEFER

WEYMOUTHSKIEFER

KIEFER

DOUGLASIE

SEQUOIA

EIBE

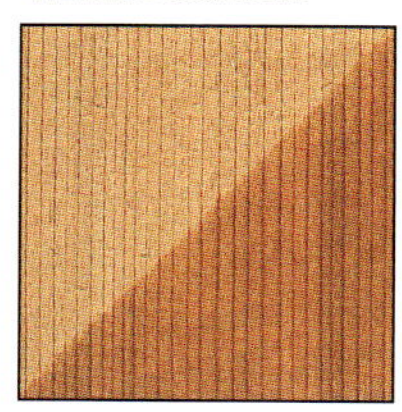
KANAD. ROTZEDER

WESTERN HEMLOCK

AUSTRALIAN BLACKWOOD

BERGAHORN

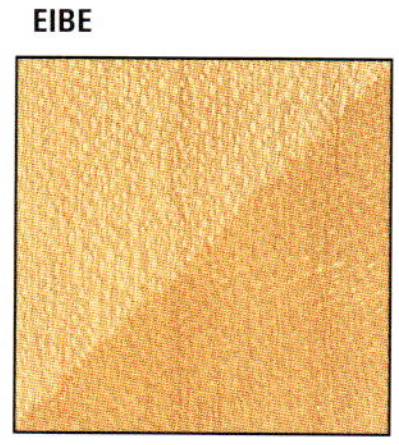
WEICHER AHORN

ZUCKERAHORN

RED ALDER

URUNDAY

GELBBIRKE

PAPIERBIRKE

BUCHSBAUM

AUSTRAL. SEIDENEICHE

PECAN HICKORY

AMERIKAN. KASTANIE

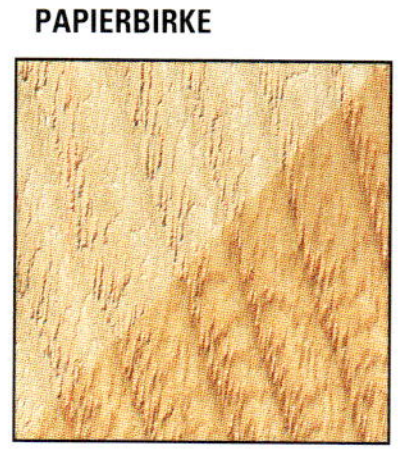
EDELKASTANIE

BLACKBEAN

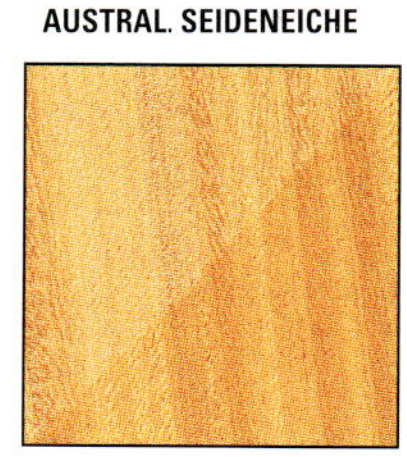
OSTIND. SATINHOLZ

KÖNIGSHOLZ

OSTIND. PALISANDER

COCOBOLO

EBENHOLZ

JELUTONG

Oberflächenbehandlung

Holz ist von Natur aus unterschiedlich in Farbe, Zeichnung und Struktur. Selbst nach der Bearbeitung reagiert Holz weiterhin auf seine Umgebung. Dabei „arbeitet“ es nicht nur, sondern wird mit der Zeit auch heller oder dunkler. Das Ergebnis ist dann eine Patina oder Altersfärbung.

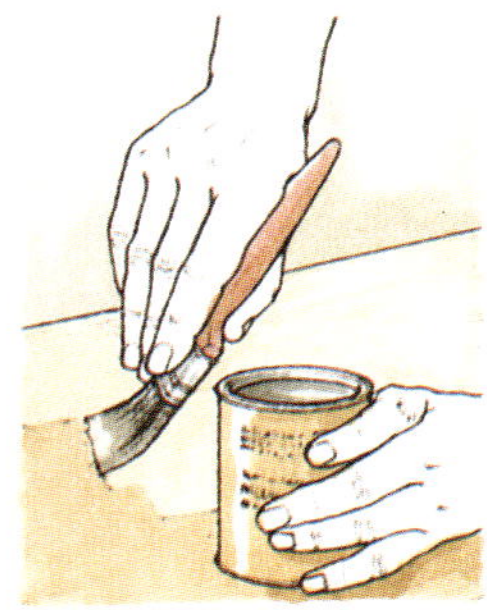

Farbänderungen
Am meisten ändert sich die Farbe, wenn die Oberfläche behandelt wird. Selbst ein klarer Lack macht die natürliche Holzfarbe satter und etwas dunkler. Die Abbildungen zeigen Muster der Holzarten in natürlicher Größe, die das Holz vor und nach einem Klarlackanstrich zeigen.

AUSTRAL.. NUSSBAUM

SIPO

JARRAH

AMERIKAN. ROTBUCHE

EUROP. ROTBUCHE

AMERIKAN. WEISSESCHE

EUROP. ESCHE

RAMIN

POCKHOLZ

BUBINGA

PERNAMBUCK

BUTTERNUSS

AMERIKAN. NUSSBAUM

EUROP. NUSSBAUM

WHITEWOOD

BALSA

PURPLEHEART

AFRORMOSIA

EUROP. PLATANE

AMERIKAN. SYKAMORE

AMERIK. TRAUBENKIRSCHE

AFRIKAN. PADOUK

AMERIKAN. WEISSEICHE

JAPAN. EICHE

AMERIKAN. ROTEICHE

DARK RED MERANTI

AMERIKAN. MAHAGONI

TEAK

EUROP. EICHE

EUROP. LINDE

ABACHI

AMERIK. WEISSRÜSTER

EUROP. RÜSTER

AMERIK. LINDE

Vielseitiges Holz

Holz kann für fast unendlich viele Zwecke verwendet werden. Es kommt in unserer täglichen Umgebung so häufig vor, dass es oft als selbstverständlich hingenommen und sein Wert kaum geschätzt wird. Die Vielfältigkeit der Holzarten und ihre verschiedenen Eigenschaften geben dem Schreiner große Auswahlmöglichkeiten. Die Faszination des Holzes liegt jedoch nicht allein in seiner Verfügbarkeit und Vielfältigkeit. Auch die Tatsache, dass es selbst mit den einfachsten Werkzeugen gut zu bearbeiten ist, hat Holz zu einem sehr beliebten Rohstoff gemacht.
Mit der Entwicklung von Schneidwerkzeugen wurde es den Menschen möglich, ihre Umgebung mit Holz zu verändern und zu verschönern. Selbst im Zuge der Entwicklung synthetischer Werkstoffe und der zunehmend automatisierten und mechanisierten Holzgewinnung und Herstellung von Holzprodukten wird der Rohstoff Holz auch heute noch nach traditionellen Methoden bearbeitet.

Gefäß mit Deckel
„Marmoriertes" Holz, dessen auffallende Zeichnung durch Pilzbefall entstanden ist, wird von Drechslern hoch geschätzt. Bei diesem Beispiel erzeugen die schwarzen „Grenzlinien" und die unterschiedlichen Farben, die das Holz durchdringen, ein einzigartiges Muster, das der Drechsler für seine Arbeit genutzt hat.

Schiffsrahmen
Eiche wird schon seit langem traditionell beim Bau und beim Schiffsbau verwendet. Hier werden für eine Nachbildung des Schiffes von John Cabot (der „Matthew") schwere Rahmen aus gebogener Eiche an einen Kiel angepasst. Das Original überquerte 1497 den Atlantik.

Seehundtisch
Die natürliche Farbe und Struktur eines Bergahornstammes wurden bei diesem geschnitzten Seehund auf kreative Weise eingesetzt. Das Holz hält eine Glasplatte, die die Wasseroberfläche darstellen soll.

Windsor-Stuhl
Normalerweise haben traditionelle Windsor-Stühle gedrechselte Rückenstäbe, dampfgebogene Rückenlehnen und massive, geformte Sitzflächen und sind ein klassisches Beispiel für die Kunst der Stuhlherstellung. Sie werden in verschiedenen regionalen Variationen aus einheimischen Holzarten – wie Esche, Ulme, Eiche, Buche, Birke, Ahorn oder Pappel – hergestellt. Man findet sie in vielen schönen Varianten überall auf der Welt.

Maserknollen-Schale
Massivholz mit Maserknollen ist bei Drechslern sehr beliebt. Bei diesem Beispiel werden die natürliche Form und Struktur der Ulmenmaserknolle durch das Flammen der Schale während des Drechselns betont. Die gedrechselten Rillen und die glatte innere Oberfläche verleihen der Schale zusätzlichen Kontrast.

Shaker-Schachtel
Das schlichte Design und die hohe Kunstfertigkeit der Shaker lassen sich an dieser traditionellen, handgefertigten ovalen Schachtel deutlich erkennen. Dünn geschnittenes Kirschbaumholz wird gedämpft und um eine Form gebogen. Dann werden die überstehenden „Finger" durch Kupfernägel befestigt. Zuletzt werden Massivholzovale mit Stiften in Deckel und Unterteil angebracht.

Sperrholz

Sperrholz wird aus dünnen, verleimten Holzschichten hergestellt, die als Baufurniere, Lagen oder Schichten bezeichnet werden. Die Lagen werden, um 90° zueinander versetzt, zu einer festen, stabilen Platte verleimt. Dabei verwendet man eine ungerade Lagenanzahl, damit der Faserverlauf der obersten und untersten Schicht übereinstimmt.

Herstellung von Sperrholz

Sperrholz wird aus einer Reihe verschiedener Laub- und Nadelhölzer hergestellt. Die Furniere werden durch Furniermessern oder Furnierschälen gewonnen, wobei letztere Methode für Nadelhölzer üblicher ist.
Aus einem entrindeten Stamm wird ein 1,5 – 6 mm dickes endloses Furnierblatt geschnitten. Das Blatt wird dann auf Maß gebracht, sortiert und kontrolliert getrocknet. Erst dann wird es je nach Qualität in Deck- oder Mittellagen eingeteilt. Beschädigte Lagen werden vor dem Verleimen ausgebessert und schmale Mittellagen zusammengeheftet oder punktverklebt.
Die vorbereiteten Lagen werden aufeinander gelegt, wobei die Anzahl der Lagen von der Art und Dicke des benötigten Sperrholzes abhängt, zu einer Platte verleimt und heiß gepresst. Dann werden die Platten auf Maß geschnitten und in der Regel auf beiden Seiten auf ihre genaue Endstärke geschliffen.

Birkenvorrat zur Herstellung von Sperrholz

Standardmaße

Sperrholz wird in verschiedenen Größen angeboten. Die Dicke der handelsüblichen Sperrholzplatten liegt zwischen 3 und 30 mm. Das dünnere Flugzeugsperrholz erhalten Sie bei Spezialhändlern.
Die Standardbreite einer Platte beträgt 1,22 m, es gibt jedoch auch 1,52 m breite Platten. Die Standardlänge liegt bei 2,44 m, obwohl es auch größere Platten mit einer Länge von bis zu 3,66 m zu kaufen gibt.
Die Faserrichtung der Decklage folgt, mit Ausnahmen, der Länge der Platte. Sie verläuft immer parallel zu der vom Händler zuerst genannten Länge; also folgt bei einer Platte mit den Maßen 1,22 m x 2,44 m die Faserrichtung der Breite.

Sperrholzaufbau

Massivholz ist ein nicht sehr maßhaltiges Material, wobei ein Brett gegen seine Faserrichtung mehr schwindet oder quillt als in seiner Faserrichtung. Je nachdem, wie es aus dem Stamm geschnitten wurde, verzieht es sich auch gern. Die Zugfestigkeit von Holz ist in Faserrichtung am größten, allerdings spaltet es sich in dieser Richtung auch schnell. Um diesem natürlichen „Arbeiten" des Holzes entgegenzuwirken, ist Sperrholz so aufgebaut, dass die Faserrichtungen benachbarter Lagen immer rechtwinklig zueinander verlaufen. Dadurch entsteht eine stabile Platte, die nicht zum Verwerfen neigt und keine eindeutige Spaltrichtung hat. Eine Sperrholzplatte weist normalerweise parallel zur Faserrichtung der Decklage die größte Festigkeit auf.

Die Lagen

Die meisten Sperrholzplatten bestehen aus einer ungeraden Anzahl Lagen, also mindestens drei, um einen symmetrischen Aufbau zu gewährleisten. Die Anzahl variiert je nach Dicke der Lagen und der fertigen Platte. Unabhängig von der Anzahl der Lagen muss die Platte jedoch immer symmetrisch zur Mittellage bzw. zur Mittelebene der Platte sein.
Die Oberflächenfurniere einer typischen Sperrholzplatte werden als Decklagen bezeichnet. Wenn sich die Qualität zweier Lagen unterscheidet, wird die eine als Außen- oder Deckfurnier und die andere als Innenfurnier oder Rückseite bezeichnet. Die Qualität der Decklagen wird normalerweise mit einem Buchstaben gekennzeichnet (siehe gegenüber). Die Lagen, die direkt unter und rechtwinklig zu den Decklagen liegen, werden als Absperrlagen bezeichnet. Die mittlere(n) Lage(n) nennt man Mittellage.

Verwendung von Sperrholz

Die Verwendung von Sperrholz hängt nicht nur von der Qualität seiner Lagen, sondern auch von dem zur Herstellung verwendeten Klebstoff ab. Größere Hersteller testen ihre Produkte gründlich, indem sie einer Charge Proben entnehmen und diese einer Reihe von Prüfungen unterziehen, die die normalen Anforderungen deutlich übersteigen. Die Leimbindung von Außensperrholz ist stärker als das Holz selbst. Platten, die mit Leimen auf Formaldehydbasis hergestellt werden, müssen den Normbestimmungen für Formaldehydemissionen entsprechen. Sperrholzplatten lassen sich grob nach ihrer Verwendung in verschiedene Gruppen einteilen.

Innensperrholz

Sperrholz dieser Kategorie wird für nicht tragende Teile im Innenbereich verwendet. Es besteht im Allgemeinen aus einer Decklage mit gutem Erscheinungsbild und einer Rückseite schlechterer Qualität. Zur Herstellung wird ein heller Harnstoff-Formaldehydharz-Leim verwendet. Die Platten eignen sich für die Verwendung in trockenen Räumen, also beispielsweise für Möbel oder Wandvertäfelungen. Ein modifizierter Klebstoff, der für manche Plattentypen verwendet wird, verleiht diesen eine gewisse Feuchtebeständigkeit, so dass sie auch in Bereichen mit höherer Luftfeuchtigkeit verwendet werden können. Innensperrholz darf nicht im Außenbereich eingesetzt werden.

Außensperrholz

Je nach Qualität des Klebstoffs kann Außensperrholz in völlig oder teilweise ungeschützten Bereichen verwendet werden, wo keine Tragfähigkeit erforderlich ist. Es wird häufig für Küchenausstattungen oder in Badezimmern eingesetzt.

Platten, die sich für völlig ungeschützte Bereiche eignen, werden mit einem dunklen Phenol-Formaldehydharz-Leim hergestellt. Dadurch entsteht ein völlig witterungs- und temperaturbeständiges Sperrholz. Die verwendeten Klebstoffe erfüllen die Normbestimmungen und haben sich in langjährigen Einsatztests als besonders widerstandsfähig gegen Witterung, Mikroorganismen, kaltes und kochendes Wasser, Dampf und trockene Hitze erwiesen. Außensperrholz kann auch mit Melamin-Formaldehydharz-Leim verleimt sein. Die Platten sind nur bedingt witterungsbeständig.

Bootsbau-Sperrholz

Bootsbau-Sperrholz ist ein qualitativ hochwertiges Bausperrholz mit guten Decklagen, das aus ausgesuchten Lagen bestimmter Mahagonihölzer hergestellt wird. Es hat keine „Hohlräume" oder Spalte und wird mit einem witterungsbeständigen Phenolharz-Leim verleimt. Es wird vor allem im Bootsbau verwendet und eignet sich ebenso für die Verwendung in warmen und feuchten Innenbereichen.

Sortierung

Die Sperrholzhersteller verwenden ein Kennzeichnungssystem, um die Qualität der Decklagen von Sperrholzplatten anzugeben. Meist werden bei Nadelholzplatten die Buchstaben A, B, C, C plugged (C mit ausgeflickten Fehlstellen) und D zur Klassifizierung verwendet.
A entspricht hier der besten Qualität. D kennzeichnet die schlechteste Qualität, d.h. die Platten weisen die maximal zulässigen Fehler auf, wie z.B. Äste, Löcher, Risse und Verfärbungen. Bei der Güteklasse A-A hat das Sperrholz zwei Decklagen guter Qualität, eine Platte mit der Güteklasse B-C dagegen hat zwei schlechtere Decklagen, wobei die Lage mit der Güteklasse B für die Sichtseite und die Lage der Güteklasse C für die Rückseite verwendet wird. Sperrholzplatten für dekorative Zwecke haben eine Decklage aus ausgesuchten Furnieren.

1 Warenzeichen
Behörde, die die Einteilung der Güteklasse vorgenommen hat. Hier: die American Plywood Association.
2 Güteklasse der Platte
Gibt die Güteklasse der Decklage der Sichtseite und der Rückseite an.
3 Hersteller-Nummer
Gibt den Hersteller der Platte an.
4 Nummer der Holzartengruppe
Gruppe 1 ist das Holz mit der höchsten Festigkeit.
5 Plattentyp
Gibt die Beständigkeit der Verleimung an.
6 Gütenorm für das Produkt
Gibt an, dass die Platte der Gütenorm entspricht.

Stempel auf der Plattenrückseite

1 3 6
A-B · G-1 · EXT-APA · 000 · PS1-83
2 4 5

Auf der Plattenkante angebrachter Stempel

Typische Gütestempel

Platten mit Decklagen der Güteklasse A oder B auf nur einer Seite erhalten den Gütestempel normalerweise auf der Rückseite. Platten, bei denen beide Decklagen die Güteklasse A oder B haben, werden in der Regel auf der Plattenkante gestempelt.

Bausperrholz

Bausperrholz wird für Anwendungsbereiche hergestellt, bei denen Festigkeit und Haltbarkeit die wichtigste Rolle spielen. Die Platten werden mit einem Phenolharz-Leim verleimt, und es werden Decklagen einer eher schlechteren Güteklasse verwendet. Sie müssen nicht geschliffen sein.

Stabplatte und Stäbchenplatte

Die Stabplatte kann wegen ihres Schichtaufbaus zum Schichtholz gerechnet werden. Sie unterscheidet sich jedoch von normalem Sperrholz durch die Mittellage, die aus Holzleisten mit quadratischem Querschnitt besteht. Sie sind seitlich aneinander gefügt und punktuell verleimt. Die Mittellage ist beidseitig ein- oder zweilagig abgesperrt.

Die Stäbchenplatte ähnelt der Stabplatte, wobei die Mittellage jedoch aus schmalen, etwa 5 mm dicken, verleimten Holzstäbchen besteht. Wie die Stabplatte gibt es die Stäbchenplatte mit einem drei- oder fünflagigen Aufbau. Durch den größeren Klebstoffanteil ist die Stäbchenplatte dichter und schwerer als die Stabplatte.

Stäbchenplatte
Da sich die Mittellage weniger abzeichnet, eignet sich die Stäbchenplatte besser zum Furnieren als die Stabplatte. Sie ist jedoch auch teurer. Es gibt drei- oder fünflagige Stäbchenplatten. Bei den fünflagigen Platten können die dünnen Außenlagen rechtwinklig zur Mittellage verlaufen. Die Decklage dagegen muss immer parallel zu den Stäbchen der Mittellage verlaufen.

Stabplatte
Dieses feste Plattenmaterial eignet sich insbesondere für Regalbretter und Arbeitsplatten. Die Stabplatte lässt sich gut furnieren, auch wenn die Stäbe sich leicht abzeichnen. Die Stabplatte wird in ähnlichen Größen wie Sperrholz hergestellt. Die Dicke liegt zwischen 12 mm und 25 mm. Dreilagige Stabplatten sind bis zu 44 mm dick.

Stäbchenplatte Stabplatte

Holzfaserplatten

Holzfaserplatten bestehen aus Holz, das in seine kleinsten Faserelemente zerlegt und wieder zu einem stabilen, homogenen Material verpresst wurde. Je nach Pressdruck und Bindemittel entstehen Platten mit unterschiedlicher Dichte.

Von oben nach unten:
Eichenfurnierte MDF-Platte, Mitteldichte Faserplatte (MDF), Leichte mittelharte Platte, Schwere mittelharte Platte

Von oben nach unten:
Perforierte Hartfaserplatte, Dekorhartfaserplatte, Hartfaserplatte mit Prägemuster, Getemperte Hartfaserplatte, Standardhartfaserplatte

Platten lagern

Um Platz zu sparen, sollten Holzwerkstoffplatten hochkant gelagert werden. Ein Gestell verhindert, dass die Platten direkt auf dem Boden stehen; zudem werden sie seitlich gestützt. Damit dünne Platten sich nicht durchbiegen, sollten sie von einer dahinter liegenden stärkeren Platte gestützt werden.

Güteklassen von Holzfaserplatten

Bei den meisten Platten werden nasse Holzfasern zu einer Matte verpresst und verleimt, wobei die natürlichen Harze des Holzes verwendet werden. Dadurch entstehen Platten unterschiedlicher Dichte.

Mitteldichte Faserplatten (MDF)

Sie werden in einem Trockenverfahren hergestellt, bei dem Kunstharzleim die Fasern bindet. Dabei entstehen Platten mit höherer Festigkeit. MDF-Platten haben zwei glatte Oberflächen, eine gleichmäßige Struktur und eine feine Zeichnung. Sie lassen sich wie Holz bearbeiten und werden oft anstelle von Massivholz eingesetzt. Die Flächen und Kanten lassen sich sauber profilieren und maschinell bearbeiten, Schraubverbindungen an den Kanten sind jedoch nicht zu empfehlen. MDF-Platten haben zwar ein gutes Stehvermögen, quellen jedoch bei Feuchtigkeit auf. Feuchtebeständige MDF-Platten sind ebenfalls erhältlich. MDF-Platten gibt es in Stärken von 6 – 32 mm und in unterschiedlichen Größen zu kaufen.

Leichte mittelharte Platten

Das relativ weiche Plattenmaterial hat eine Stärke von 6 – 12 mm und wird für Stecktafeln und Wandverkleidungen verwendet.

Schwere mittelharte Platten

Sie sind schwerer und steifer als Platten mit geringer Rohdichte und werden für Innenvertäfelungen verwendet.

Hartfaserplatten

Hartfaserplatten werden ähnlich wie andere Faserplatten, jedoch unter höherem Druck und bei höheren Temperaturen hergestellt.

Standardhartfaserplatten

Diese Hartfaserplatten haben eine glatte Oberfläche und werden in unterschiedlichen Stärken, gewöhnlich zwischen 3 und 6 mm, und in vielen Größen hergestellt. Standardhartfaserplatten sind ein preiswertes Material, das häufig für Schrankrückwände verwendet wird.

Duplexplatten

Sie werden aus demselben Material hergestellt wie Standardhartfaserplatten, haben jedoch zwei glatte Flächen. Die Platten werden dort verwendet, wo zwei Sichtseiten erforderlich sind.

Dekorhartfaserplatten

Diese Faserplatten sind als perforierte, formgepresste oder lackierte Platten erhältlich. Perforierte Platten werden für Zwischenwände verwendet.

Getemperte Hartfaserplatten

Normale Hartfaserplatten, die mit Kunstharz und Öl imprägniert werden, um ein härteres, Wasser abweisendes und abriebfestes Material zu erhalten.

Spanplatten

Spanplatten werden aus kleinen Holzspänen oder -schnitzeln hergestellt, die unter Druck verleimt werden. Im Allgemeinen werden Nadelholzspäne verwendet, teilweise wird ein Laubholzanteil zugegeben. Es gibt verschiedene Typen von Platten, die sich in Form und Größe der Späne, deren Verteilung innerhalb der Platte und der Art des verwendeten Leims unterscheiden.

Herstellung von Spanplatten

Die Herstellung von Spanplatten ist ein stark automatisierter Vorgang. Das Holz wird mit Holzzerspanungsmaschinen in Späne der benötigten Größe zerkleinert. Nach dem Trocknen werden die Späne mit einem Harzbinder besprüht und in der gewünschten Dicke ausgebreitet, wobei ihre Fasern in die gleiche Richtung zeigen. Diese „Matte" wird unter hohem Druck auf die gewünschte Stärke heiß gepresst und getrocknet. Die abgekühlten Platten werden auf Maß geschnitten und geschliffen.

Bearbeitungseigenschaften

Spanplatten sind ein stabiles und einheitlich dichtes Plattenmaterial. Platten mit feinen Spänen haben eine glatte, geschlossene Oberfläche und eignen sich sehr gut zum Furnieren. Es sind auch dekorative Platten erhältlich, die mit Holz-, Papier- oder Kunststofflagen fertig kaschiert sind. Die meisten Spanplatten sind relativ spröde und haben eine geringere Zug- und Biegefestigkeit als Sperrholzplatten.

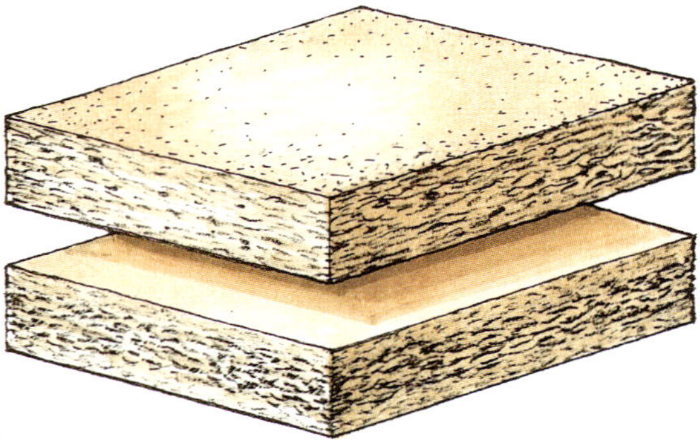

Spanplattenarten

Die meisten Spanplattenarten, die von Schreinern verwendet werden, sind für die Innenanwendung gedacht. Wie auch auf andere Holzprodukte, wirkt sich starke Feuchtigkeit hier äußerst ungünstig aus. Die Platten quellen auf und gehen nach dem Trocknen nicht mehr in ihre ursprüngliche Form zurück. Es sind jedoch auch feuchtebeständige Platten erhältlich, die für Fußböden und Nassbereiche geeignet sind.

Einschichtspanplatten
Diese Platten haben über die ganze Dicke ein gleichmäßig verteiltes Gefüge und eine relativ grobe Oberfläche, die sich zum Furnieren oder Beschichten mit Kunststoff eignet, jedoch nicht zum Streichen.

Dreischichtspanplatten
Diese Platten haben eine Mittelschicht aus groben Spänen und zwei Deckschichten aus sehr dicht verpressten, feinen Spänen. Durch den hohen Harzanteil in den Deckschichten haben sie eine glatte Oberfläche, die für die meisten Oberflächenbehandlungen geeignet ist.

Windgeschüttete Flachpressplatten
Diese Spanplatten haben eine Oberfläche aus sehr feinen und eine Mittelschicht aus gröberen Spänen. Im Gegensatz zu Dreischichtspanplatten gehen die gröberen Schichten kontinuierlich in die feineren Oberflächenschichten über.

Dekorative Flachpressplatten
Diese Platten haben eine fertige Deckschicht aus ausgesuchtem Holzfurnier, Kunststoff oder einem dünnen Melaminbelag. Furnierte Bretter sind lackfertig geschliffen, die beschichteten Platten brauchen nicht weiter behandelt zu werden. Manche kunststoffbeschichteten Platten (z.B. Arbeitsplatten) sind mit fertigen Kanten erhältlich, während für melaminbeschichtete und holzfurnierte Platten passende Anleimer oder Furnierkanten angeboten werden.

Triply-Strangpressplatten
Diese Platten sind dreischichtig und bestehen aus langen Flachspänen aus Nadelholz. Die Späne jeder Schicht liegen in einer Richtung, wobei die einzelnen Schichten wie beim Sperrholz kreuzweise versetzt zur nächsten liegen.

Grobspanplatten
Diese Platten bestehen aus großen Holzspänen, die flach auf- und übereinander liegen. Grobspanplatten haben eine größere Zugfestigkeit als normale Spanplatten. Sie werden hauptsächlich für Nutzanwendungen eingesetzt, können jedoch auch mit einem Klarlack behandelt und als Wandplatten verwendet werden. Grobspanplatten lassen sich auch beizen.

Holzwerkstoffplatten bearbeiten

Holzwerkstoffplatten lassen sich zwar relativ leicht zuschneiden, durch den Kunstharzanteil in den Platten stumpfen Werkzeugschneidkanten jedoch schnell ab. Bei Hartmetallsägeblättern und -fräsen bleiben die Schneidkanten länger scharf als bei normalen Sägeblättern.
Die Platten sind teilweise etwas schwierig zu handhaben, da sie relativ groß, schwer und biegsam sind. Wenn Sie eine Platte in kleinere Teile schneiden möchten, brauchen Sie viel Platz, eine geeignete Auflage und möglicherweise noch eine zweite Person, die Ihnen zur Hand geht.

Bearbeitung mit Maschinen

Mit einer schnell laufenden, sauber schneidenden Handkreissäge können Sie Holzwerkstoffplatten am besten zuschneiden, jedoch stumpfen die Schneidkanten schnell ab. Um größere Mengen solcher Platten zuzuschneiden, sollten Sie ein Universalsägeblatt mit Hartmetallzähnen verwenden. Die Platte sollte bei der Verwendung einer Handkreissäge mit der Güteseite nach unten und bei einer Tischkreissäge mit der Güteseite nach oben liegen.

Sägen von Hand

Zum Sägen von Hand verwenden Sie am besten eine Absetzsäge mit 10 – 12 Zähnen auf 25 mm. Für kleinere Werkstücke eignet sich auch eine Zapfensäge. In beiden Fällen ist die Säge in einem relativ flachen Winkel anzusetzen. Um zu verhindern, dass die Oberfläche beim Sägen ausreißt, sollten Sie alle Schnittlinien mit einem scharfen Messer vorritzen.

Eindrehmuffen

Die Platte auflegen

Legen Sie die Platte so auf die Werkbank, dass sie nahe der Schnittlinie abgestützt ist. Dickere Platten können auf Bohlen gelegt werden, die auf Böcken liegen. Um die Schnittlinie besser zu erreichen, können Sie sich auf große Platten knien. Ein Helfer kann den wegfallenden Rest festhalten, falls sich dies nicht allein machen lässt. Wenn Sie allein arbeiten, können Sie zwischen den Bohlen sägen oder eine Art Stütze für den Abschnitt aufstellen, damit er nicht abbricht, bevor Sie die Platte völlig durchgesägt haben.

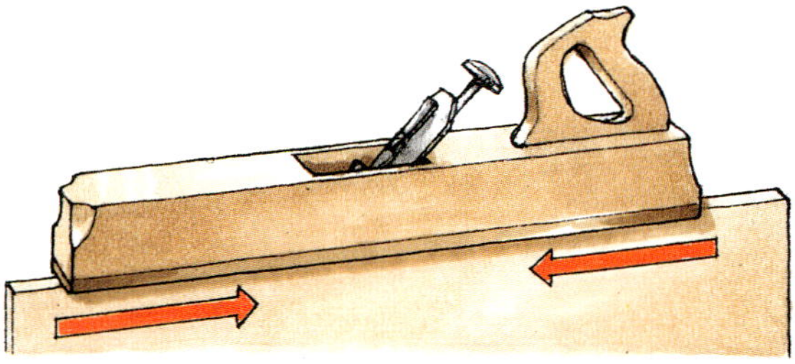

Die Kanten hobeln

Die Kanten werden genauso wie bei Massivholz bestoßen, jedoch müssen Sie wie bei Hirnholz von beiden Enden in Richtung Mitte arbeiten, damit die Mittellage oder das Deckfurnier nicht ausbricht. Während der Arbeit müssen Sie das Hobeleisen regelmäßig schärfen.

Verbindungsschrauben

Platten verschrauben

Schraubverbindungen an Kanten von Holzwerkstoffplatten sind nicht so stabil wie in der Plattenfläche. Sperrholzkanten sollten Sie vorbohren, damit die Platte nicht ausbricht. Der Durchmesser der Schrauben sollte nicht mehr als 25% der Plattenstärke sein.
Bei Spanplatten ist der Halt der Schrauben von der Dichte der Platte abhängig. Die meisten Platten brechen relativ leicht aus. Spezielle Spanplattenschrauben eignen sich besser als normale Holzschrauben. Bei Spanplatten müssen Sie sowohl für Kanten- als auch für Flächenverschraubungen vorbohren. Bei Stab- und Stäbchenplatten halten Schrauben in den Längskanten gut, in den Hirnholzkanten jedoch nicht.

Holz-verbindungen

Stumpfe Eckverbindung

Stumpfe Eckverbindungen eignen sich für flache Rahmen oder einfache Kästen. Für gröbere Arbeiten können Sie Schnittholz verwenden, für qualitativ hochwertige Möbelstücke werden die Brettflächen eben gehobelt. Durch Verleimen allein sind die Verbindungen oft nicht stabil genug. Sie können jedoch mit kleinen Nägeln oder durch angeleimte Holzklötze verstärkt werden.

Kasteneckverbindung

Rahmeneckverbindung

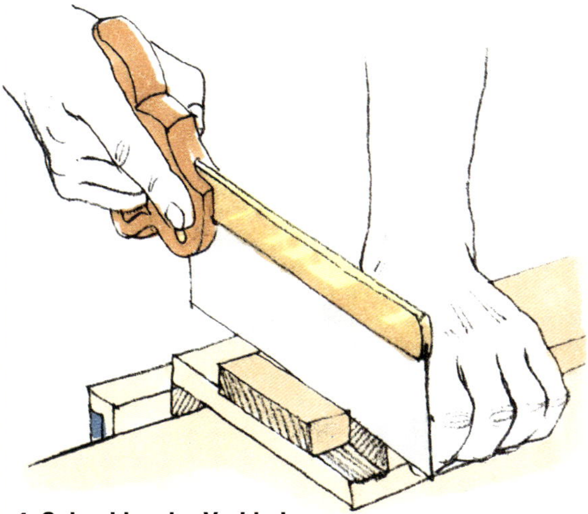

1 Schneiden der Verbindung

Reißen Sie alle Verbindungsteile auf Maß an und übertragen Sie mit Schreinerwinkel und Messer die Brüstungslinien auf die übrigen Flächen. Sägen Sie mit Hilfe einer Sägelade auf der wegfallenden Seite der Risslinie die Brüstungen herunter.

2 Bestoßen des Hirnholzes

Außer bei ganz einfachen Arbeiten wird das Hirnholz auf einer Stoßlade eben gehobelt, damit die Fuge ganz bündig ist. Arbeiten Sie mit fein eingestelltem Hobel und reiben Sie die Kontaktfläche der Stoßlade mit einer weißen Kerze oder Bohnerwachs ein.

Verstärkung der stumpfen Fuge

Um die Stabilität der stumpfen Fuge zu vergrößern, schlagen Sie schräg Nägel in die Verbindung. Wenn man die Verstärkung von außen nicht sehen soll, leimen Sie einen Eckklotz in die Innenseite der Verbindung.

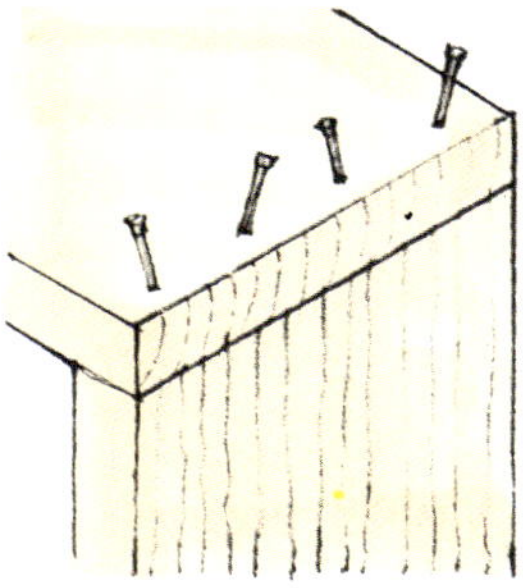

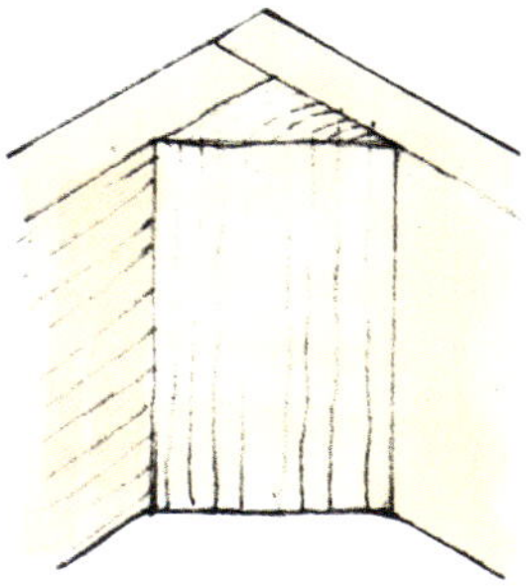

Eine Stoßlade anfertigen

Schneiden Sie ein 600 mm langes Brett aus 220 x 25 mm großem feinjährigem Hartholz. Schneiden Sie aus ähnlichem Holz ein zweites Brett mit den Maßen 150 x 25 mm. Leimen Sie die Bretter flach und versetzt aufeinander. Zum Bau einer Stoßlade für rechtwinklige Schnitte leimen und dübeln Sie rechtwinklig zu der Stufe eine Anschlagleiste an das eine Ende. Zum Bau einer Stoßlade für Gehrungen bringen Sie in der Mitte zwei Anschlagleisten in einem 45°-Winkel zu der Stufe an. Bringen Sie auf der Unterseite eine Leiste an, mit der Sie die Lade in eine Spannzange einspannen können. Sie können die Leiste auf der Unterseite auch weglassen und die Stoßlade zwischen zwei Bankhaken einspannen.

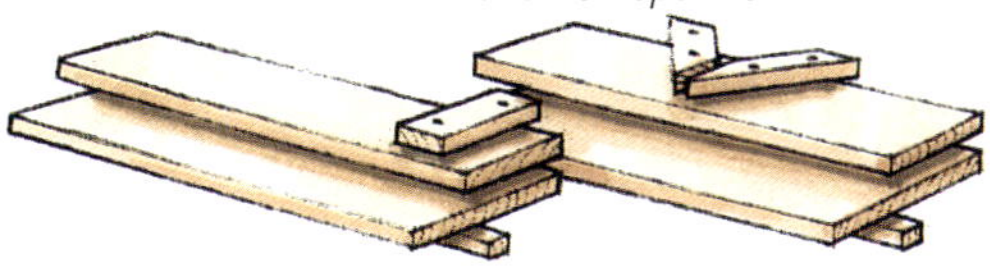

Stumpfe Eckverbindung auf Gehrung

Die klassische Verbindung für Bilderrahmen bildet einen exakten rechten Winkel ohne sichtbares Hirnholz. Der 45°-Winkel bietet eine relativ große Berührungsfläche, die sich gut verleimen lässt. Für Leichtrahmen geben Sie einfach Leim an und klemmen den Rahmen in eine Gehrungszwinge.

Ungenauer Gehrungsschnitt

Aufklaffende Fuge infolge Schwunds

Winkelgenauigkeit

Bevor Sie anfangen zu sägen, überprüfen Sie, ob der Gehrungswinkel genau den Verbindungswinkel halbiert, andernfalls wird die Verbindung aufklaffen. Verwenden Sie außerdem gut abgelagertes Holz. Bei Holzschwund geht die Fuge auf der Innenseite auf.

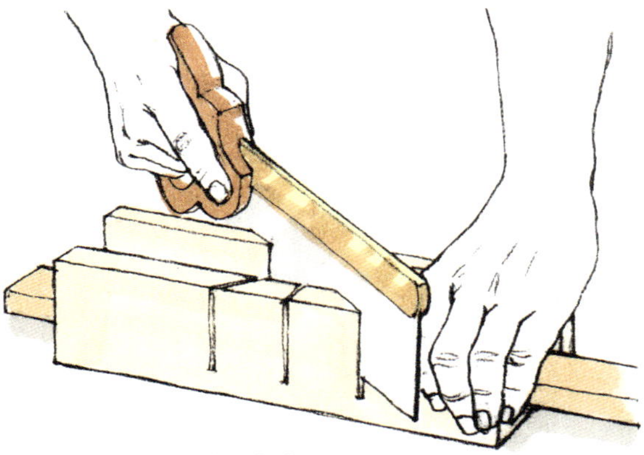

1 Herstellen der Verbindung

Reißen Sie die Schnittlinien mit Reißmesser und Gehrmaß auf jedem Holzteil an und winkeln Sie sie auf die angrenzenden Flächen über. Zum Ablängen schneiden Sie einfach entlang der Risslinie oder verwenden Sie eine Gehrungsschneidlade zum Führen der Säge.

2 Bestoßen der Verbindung

Spannen Sie die Verbindungsteile in eine Gehrungsstoßlade und bestoßen Sie die Hirnholzseiten mit einem scharfen Hobel.

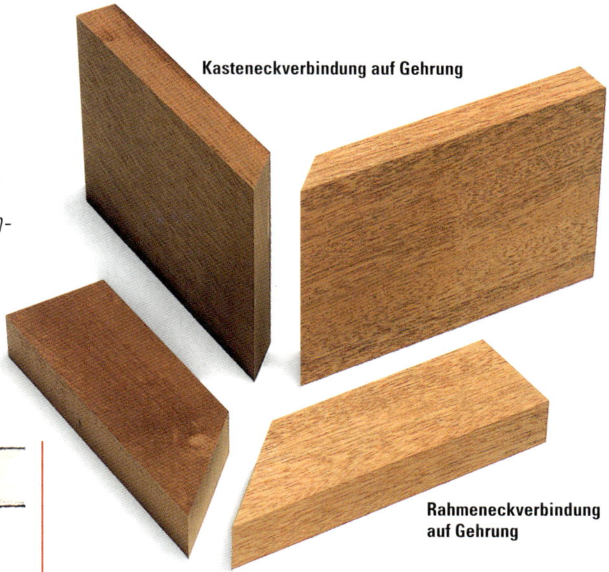

Bestoßen von breiten Brettern

Da breite Bretter nicht auf einer Stoßlade bearbeitet werden können, spannen Sie das Werkstück aufrecht in eine Hobelbank und bestoßen die Enden mit einem fein eingestellten Hirnholzhobel. Um ein Ausreißen der Kanten zu verhindern, klemmen Sie ein Stück Abfallholz an die Rückseite des Werkstücks.

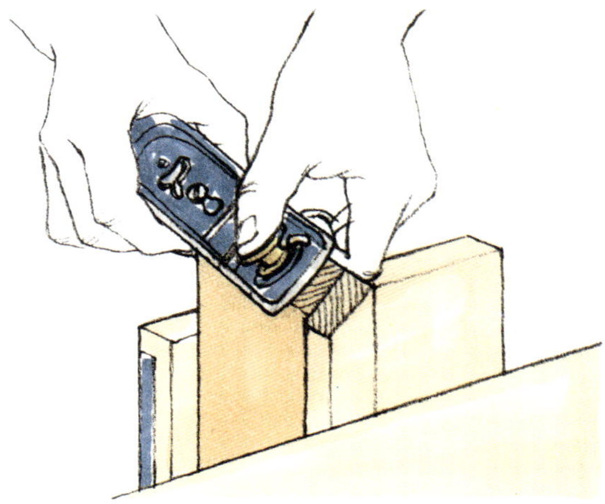

Verwenden einer Gehrungssäge

Für das Schneiden von größeren Brettern oder Rahmenprofilen lohnt es sich, eine spezielle so genannte Gehrungssäge zu verwenden. Das Werkstück kann hochkant oder flach auf dem Sägetisch bearbeitet werden. Die auf jeden Winkel einstellbare Sägenführung gewährleistet eine hohe Schnittgenauigkeit.

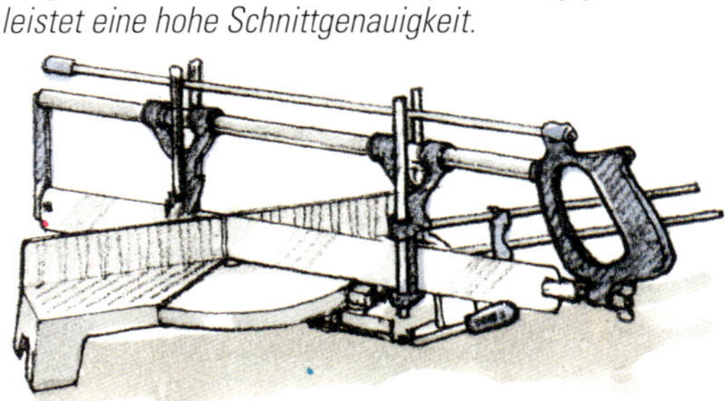

Breitenverbindungen mit stumpfen Fugen

Für die Herstellung einer breiten Brettfläche aus Massivholz ist die Holzauswahl genauso wichtig wie gute Breitenverbindungen. Damit das Brett eben bleibt, verwenden Sie nach Möglichkeit Bretter im Quartierschnitt, d.h. mit senkrecht zur Brettfläche verlaufenden Jahresringen. Sollte dies nicht möglich sein, fügen Sie die Bretter so zusammen, dass sich der Verlauf der Jahresringe von Brett zu Brett abwechselt. Tragen Sie dafür Sorge, dass die Richtung der Maserung auf allen Brettern gleich ist, um die Endbearbeitung mit dem Putzhobel zu erleichtern. Nummerieren Sie jedes Brett und markieren Sie die Bezugsseite.

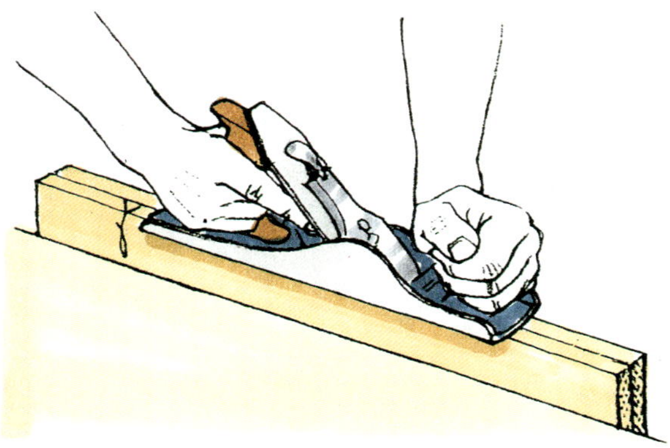

Glatthobeln der Kanten

Spannen Sie die Bretter mit ihren Bezugsseiten nach außen aneinander in die Werkbank. Hobeln Sie mit dem längsten Hobel, den Sie haben, am besten mit einer Raubank, die Kanten eben und rechtwinklig zur Brettkante.

Die Kante auf Geradheit prüfen

Für die Herstellung einer Reibverbindung ist die Geradheit der Kanten von wesentlicher Bedeutung. Sie wird mit einem Metallrichtscheit überprüft. Wenn die Bretter zusammengespannt werden, ist eine leichte Hohlfuge unproblematisch.

Brettkanten hobeln

Die Kanten werden so gerade wie möglich abgerichtet. Wurden die Bretter paarweise bearbeitet, werden sie auch zusammenpassen und eine ebene Fläche bilden, auch wenn die Kanten nicht exakt rechtwinklig zur Brettoberfläche sind.

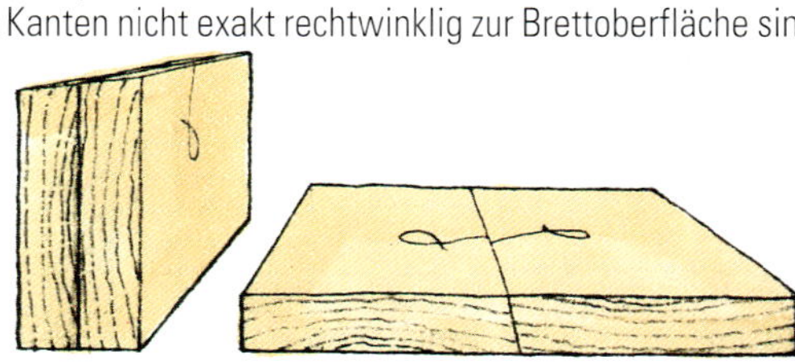

Zusammenspannen der Verbindungsteile

Vor dem Verleimen überprüfen Sie, ob die Bretter genau zusammenpassen, indem Sie sie trocken zusammenspannen. Verwenden Sie mindestens drei Spannknechte, die Sie abwechselnd ansetzen, damit sich die Brettfläche unter dem Druck nicht verbiegen kann. Wenn Sie alle Vorbereitungen getroffen haben, entfernen Sie die Spannknechte, um die Bretter zu verleimen.

Gespundete Fuge

Verwenden Sie einen Kombinationshobel, um eine gespundete Fuge von Hand zu schneiden. Er ist ähnlich wie ein normaler Nuthobel, kann aber mit verschiedenen Eisen ausgestattet werden, u.a. mit einem speziellen Eisen zum Anhobeln einer Feder auf der Kante eines Werkstücks. Hobeln Sie zuerst die Feder an und wechseln Sie dann das Eisen für eine dazu passende Nut.

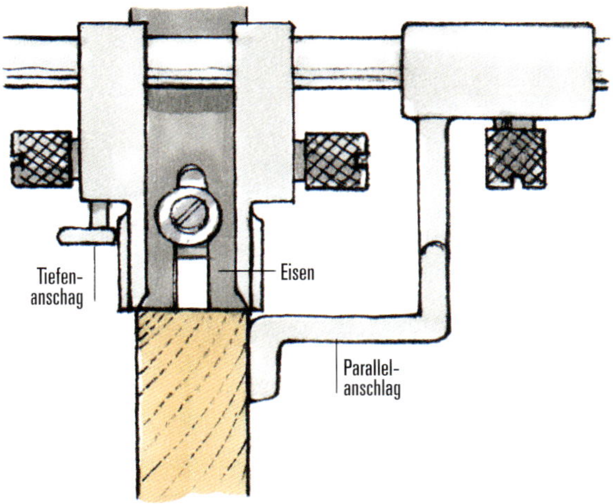

1 Einstellen des Eisens

Spannen Sie das Werkstück mit der Bezugsseite nach vorn in die Werkbank. Stellen Sie den Anschlag des Hobels so ein, dass die Feder genau in der Mitte der Brettkante angeschnitten wird. Soll die dazugehörige Nut ebenfalls von der Bezugsseite aus angeschnitten werden, muss die Feder nicht exakt in der Mitte sein.

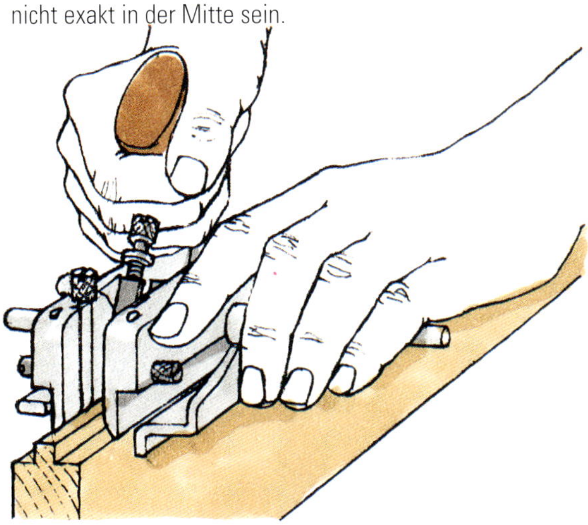

2 Anschneiden der Feder

Stellen Sie den Tiefenanschlag des Hobels auf die entsprechende Tiefe der Feder ein und setzen Sie den Hobel am vorderen Ende des Werkstücks an. Hobeln Sie die Feder langsam an, indem Sie auf sich zu arbeiten.

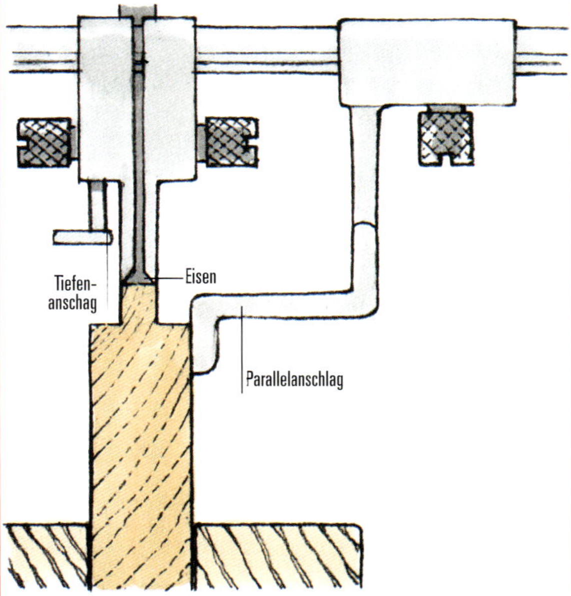

3 Aushobeln der Nut

Setzen Sie ein Nuteisen in den Hobel ein, das der Breite der Feder entspricht. Setzen Sie das Eisen auf die Feder und stellen Sie den Parallelanschlag ein. Danach stellen Sie den Tiefenanschlag so ein, dass die Nut ein klein wenig tiefer als die Feder wird. Spannen Sie das Brett in die Werkbank und hobeln Sie die Nut.

Einfügen einer Feder

Eine lose Feder hat gegenüber der angehobelten drei Vorteile: die Brettbreite wird nicht verkleinert; das Brett ist an der Verbindungskante stärker und zum Aushobeln der Nuten kann ein einfacher Nuthobel verwendet werden. Hobeln Sie über die Mitte beider Brettkanten eine Nut und fügen Sie eine separate Feder aus Sperr- oder Vollholz (am besten querfaseriges Holz) ein. Geben Sie in die eine Nut Leim an und setzen Sie die Feder ein. Geben Sie danach Leim in die andere Nut und spannen Sie die Verbindung wie gegenüber beschrieben ein.

Rahmenverbindungen

Gedübelte Rahmenverbindungen sind erstaunlich stabil. Bei der Möbelherstellung findet man heute vielfach Dübelverbindungen, sogar bei Stuhlrahmen, die erheblichen, lang anhaltenden Belastungen standhalten müssen. Meistens reichen zwei Dübel pro Verbindung aus. Sie sollten mindestens 6 mm von den Außenkanten entfernt sitzen.

1 Die Verbindungsteile auf Maß schneiden.
Sägen Sie beide Teile auf Maß ab und hobeln Sie das Hirnholz der Querfriese glatt, so wie es für die Herstellung von stumpfen Fugen (siehe S. 68) beschrieben wurde. Lassen Sie das Höhenfries einer Eckverbindung bis zur Fertigstellung der Verbindung etwas länger.

2 Anreißen der Verbindung
Spannen Sie die beiden Friese bündig, die zusammenzufügenden Teile nach außen, ein. Mit Hilfe eines Schreinerwinkels zeichnen Sie auf beiden Teilen die Mittellinie der Dübellöcher und ziehen dann mit einem Streichmaß senkrecht dazu die Mittellinie über beide Kanten. Die Dübellöcher werden im Schnittpunkt der Risslinien gebohrt.

3 Bohren der Dübellöcher
Setzen Sie den Bohrer auf dem angerissenen Schnittpunkt an und bohren Sie nacheinander die Löcher. Wenn Sie weder eine Bohrlehre (siehe nächste Seite) noch einen Bohrständer (siehe S. 43) verwenden, sollten Sie jemanden bitten, sich neben Sie zu stellen und darauf zu achten, dass der Bohrer senkrecht steht.

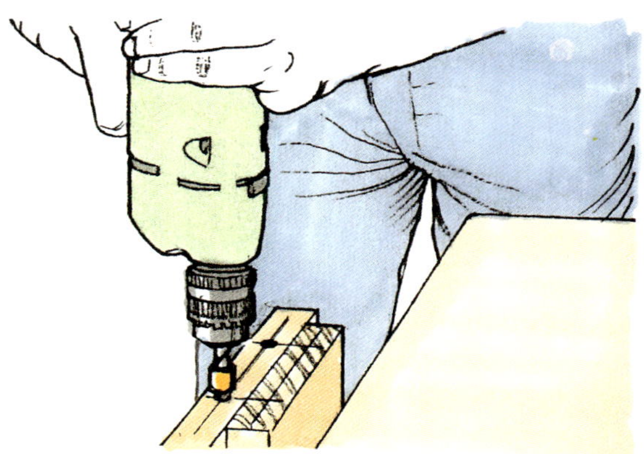

Dübel

Fertigdübel sind aus starkem Holz mit kurzer Maserung, wie z. B. Ramin, Birke, Buche oder Ahorn, hergestellt. Sie sind an den Enden gefast, um sie leichter in die Löcher einführen zu können. Längs haben sie kleine Rillen, damit überschüssiger Leim aus dem Dübelloch austreten kann. Der Durchmesser der Dübel sollte die Hälfte der Holzstärke betragen, und sie sollten ungefähr fünf mal so lang sein wie ihr Durchmesser.
Wenn Sie nur wenige Dübel brauchen, können Sie sie sich aus einem Dübelstab selbst herstellen. Legen Sie den Dübelstab auf eine Sägelade und sägen Sie mit einer feinzahnigen Säge kurze Stücke ab. Fasen Sie die Dübel mit einer Feile an und sägen Sie eine Rille für den austretenden Leim hinein.

1 Dübellöcher markieren

Um die Dübelverbindungen genauer anzureißen, können Sie die Dübelmittelpunkte auch nur auf dem Querfries markieren und in diese Schnittpunkte gestauchte Nägel einschlagen. Mit einer Zange entfernen Sie die Nagelköpfe, so dass aus dem Hirnholz nur noch kurze „Stacheln" herausragen.

2 Anreißen des anderen Verbindungsteils

Legen Sie den Höhenfries seitlich hin und drücken Sie das Hirnholzende des Querfrieses dagegen. Auf diese Weise entstehen zwei Nagelabdrücke, die die Mittelpunkte der Dübellöcher exakt markieren. Mit einer Winkelschablone können Sie die beiden Teile zueinander ausrichten.

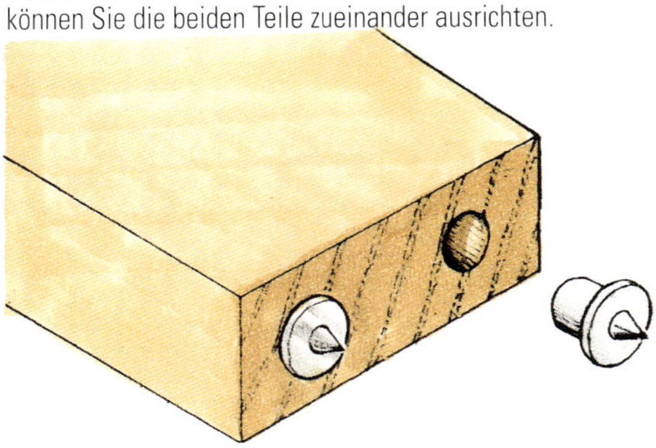

Dübelspitzen

Alternativ zu den gestauchten Nägeln können Sie Dübellöcher in das Querfriesende bohren und dann fertige Dübelspitzen in die Löcher stecken, mit denen Sie an den Seiten des Gegenstücks die Lochmittelpunkte markieren.

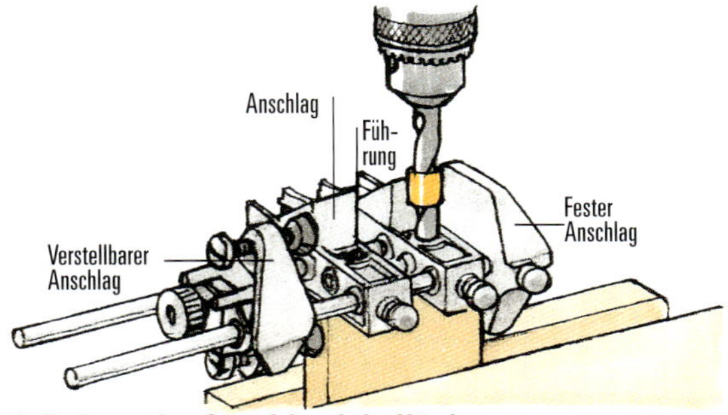

1 Bohren der Querfriesdübellöcher mit einer Bohrlehre

Spannen Sie die Bohrlehre so an das Ende des Querfrieses, dass der feste Anschlag und die seitlichen Anschläge an der Bezugsfläche und -kante des Werkstücks anliegen.

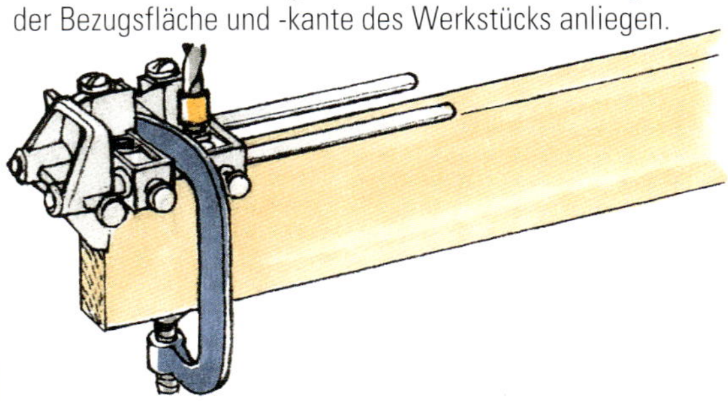

2 Bohren der Höhenfriesdübellöcher

Wenn Sie am Querfries die Löcher gebohrt haben, entfernen Sie den verstellbaren Anschlag und drehen die Bohrlehre, ohne deren Einstellungen zu verändern, herum, um sie mit einer Schraubzwinge an den Höhenfries zu klemmen. Bohren Sie die Dübellöcher in die Seiten des Höhenfrieses.

Bohrlehren

Wenn Sie eine Arbeit planen, für die mehrere identische Dübelverbindungen erforderlich sind, lohnt es sich, eine Bohrlehre anzuschaffen. Damit können Sie nicht nur exakte vertikale Löcher bohren, es entfällt auch die Notwendigkeit, jede einzelne Verbindung anzureißen. Mit einer guten Bohrlehre können Sie große Brettflächen für Möbelstücke genauso anreißen wie Rahmenfriese. Die hier gezeigte Bohrlehre verfügt über einen festen Anschlag, von dem aus die Maße genommen werden, und über einen verstellbaren Anschlag, mit dem die Lehre an das Werkstück geklemmt wird.

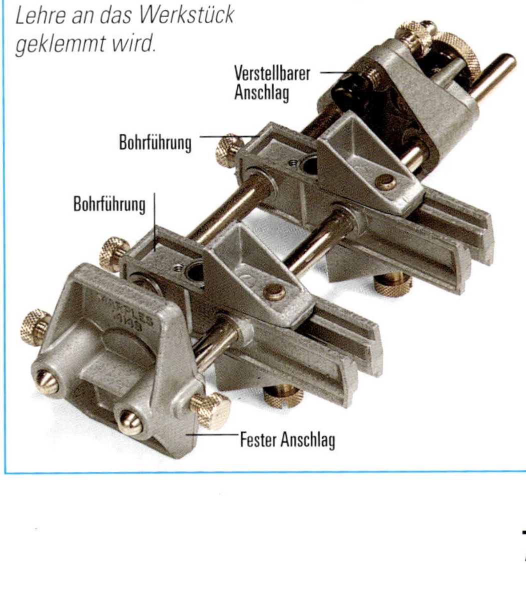

Gedübelte Breitenverbindung

Bei der Herstellung einer großen Massivholzplatte können Sie die Bretter besonders fest zusammenfügen, indem Sie im Abstand von 225 bis 300 mm Dübel setzen.

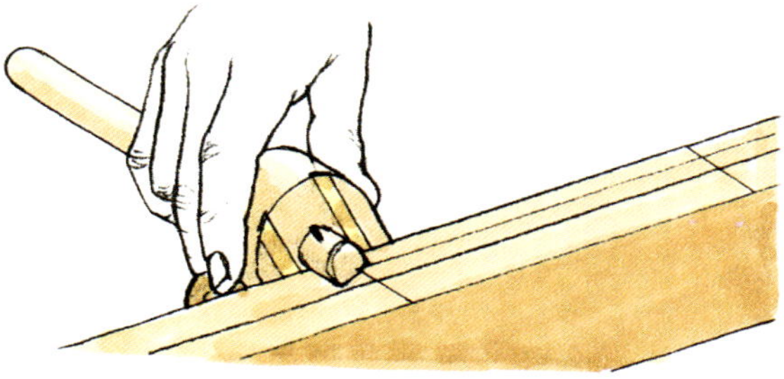

1 Anreißen der Breitenverbindung
Klemmen Sie aneinander stoßende Bretter Rücken an Rücken in die Vorderzange und zeichnen Sie mit Winkel und Bleistift die Dübellöcher an. Mit einem Streichmaß reißen Sie über jedem Brett eine Mittellinie an.

2 Bohren der Löcher
Wenn möglich, bitten Sie jemanden, am Ende des Werkstücks zu stehen und Ihnen bei jedem Loch zu sagen, wann der Bohrer, den Sie jeweils auf den Schnittpunkten ansetzen, in senkrechter Position steht.

Verwendung eines Tiefenanschlags

Die Löcher sollten jeweils ein klein wenig tiefer als die halbe Dübellänge sein. Um gleichmäßig tiefe Löcher zu bohren, bringen Sie einen Tiefenanschlag aus Kunststoff am Bohrer an (siehe rechts). Solche Tiefenanschläge kosten zwar nur wenig, Sie können aber auch einen Klebestreifen um den Bohrer wickeln, um die Bohrtiefe zu markieren.

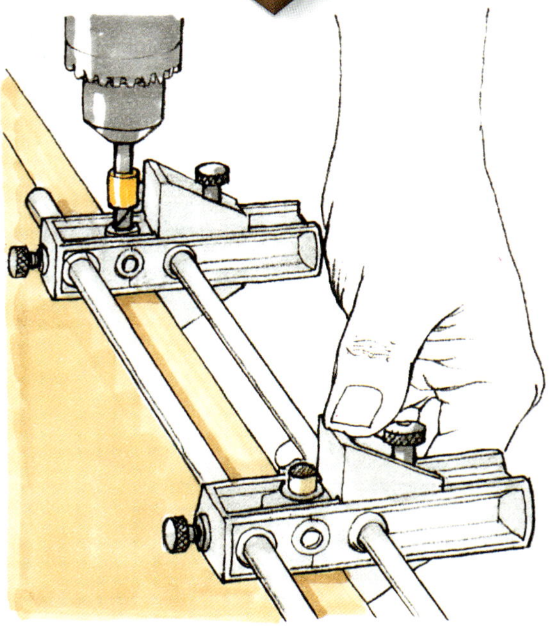

Bohren mit einer Bohrlehre
Soll in die Kanten von großen Platten gebohrt werden, müssen die beiden Endanschläge der Dübelbohrlehre entfernt werden. Drücken Sie die Seitenanschläge gegen die Sichtseite der Arbeit und bohren Sie zwei Löcher. Um mehrere Löcher hintereinander zu bohren, positionieren Sie die Bohrführung mit Hilfe eines kurzen Dübelstabs.

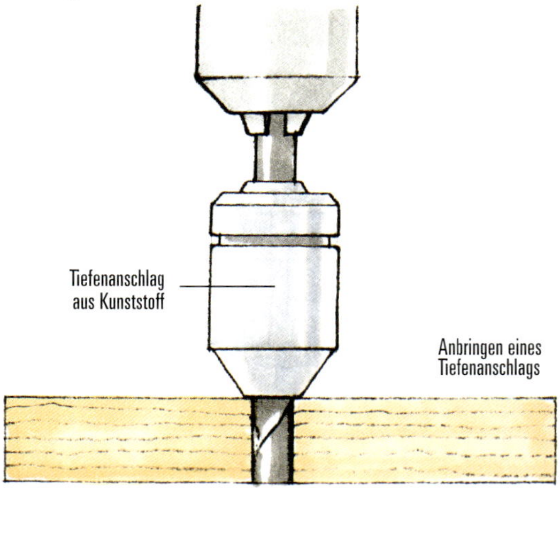

Anbringen eines Tiefenanschlags

Kasteneckverbindungen

Für die Herstellung einer Kasteneckverbindung aus stumpfen, mit mehreren Dübeln verstärkten Fugen empfiehlt es sich, extralange Schiebestangen und zusätzliche Führungshülsen für die Dübelbohrlehre anzuschaffen.

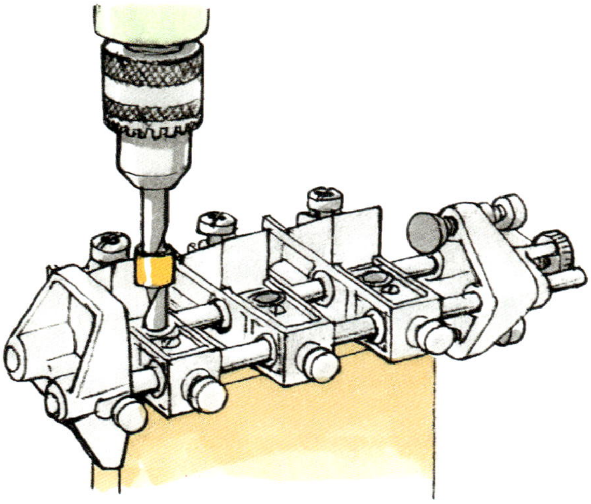

1 Bohren der Dübellöcher
Für eine rechtwinklige Fuge werden zuerst die Löcher in das Hirnholz gebohrt. Stellen Sie die Seitenanschläge der Dübelbohrlehre so ein, dass die Dübellöcher genau auf der Mitte des Hirnholzes sitzen. Die Bohrführungshülsen sollten in einem gewissen Abstand, etwa von 50 – 75 mm, gesetzt werden. Vergewissern Sie sich, dass der feste Anschlag an der Bezugskante anliegt.

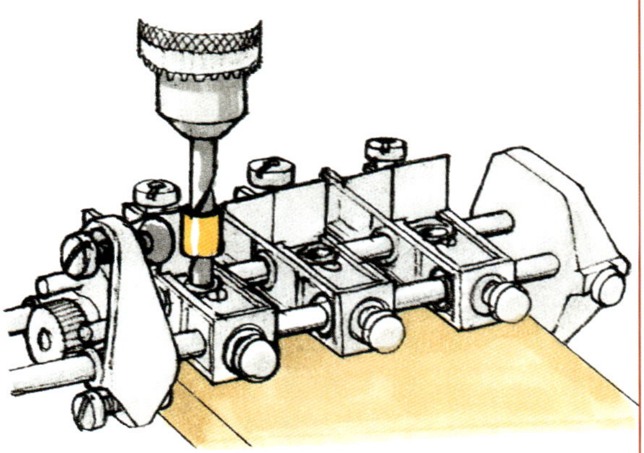

2 Bohren der Löcher auf dem Gegenstück
Drehen Sie die Bohrlehre um, ohne die Einstellungen zu verändern, und spannen Sie sie an die Innenkante des Gegenstücks - die Seitenanschläge sind am Hirnholzende und der feste Anschlag ist auf der Bezugskante angelegt. Befestigen Sie einen Tiefenanschlag am Bohrer (siehe gegenüber), damit Sie nicht durch das Holz bohren.

Herstellung einer T-Verbindung
Eine T-Verbindung, z. B. für eine Schranktrennwand, wird hergestellt, indem man zunächst, wie bereits beschrieben, Löcher in das Hirnholzende bohrt. Danach werden die Seitenanschläge entfernt und die Dübelbohrlehre über das Gegenstück gespannt.

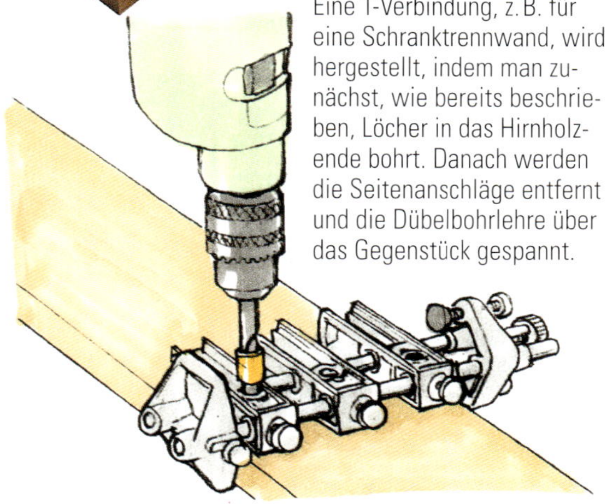

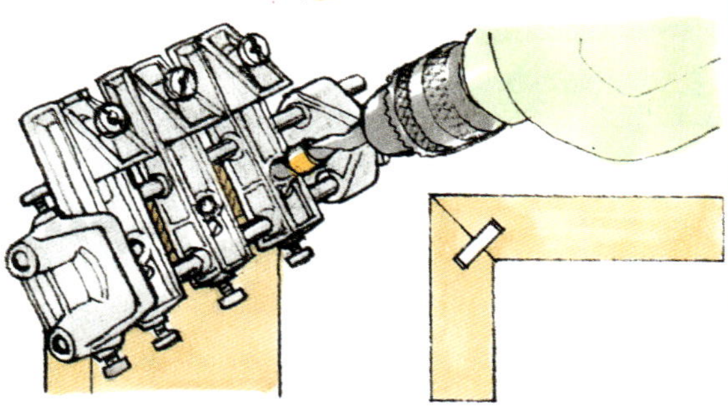

Gedübelte Kasteneckverbindung auf Gehrung
Für eine mit Dübeln verstärkte Eckverbindung auf Gehrung klemmen Sie eine Bohrlehre wie die für die rechtwinklige Fuge (siehe links) an die Gehrung des Werkstücks. Stellen Sie die Bohrführungshülsen so ein, dass die Löcher weiter unten an der Schräge sitzen. Wenn die Dübellöcher gebohrt sind, klemmen Sie die Bohrlehre an das Gegenstück der Gehrung und bohren Sie die entsprechenden Löcher.

Bügelzapfeneckverbindung

Eine Bügelzapfeneckverbindung eignet sich für relativ leichte Rahmen. Allerdings dürfen diese keinem seitlichen Druck ausgesetzt sein, denn dann können Bügelzapfenverbindungen leicht aus dem rechten Winkel gebracht werden. Wenn der Leim trocken ist, können Sie die Bügelzapfenverbindung durch zwei Dübel erheblich verstärken.

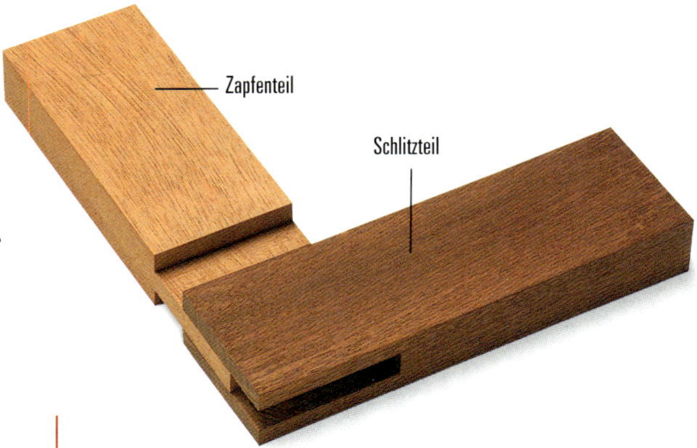

1 Anreißen der Brüstungen

Nehmen Sie die Zapfenteile und reißen Sie die Brüstungen rundherum an. Der Zapfen sollte ein klein wenig überstehen und erst nach dem Verleimen bündig abgehobelt werden. Verwenden Sie ein Reißmesser, wobei Sie aber auf die Kanten nur geringen Druck ausüben. Das Schlitzteil wird genauso angerissen, allerdings jetzt mit einem Bleistift.

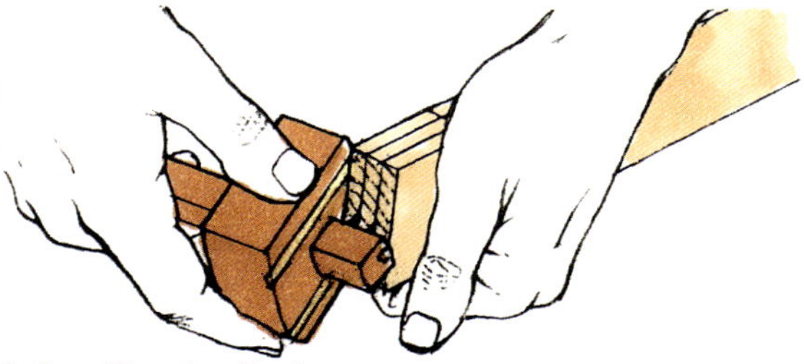

2 Anreißen des Zapfens

Stellen Sie die Anreißspitzen eines Zapfenstreichmaßes auf ein Drittel der Holzstärke des Zapfenteils ein und den Streichmaßkopf so, dass die Spitzen mittig auf der Stirnseite stehen. Reißen Sie die Zapfenbreite über beiden Kanten und der Stirnseite an.

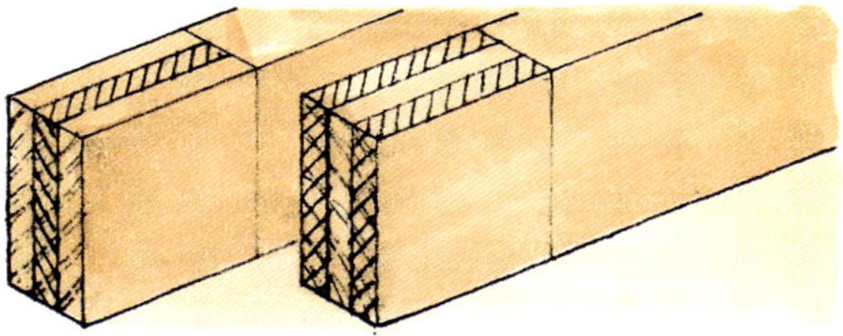

3 Anreißen des offenen Schlitzes

Die Seiten des offenen Schlitzes werden mit dem gleichen Streichmaß angerissen. Danach nehmen Sie ein Reißmesser, um die kurzen Brüstungen am unteren Ende des Schlitzes, allerdings nur zwischen den Risslinien, anzureißen. Schraffieren Sie auf beiden Verbindungsteilen das wegfallende Holz mit einem Bleistift, damit Sie beim Sägen nicht durcheinander kommen.

4 Schneiden des offenen Schlitzes

Wählen Sie einen Bohrer, dessen Durchmesser ungefähr der Schlitzbreite entspricht, und bohren Sie dicht an der Brüstungslinie von beiden Seiten ein Loch in das wegfallende Holz. Spannen Sie das Schlitzteil ein und sägen Sie die Schlitzwangen bis zu dem gebohrten Loch herunter. Stechen Sie den Schlitzgrund rechtwinklig nach.

5 Schneiden des Zapfens

Die Arbeit wird in die Vorderzange gespannt und an beiden Seiten des Zapfens wird senkrecht herunter bis zur Brüstung gesägt (siehe Schlitz und Zapfen, S. 89). Legen Sie die Arbeit auf eine Sägelade und sägen Sie entlang jeder Brüstungslinie, um das wegfallende Holz zu entfernen.

Bügelzapfenverbindung auf Gehrung

Die Bügelzapfenverbindung auf Gehrung wird ähnlich hergestellt wie die normale Eckverbindung, hat aber für den Rahmenbau den Vorteil, dass man nur an einer Kante das Hirnholz sieht.

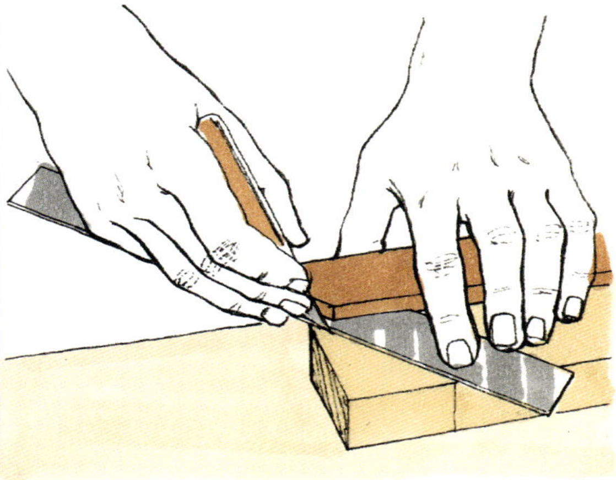

1 Anreißen der Verbindung

Längen Sie die Verbindungsteile exakt ab. Reißen Sie die Breite der Teile auf jedem Ende an und winkeln Sie die Linien mit Schreinerwinkel und Bleistift auf die anderen Kanten über. Mit Messer und Gehrmaß reißen Sie nun auf beiden Seiten der zwei Verbindungsteile die Schräge der Gehrung an.

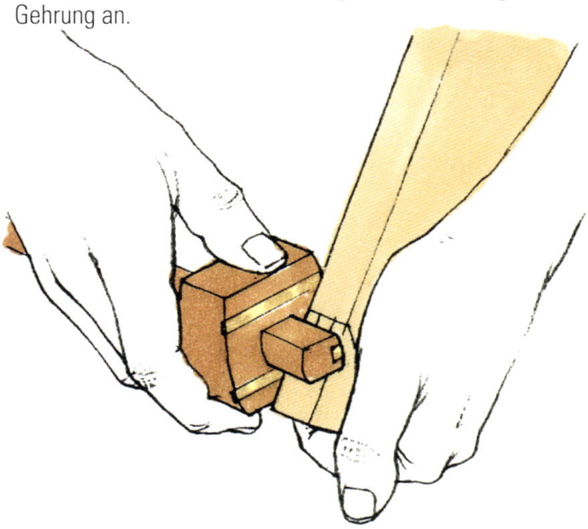

2 Anreißen des Zapfens und des offenen Schlitzes

Stellen Sie die Anreißspitzen des Zapfenstreichmaßes auf ein Drittel der Holzstärke ein und setzen Sie sie mittig über der Kante des Arbeitsstücks an. Reißen Sie die Zapfenbreite auf Innenkante und Hirnholzende des Zapfenteils an. Auf dem Schlitzteil reißen Sie die gleichen Linien auf dem Hirnholz und den beiden Kanten an.

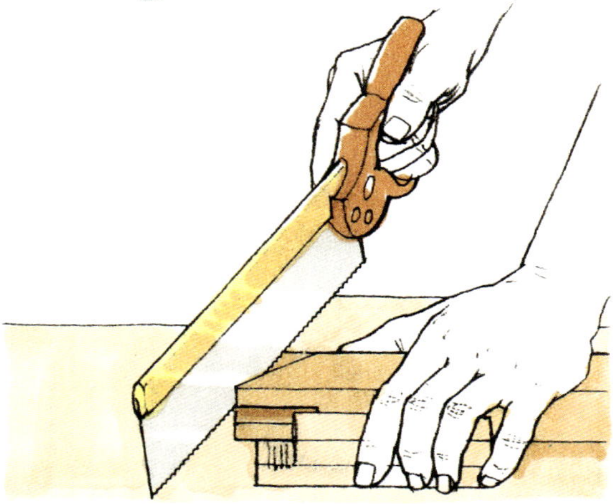

3 Einsägen des offenen Schlitzes

Sägen Sie auf der wegfallenden Seite des Schlitzes, so wie es für eine normale Bügelzapfeneckverbindung beschrieben wurde (siehe gegenüber). Legen Sie die Arbeit dann auf eine Gehrungsschneidlade und sägen Sie die Gehrung entlang den Risslinien. Ist die Gehrung nicht perfekt, arbeiten Sie die Kanten mit einem Hirnholzhobel nach.

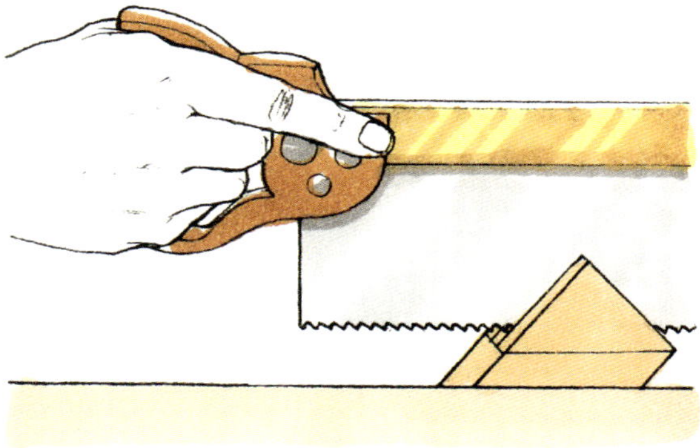

4 Sägen des Bügelzapfens

Spannen Sie das Zapfenteil schräg ein und sägen Sie auf beiden Seiten des Zapfens herunter bis zur Brüstungslinie; führen Sie das Sägeblatt auf der wegfallenden Seite der Risslinie. Legen Sie die Arbeit in eine Sägelade und setzen Sie beide Brüstungen ab. Mit dem Simshobel können Sie die Gehrung eventuell nachhobeln.

Bügelzapfen-T-Verbindung

Die Bügelzapfen-T-Verbindung dient als Zwischenstütze für Rahmen. In abgewandelter Form werden damit auch manchmal Tischbeine an Zargen gefügt, wenn ein langer Querfries gestützt werden muss. Die T-Verbindung ist an Stabilität mit der Schlitz-und-Zapfen-Verbindung vergleichbar.

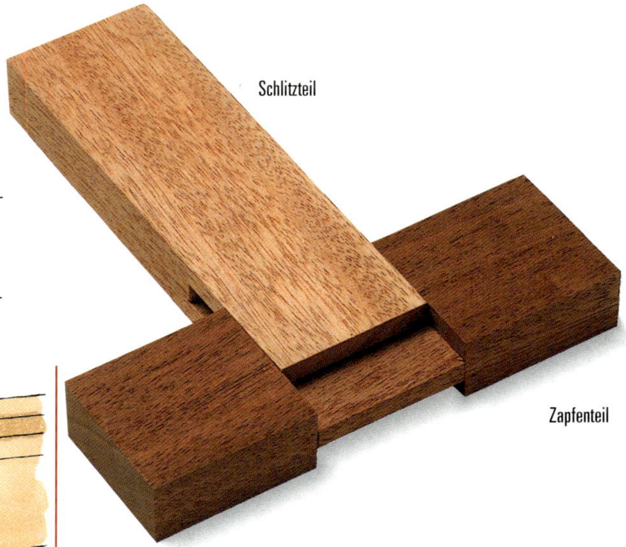

1 Anreißen der Brüstungen

Reißen Sie die Breite des Schlitzes auf dem Zapfenteil an. Verwenden Sie ein Reißmesser, um die geraden Brüstungen auf alle Kanten überzuwinkeln. Auf dem Schlitzteil werden die Brüstungslinien mit Bleistift und Schreinerwinkel auf alle Kanten übertragen, für die Wangen sehen Sie dabei einen leichten Überstand vor.

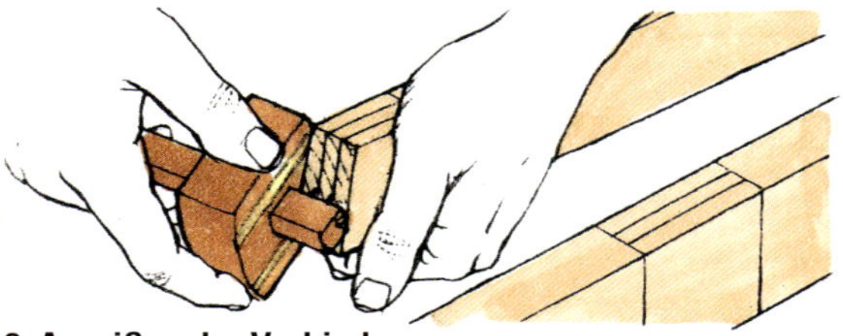

2 Anreißen der Verbindung

Stellen Sie das Zapfenstreichmaß auf ein Drittel der Holzstärke ein und fixieren Sie den Kopf so, dass die Anreißnadeln mittig über der Holzkante stehen. Reißen Sie auf dem Zapfenteil parallele Linien zwischen den markierten Brüstungslinien an, danach reißen Sie die gleichen Linien auf der Stirnseite und den Kanten des Schlitzteils an.

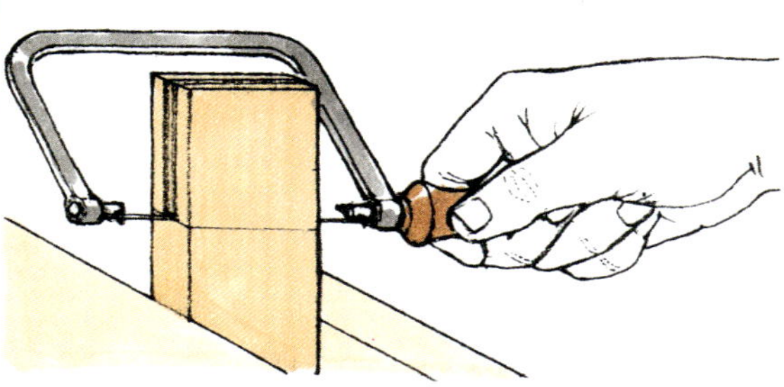

3 Aussägen des offenen Schlitzes

Sägen Sie den Schlitz so aus, wie es für die Bügelzapfeneckverbindung beschrieben wurde (siehe S. 76). Sie können auch beide Seiten des offenen Schlitzes mit einer Zapfensäge einsägen und das wegfallende Holz mit einer kleinen Bügelsäge entfernen, wobei Sie so nah wie möglich an den Brüstungen sägen sollten. Gegebenenfalls stechen Sie die Brüstungen mit einem scharfen Stemmeisen nach.

4 Schneiden des Zapfenteils

Sägen Sie auf beiden Seiten des Zapfenteils die Brüstungen bis zu den Risslinien herunter und machen Sie drei bis vier Schnitte der gleichen Art dazwischen. Die Arbeit muss fest eingespannt sein, wenn Sie das wegfallende Holz mit Klüpfel und Beitel ausstemmen. Arbeiten Sie von den Kanten zur Mitte. Ist die Verbindung zusammengesetzt, warten Sie, bis der Leim trocken ist, dann hobeln Sie die Enden des Schlitzteils bündig zum Zapfenteil.

Tischbein

Um ein Bein rechtwinklig an eine Zarge anzufügen, wird ein „Zapfen" geschnitten, dessen Breite zwei Drittel der Zargenstärke beträgt. Setzen Sie den offenen Schlitz so, dass eine leicht überstehende Tischplatte das Hirnholz des Beins verdeckt.

Ausgefälzte Eckverbindung

Eine einfache ausgefälzte Eckverbindung ist nur unwesentlich stabiler als eine normale stumpfe Fuge, sieht aber schöner aus, da die Stirnseite der Verbindung fast ganz verdeckt ist. Deshalb wird die Verbindung häufig für das Zusammenfügen von Schubladenvorderseiten mit den Seitenteilen gewählt.

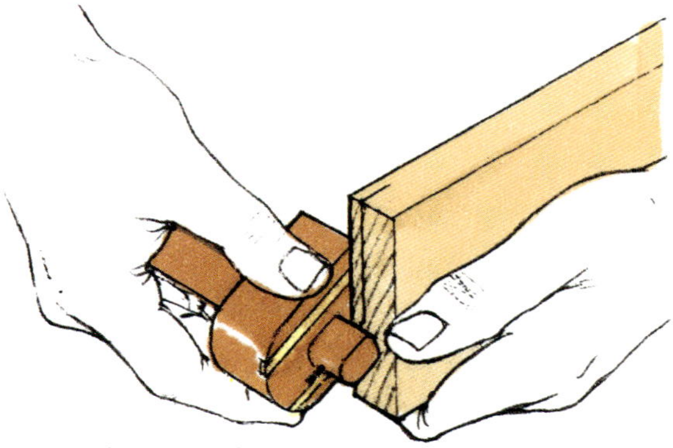

1 Anreißen des Falzes

Sägen und hobeln Sie beide Verbindungsteile exakt rechtwinklig. Stellen Sie ein Streichmaß auf ungefähr $^1/_4$ der Stärke des Falzteils ein und ziehen Sie einen Riss über die Stirnseite, wobei Sie das Streichmaß auf der Außenseite anlegen. Verlängern Sie die Linie über beide Kanten bis zur Höhe der Brüstung.

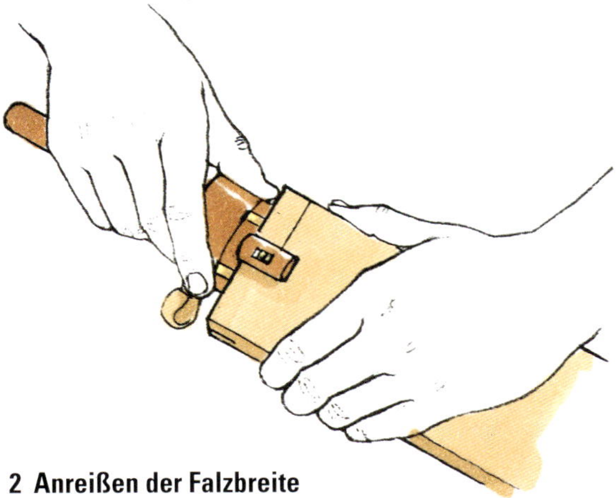

2 Anreißen der Falzbreite

Stellen Sie ein schneidendes Streichmaß auf die Holzstärke des Seitenteils ein und ziehen Sie auf der Rückseite des Falzteils parallel zur Stirnseite eine Brüstungslinie. Verlängern Sie die Risslinie über beide Seitenkanten bis zu den bereits angerissenen Linien.

3 Anschneiden der Verbindung

Spannen Sie das Falzteil aufrecht in die Vorderzange. Der auf dem Hirnholz angerissenen Linie folgend sägen Sie bis zur Falztiefe herunter. Legen Sie das Brett dann mit der Vorderseite nach unten auf eine Sägelade und entfernen Sie mit einer Zapfensäge den Falzabschnitt. Stoßen Sie den Falz sorgfältig mit einem Simshobel nach.

4 Zusammenfügen der Verbindung

Verleimen Sie die Verbindung und spannen Sie sie ein, um Stauchkopfnägel oder kleine Drahtstifte in das Seitenteil zu schlagen. Versenken Sie die Nägel mit einem Nageltreiber und füllen Sie die Löcher mit Holzkitt aus.

Durchgehende Nut

Diese einfache durchgehende Nut ist auf der Vorderseite der Seitenteile sichtbar. Sie eignet sich für grobe Regale oder für Schränke mit aufschlagenden Türen, die beim Öffnen die vorderen Kanten verdecken. Wenn Sie einen Umleimer verwenden wollen, leimen Sie diesen am besten vorher auf, da er dann besser bündig abgehobelt werden kann.

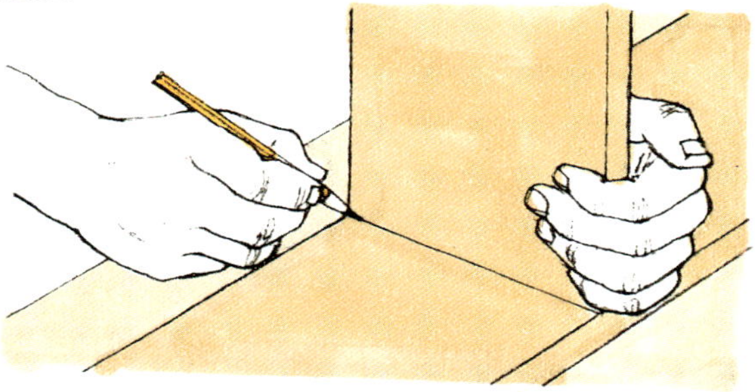

1 Anreißen der Bezugsseite des Seitenteils
Messen Sie die Stärke des Einlegebodens ab und reißen Sie die beiden Linien mit Winkel und Reißmesser über dem Seitenteil an.

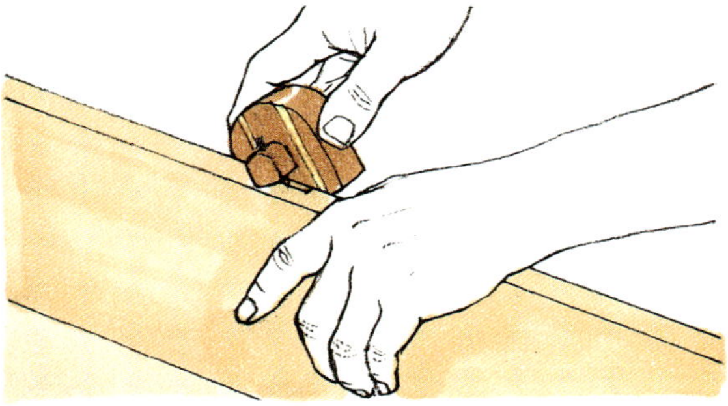

2 Anreißen der Kanten
Winkeln Sie diese Linien auf die Brettkanten über und reißen Sie mit einem auf ca. 6 mm eingestellten Streichmaß die Nuttiefe zwischen den Risslinien an.

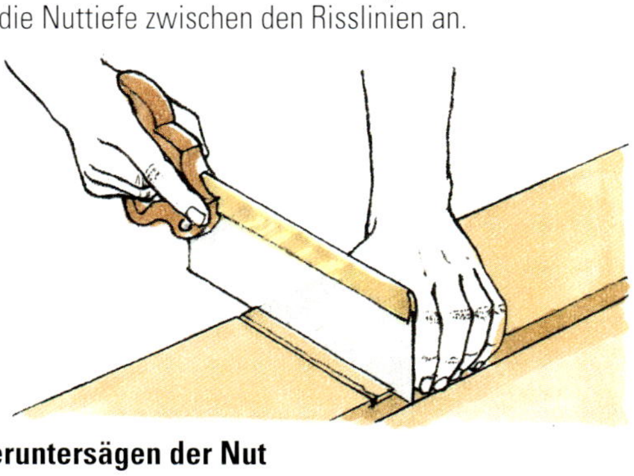

3 Heruntersägen der Nut
Um die Säge auf einem breiten Brett besser ansetzen zu können, stechen Sie mit einem Stecheisen eine flache, v-förmige Kerbe entlang der Risslinien der Nut. Mit einer Zapfensäge sägen Sie nun bis zu den auf den Kanten angerissenen Begrenzungslinien herunter.

4 Aushobeln der Nut
Stemmen Sie die Nut bei schmalen Seitenteilen mit einem Stecheisen von den Seiten zur Mitte hin aus.

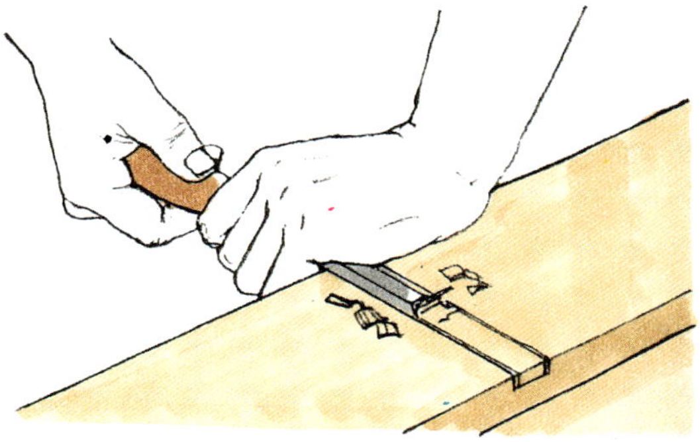

Verwendung eines Grundhobels

Wenn Sie die Nut grob ausgestochen haben, hobeln Sie den Nutboden mit einem speziellen Grundhobel eben, der mit einem schmalen und verstellbaren, I-förmigen Eisen ausgestattet ist. Ist das Brett zu breit und unpraktisch für ein Stecheisen, so hobeln Sie die Nut schrittweise mit dem Grundhobel aus. Machen Sie mehrere Hobelstöße und stellen Sie das Eisen stufenweise tiefer.

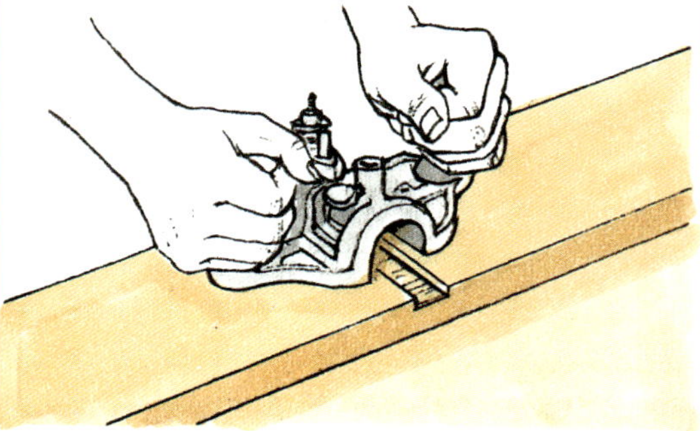

Gratnut

Wenn Sie die Gratnut von Hand schneiden, sägen Sie nur eine Seite der Nut schräg an. Zweiseitig schräg geschnittene Gratnuten lassen sich besser mit der Oberfräse herstellen. Da der Grat von einer Seite aus in die Nut eingeschoben wird, muss sie exakt eingeschnitten werden.

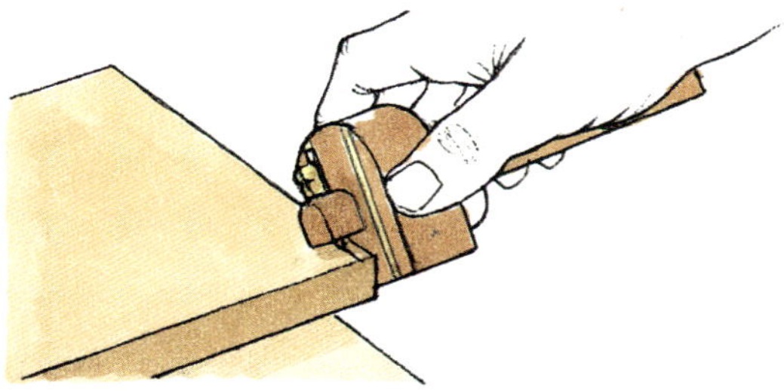

1 Anreißen des Grats

Stellen Sie ein Streichmaß auf ca. $^1/_3$ der Holzstärke ein und ziehen Sie eine Risslinie über die Unterseite des einzugratenden Bodens, die Sie mit Winkel und Bleistift auf beide Seitenkanten übertragen.

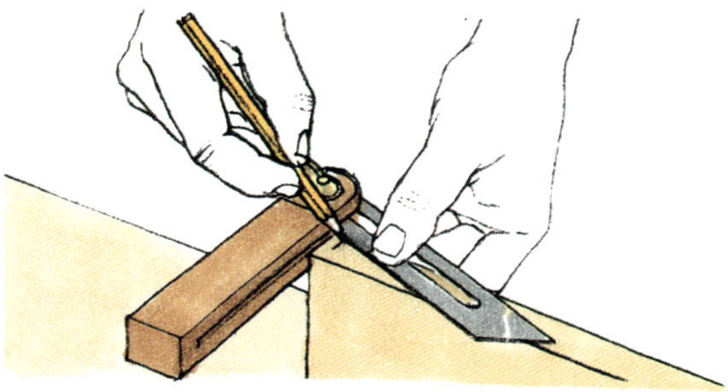

2 Anreißen der Gratschräge

Stellen Sie eine Schmiege auf den Winkel der Gratschräge ein (siehe S. 90) und reißen Sie diese von der unteren Ecke ausgehend zu den Risslinien der Seitenkanten hin an.

3 Ausstemmen der Schräge

Sägen Sie entlang der Streichmaßlinie bis zur Gratschräge ein und entfernen Sie den Abfall mit einem Stecheisen. Um den Winkel einzuhalten, können Sie einen Führungsklotz mit der entsprechenden Schräge verwenden.

4 Herstellen der Nut

Reißen Sie die Nut wie auf der gegenüberliegenden Seite beschrieben an und markieren Sie den Grat auf den Seitenkanten mit Hilfe der Schmiege. Sägen Sie die Nut auf beiden Seiten herunter, wobei Sie zum Einsägen des Grats einen abgeschrägten Führungsklotz verwenden. Hobeln Sie die Gratnut mit einem Grundhobel oder stemmen Sie sie mit dem Stecheisen aus.

Abgesetzte Nut

Aus optischen Gründen endet die Nut oft ca. 9 bis 12 mm vor der Vorderkante des Seitenteils. Gelegentlich wird die Tiefe des einzulegenden Bodens genau an die Nutlänge angepasst, was sich besonders bei Schränken mit einschlagenden Türen anbietet. Meistens wird der Boden aber um das gleiche Maß ausgeklinkt, d.h. die Vorderkante des Bodens schließt bündig mit dem Seitenteil. Im Folgenden wird beschrieben, wie diese Verbindung von Hand hergestellt wird, jedoch lässt sich die abgesetzte Nut auch ideal mit der Oberfräse herstellen.

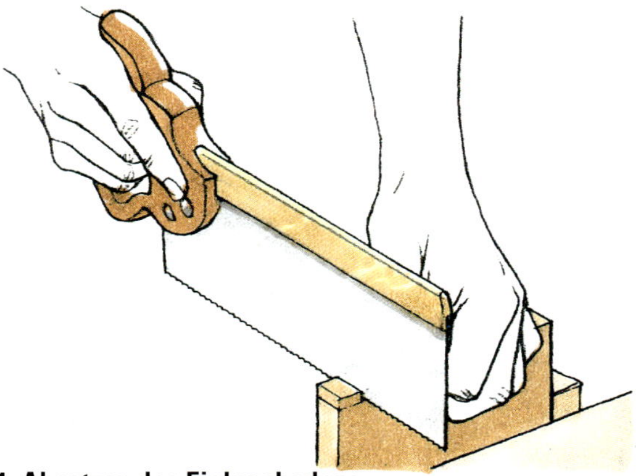

1 Absetzen des Einlegebodens

Stellen Sie ein Streichmaß auf die vorgesehene Nuttiefe ein und reißen Sie damit den Absatz an der Vorderkante des Bodens an. Klinken Sie den Boden mit einer Zapfensäge aus.

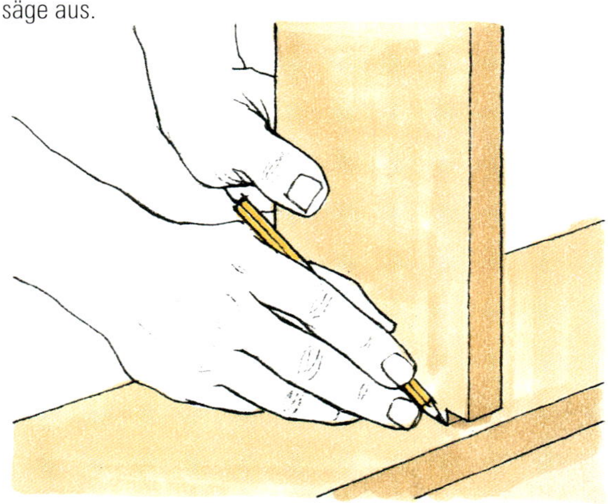

2 Anreißen der Nut

Mit Hilfe des abgesetzten Einlegebodens übertragen Sie die Nutlänge auf das Seitenteil und ziehen mit Winkel und Reißmesser die Risslinien. Das abgesetzte Ende der Nut wird mit dem Streichmaß angerissen.

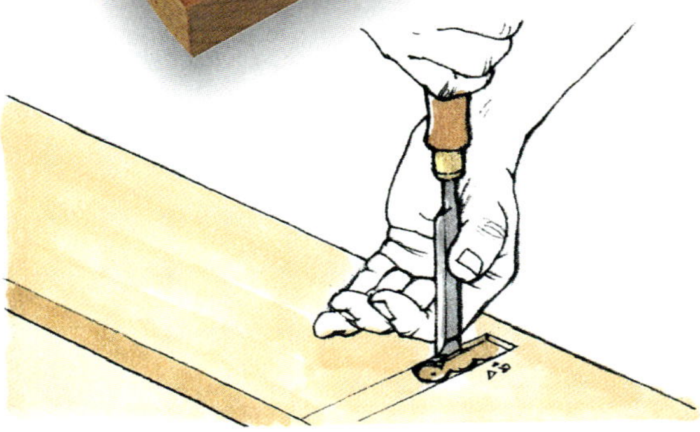

3 Ausarbeiten des abgesetzten Endes

Um die Säge zum Aussägen der Nut besser ansetzen zu können, bohren Sie zunächst das Nutende an und stechen die Seiten mit einem Stecheisen rechtwinklig nach.

4 Ausschneiden der Nut

Sägen Sie entlang den Risslinien bis zum Nutgrund und entfernen Sie den Abfall vom Nutende aus mit einem Stecheisen oder verwenden Sie einen Grundhobel.

Gefederte Eckverbindung

Diese Abwandlung der normalen ausgefälzten Eckverbindung eignet sich für Kastenrahmen oder Schrankecken. Die Nuttiefe sollte ein Viertel der Holzstärke nicht überschreiten und ungefähr so breit wie tief sein.

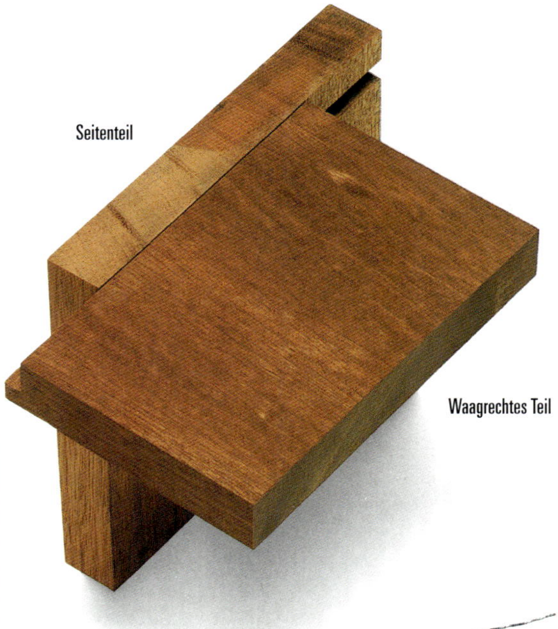

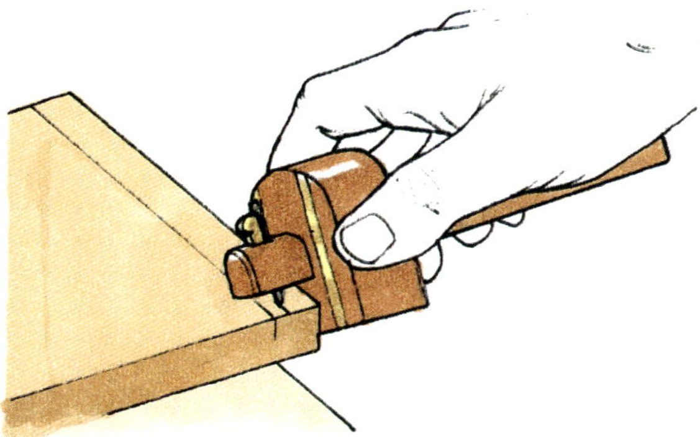

1 Anreißen der Nut
Zunächst werden beide Verbindungsteile an den Kanten rechtwinklig gesägt und gehobelt. Stellen Sie dann ein Streichmaß auf die Stärke des waagrechten Verbindungsteils ein und reißen Sie die Unterkante der Nut leicht auf der Oberfläche und den Kanten des Seitenteils an. Reißen Sie mit veränderter Streichmaßeinstellung genauso die obere Nutbegrenzung an.

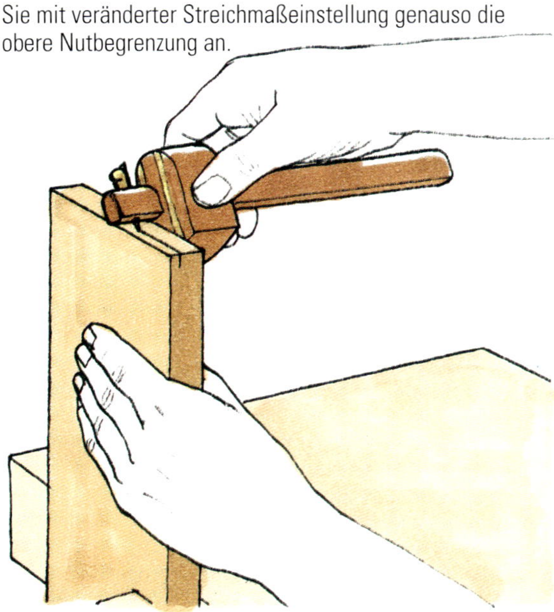

2 Anreißen der Feder
Mit unveränderter Streichmaßeinstellung reißen Sie nun die Feder auf der Stirnseite und den Seitenkanten des waagrechten Teils an. Arbeiten Sie von der Sichtseite aus.

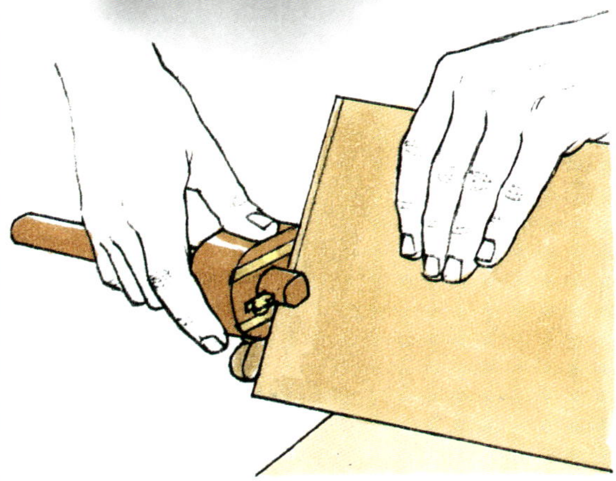

3 Anreißen der Falzbrüstung
Stellen Sie das Streichmaß auf ca. ein Drittel der Holzstärke des Seitenteils ein und reißen Sie die Falzbrüstung über der Bezugsseite und beiden Seitenkanten des waagrechten Teils an. Schneiden Sie den Falz mit der Säge und hobeln Sie ihn mit dem Simshobel nach.

4 Aussägen der Nut
Zeichnen Sie die Nuttiefe auf den Kanten des Seitenteils an und fertigen Sie die Nut, wie auf S. 80 für die durchgehende Nut beschrieben, mit Säge und Stecheisen.

Kreuzüberblattung

Bei der Kreuzüberblattung sind beide Verbindungsteile identisch. Aber auch, wenn beide Teile gleich stark und gleichmäßig eingeschnitten sind, ist es normalerweise so, dass das senkrechte Fries durch das waagrechte läuft.

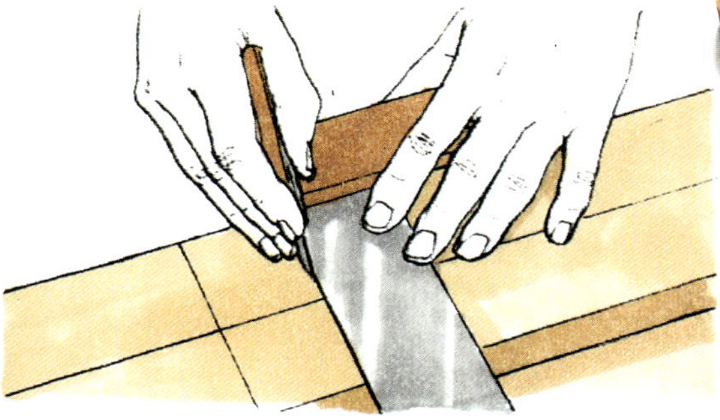

1 Anreißen der Brüstungen
Legen Sie beide Verbindungsteile nebeneinander und ziehen Sie mit Winkel und Reißmesser die Brüstungslinien über beide Teile. Winkeln Sie die Linien auf alle Kanten halb herunter.

2 Anreißen der Überblattungstiefe
Stellen Sie ein Streichmaß genau auf die halbe Holzstärke ein und reißen Sie auf den Kanten beider Friese die Überblattungstiefe zwischen den Brüstungslinien an.

3 Anschneiden der Verbindung
Sägen Sie beide Friese genau auf der Innenseite der Brüstungslinien zur Hälfte herunter. Machen Sie noch ein oder zwei zusätzliche Sägeschnitte in das wegfallende Holz.

4 Ausstemmen der Vertiefung
Spannen Sie das Werkstück in die Vorderzange und stemmen Sie die Vertiefung von außen zur Mitte hin aus. Den Boden der ausgestemmten Vertiefungen stechen Sie mit dem Stecheisen eben nach.

Eine Sägelade anfertigen

Sägen Sie zuerst eine 18 mm starke Grundplatte von etwa 250 x 200 mm Größe aus feinjährigem Hartholz wie Buche oder Ahorn zu. Schneiden Sie zwei Anschlagleisten von 150 mm Länge und 38 mm Breite zu. Leimen und dübeln Sie die Leisten bündig mit den Kanten gegenüberliegend auf beide Seiten der Grundplatte. Rücken Sie die Leisten um 25 mm von der langen Kante ein, so dass sowohl Rechtshänder als auch Linkshänder bequem damit arbeiten können.

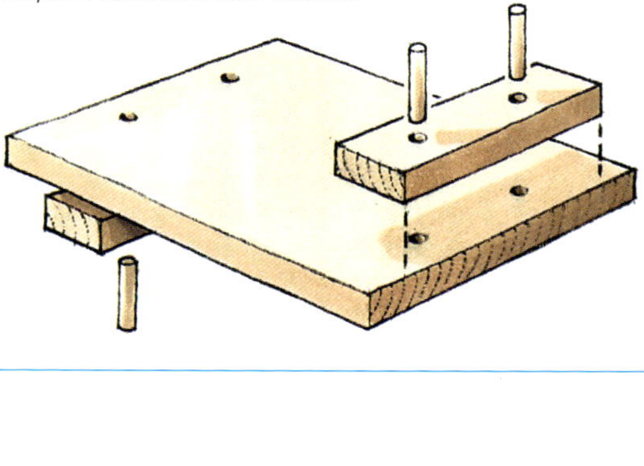

Ecküberblattung

Mit der Ecküberblattung können Sie einfache Rahmenkonstruktionen anfertigen. Da sie ihre Stabilität aber fast nur durch Verleimen erhält, müssen Sie sie eventuell mit Schrauben oder Dübeln verstärken. Die Ecküberblattung auf Gehrung ist eine schönere Variante, deren Leimfläche jedoch noch geringer ist.

1 Anreißen der Ecküberblattung

Legen Sie die Friese nebeneinander und reißen Sie über beide eine Brüstungslinie, die Sie auf die Kanten überwinkeln.

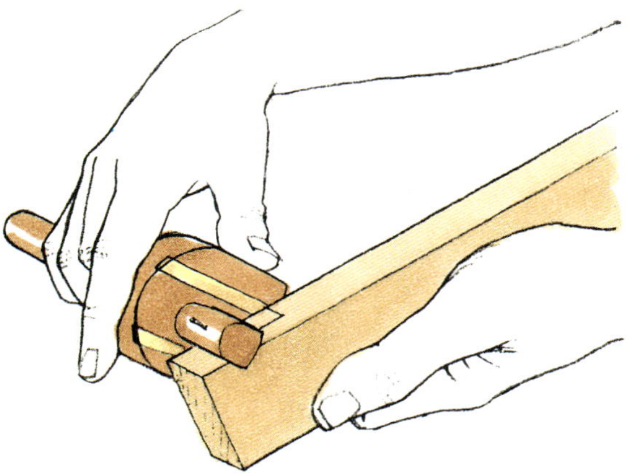

2 Anreißen und Aussägen der Vertiefung

Stellen Sie ein Streichmaß auf die halbe Holzstärke ein und reißen Sie die Tiefe damit über den Seitenkanten und der Stirnseite an. Sägen Sie mit einer Zapfensäge zunächst von der Stirnseite aus die Kanten herunter und machen Sie danach einen Sägeschnitt über die Brüstungslinie.

1 Anreißen der Ecküberblattung auf Gehrung

Reißen Sie das eine Verbindungsteil an und halbieren Sie die Überlappung auf einen 45°-Winkel. Reißen Sie mit Winkel und Reißmesser die schräge Brüstungslinie über der Vorderseite des zweiten Teils an und ziehen Sie dann über die Innenkante und die Stirnseite eine Mittellinie.

2 Sägen der schrägen Brüstung

Spannen Sie das Werkstück im Winkel in die Vorderzange und sägen Sie auf der wegfallenden Seite der Mittellinie bis zur Brüstungslinie herunter. Legen Sie die Arbeit dann auf eine Sägelade und entfernen Sie das wegfallende Holz.

T-Überblattung

Die T-Überblattung ist eine Kombination aus Kreuz- und Ecküberblattung, die sich als Zwischenstütze für Rahmenkonstruktionen eignet.

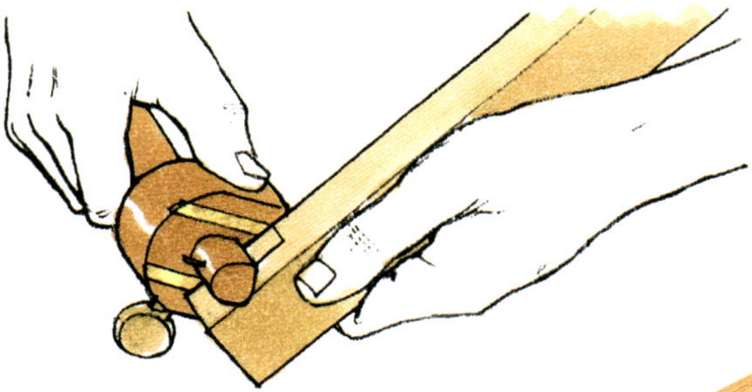

1 Anreißen der Verbindung
Die Maße sind abhängig von den jeweiligen Verbindungsteilen. Ziehen Sie mit Reißmesser und Winkel die Brüstungslinien und zeichnen Sie auf jedem Teil die Überblattungstiefe mit dem Streichmaß an.

2 Ausschneiden der Vertiefung
Stemmen Sie die Vertiefung zwischen den Brüstungslinien aus. Überprüfen Sie mit der Längskante des Stemmeisens, ob der Vertiefungsgrund eben ist.

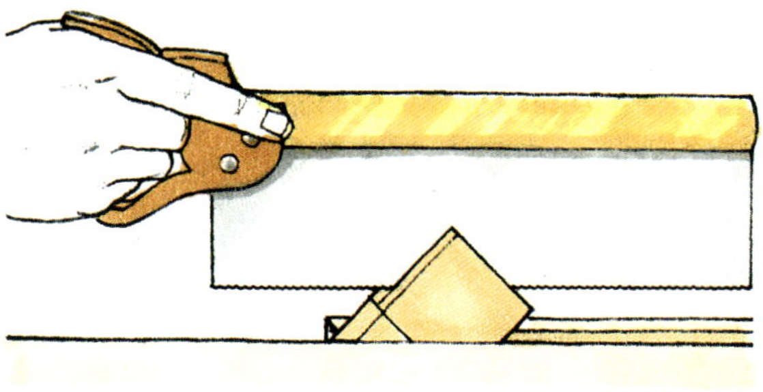

3 Ausschneiden der Überlappung
Führen Sie das Sägeblatt auf der wegfallenden Seite der Risslinie und sägen Sie die Brüstung herunter. Der vertikale Sägeschnitt wird einfacher für Sie, wenn Sie das Werkstück für die eine Kante von sich weg neigen und es dann zum Einsägen der anderen Kante herumdrehen. Beenden Sie den Arbeitsschritt, indem Sie einen geraden Sägeschnitt bis zur Brüstungslinie ausführen. Entfernen Sie das wegfallende Holz mit einem Schnitt über die Brüstungslinie.

4 Entfernen des Falzabschnitts
Legen Sie das Werkstück mit der Vorderseite nach unten auf eine Sägelade und entfernen Sie den Falzabschnitt mit einer Säge. Falls erforderlich, stoßen Sie den Falz mit einem Stemmeisen oder einem Simshobel nach (siehe S. 31).

Einzinker

Mit einem Schwalbenschwanz können Sie die Stabilität einer T-Überblattung erhöhen. Der Einzinker ist in der Herstellung kaum schwieriger als die gerade geschnittene T-Überblattung.

1 Anreißen der Schwalbenschwanzüberlappung

Reißen Sie zunächst eine normale T-Überblattung an und schneiden Sie sie wie gegenüber beschrieben aus. Mit Schablone und Reißmesser reißen Sie darauf dann den Schwalbenschwanz an.

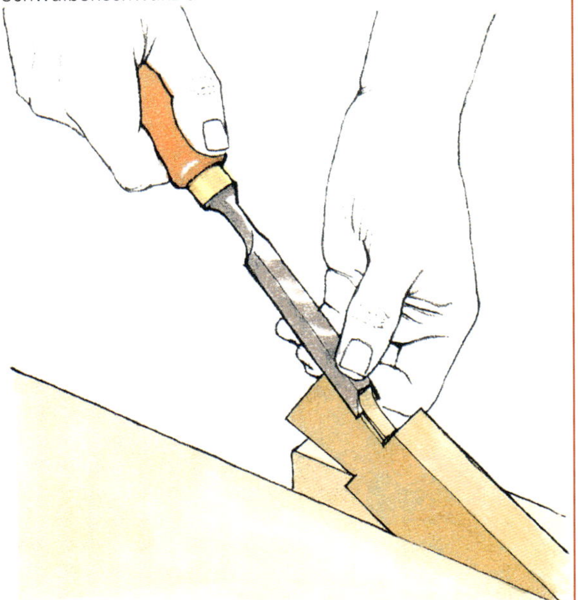

2 Ausformen des Schwalbenschwanzes

Sägen Sie auf beiden Seiten die kurzen Brüstungen ein und stechen Sie mit einem Stecheisen die Schräge aus.

3 Anreißen und Schneiden der Vertiefung

Verwenden Sie den Schwalbenschwanz als Schablone und reißen Sie die Vertiefungsbrüstungen auf dem Gegenstück an. Mit einem Streichmaß zeichnen Sie die Ausstemmtiefe an (siehe S. 18) und arbeiten die Vertiefung mit Zapfensäge und Stecheisen aus.

Herstellung einer Schablone

Sägen Sie sich eine keilförmige Sperrholzfeder zurecht, deren Winkel auf der einen Seite für Harthölzer geeignet ist und auf der anderen für Weichhölzer. Schneiden Sie einen Schlitz in einen Hartholzklotz und leimen Sie die Feder hinein.

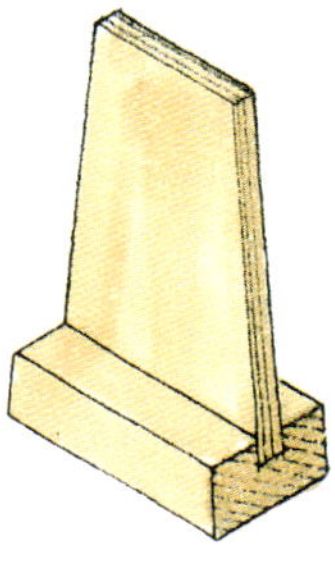

Durchgestemmte Schlitz-und-Zapfen-Verbindung

Diese Verbindung, bei der der Zapfen durch das Schlitzteil hindurchgeht, kommt häufig bei allen Arten von Rahmen zum Einsatz. Mit ihrem sichtbaren Hirnholz und den manchmal zur Verbreiterung des Zapfens verwendeten Holzkeilen ist sie eine beliebte und nützliche Verbindung. Schneiden Sie immer zuerst den Schlitz, denn es ist einfacher, den Zapfen in den Schlitz einzupassen als umgekehrt.

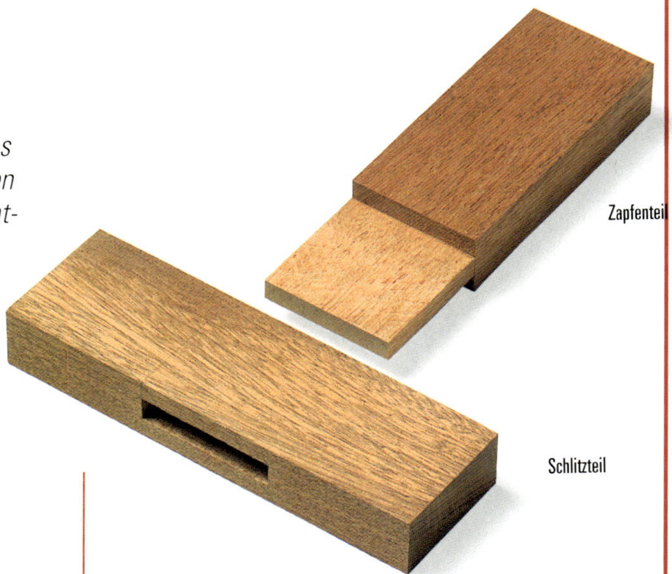

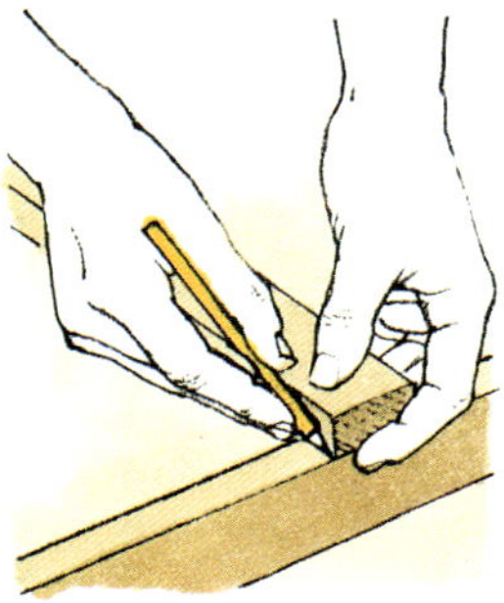

1 Anreißen der Schlitzlänge

Reißen Sie die Länge und Position des Schlitzes mit Hilfe des Zapfenteils an und winkeln Sie die Linien mit Bleistift um das Werkstück herum.

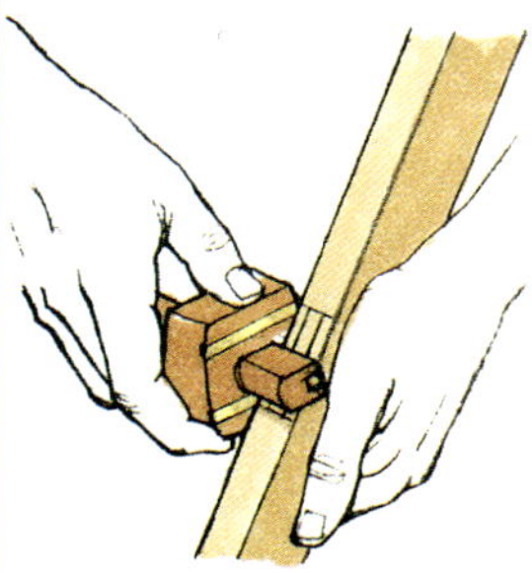

2 Anreißen des Schlitzes

Stellen Sie ein Zapfenstreichmaß auf die Breite des zu verwendenden Lochbeitels ein und reißen Sie den Schlitz mittig zwischen den Risslinien auf beiden Kanten an.

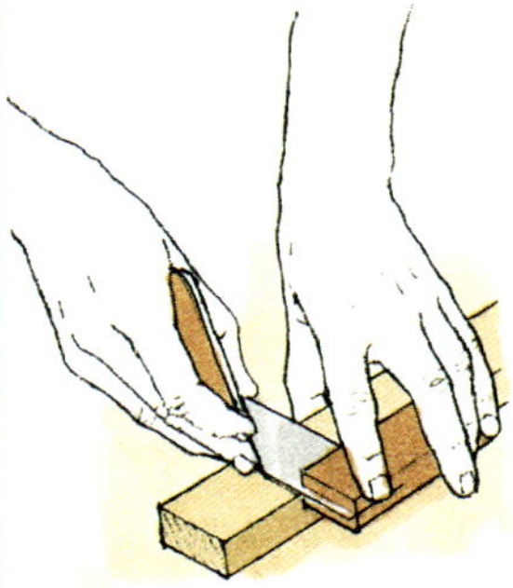

3 Anreißen der Zapfenbrüstungen

Markieren Sie die Brüstungen auf dem Zapfenteil und sehen Sie dabei einen kleinen Überstand vor, der nach dem Zusammenfügen der Verbindung bündig abgehobelt werden kann. Reißen Sie anschließend die Brüstungslinien mit dem Reißmesser an.

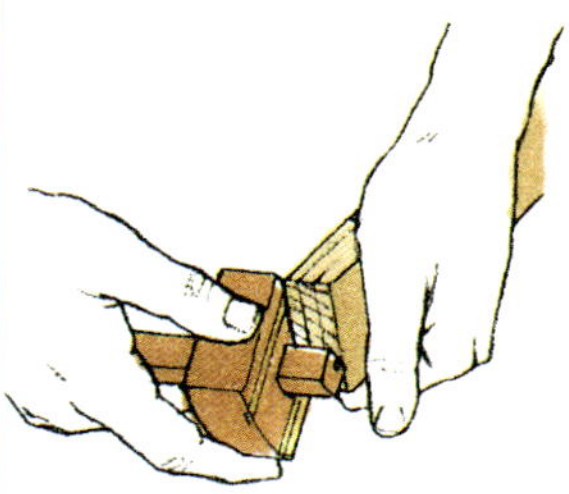

4 Anreißen des Zapfens

Reißen Sie den Zapfen mit unveränderter Streichmaßeinstellung über beide Kanten und das Hirnende an.

Das Verhältnis von Schlitz und Zapfen

Die Zapfenstärke beträgt normalerweise ungefähr ein Drittel der Holzstärke des Zapfenteils. Die exakte Zapfenstärke wird bestimmt von dem Lochbeitel, mit dem der Schlitz ausgestemmt wird. Wenn das Schlitzteil dicker als das Zapfenteil ist, kann die Zapfenstärke vergrößert werden. Der Zapfen entspricht normalerweise der Breite des Zapfenteils. Um das Schlitzteil bei sehr breiten Zapfenteilen nicht durch einen zu breiten Schlitz zu schwächen, ist es besser, zwei übereinander liegende Zapfen anzuschneiden. Man spricht in diesem Fall von einer doppelten Schlitz-und-Zapfen-Verbindung. Doppelzapfenverbindungen, bei denen zwei Zapfen nebeneinander sitzen, sind erforderlich, wenn das Zapfenteil waagrecht mit dem Schlitzteil verbunden wird.

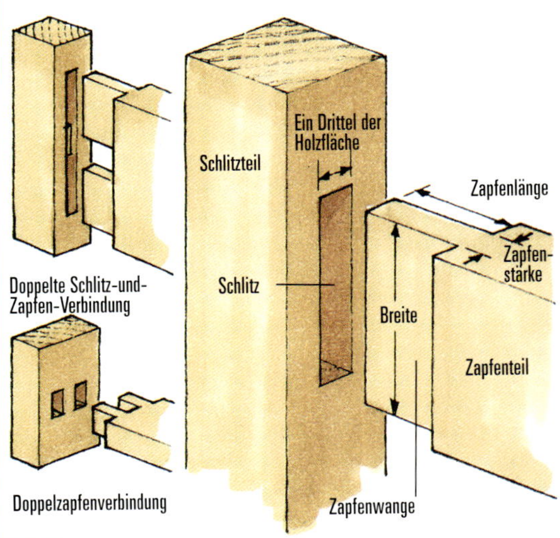

5 Ausstemmen des Schlitzes

Spannen Sie das Schlitzteil auf eine Werkbank, so dass Sie am einen Ende des Werkstücks stehen können. Halten Sie den Lochbeitel senkrecht und schlagen Sie ihn ausgehend von der Mitte des angerissenen Schlitzes ca. 3 – 6 mm tief in das Holz. Arbeiten Sie schrittweise und gleichmäßig auf sich zu, bis etwa 2 mm vor dem Schlitzende.

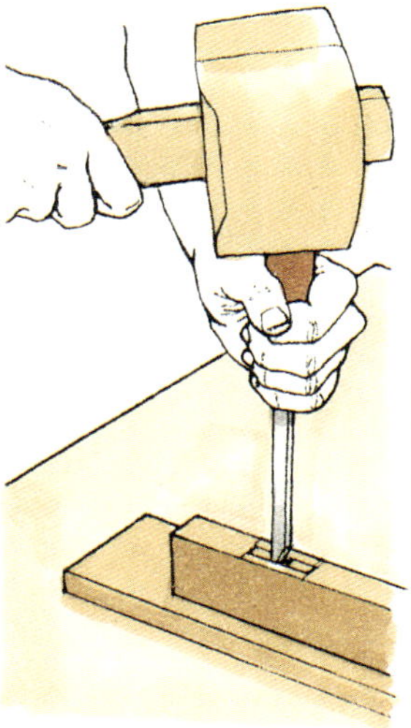

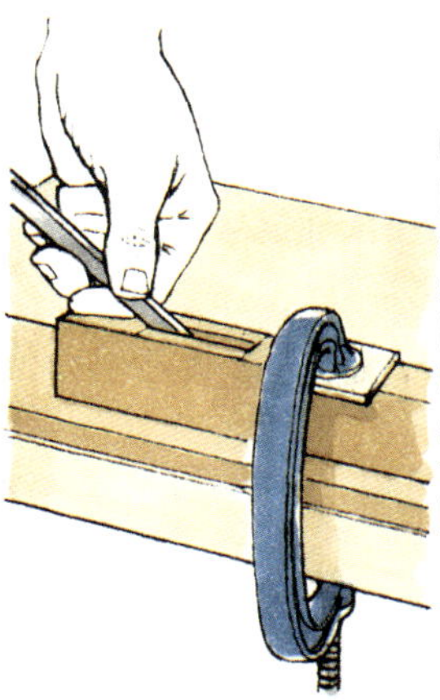

6 Entfernen der Späne

Drehen Sie den Beitel um und stemmen Sie den Schlitz schrittweise bis zum anderen Ende aus. Entfernen Sie die Späne mit dem Lochbeitel und stemmen Sie danach eine weitere Schicht bis etwa auf die halbe Tiefe des Schlitzteils aus.

7 Fertigstellen des Schlitzes

Stechen Sie die Schlitzenden rechtwinklig und drehen Sie das Werkstück um. Schütteln Sie alle Späne heraus und spannen Sie es wieder fest, um den Schlitz nun von der anderen Seite zu bearbeiten.

8 Anschneiden des Zapfens

Spannen Sie das Zapfenteil schräg in die Vorderzange, so dass das Hirnende von Ihnen weg zeigt. Sägen Sie auf der wegfallenden Seite der Risslinie bis zur Brüstungslinie, drehen Sie die Arbeit herum und sägen Sie genauso.

9 Bis zur Brüstungslinie sägen

Spannen Sie die Arbeit senkrecht ein und machen Sie an beiden Zapfenwangen einen Sägeschnitt parallel zur Brüstungslinie. Achten Sie darauf, nicht über die Linien hinauszusägen.

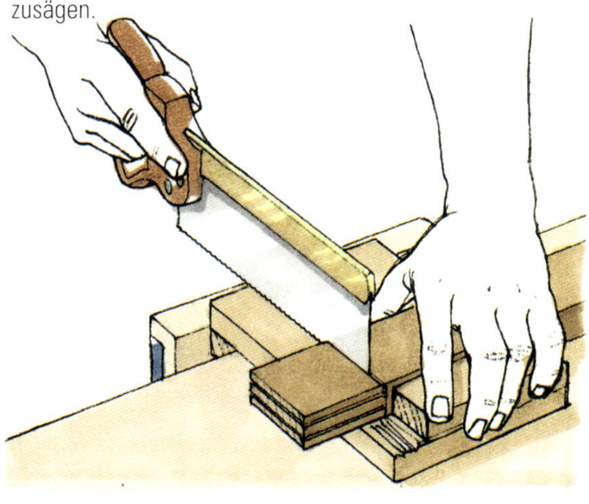

10 Heruntersägen der Brüstungen

Legen Sie das Werkstück auf eine Sägelade und entfernen Sie das wegfallende Holz auf jeder Seite durch einen Sägeschnitt über die Brüstungslinie. Die Zapfenwangen können gegebenenfalls mit dem Stecheisen so nachgestochen werden, dass sie genau in den Schlitz passen.

Einfache Schwalbenschwanzverbindung

Sauber gearbeitete Schwalbenschwanzverbindungen gelten als Prüfstein für die handwerklichen Fähigkeiten eines Schreiners. Zweifellos ist dies eine der besten Verbindungsarten für Kasten- und Korpuskonstruktionen aus Massivholz. In der Grundausführung als durchgehende Zinkung ist die Verbindung an der Ecke von beiden Seiten zu sehen.

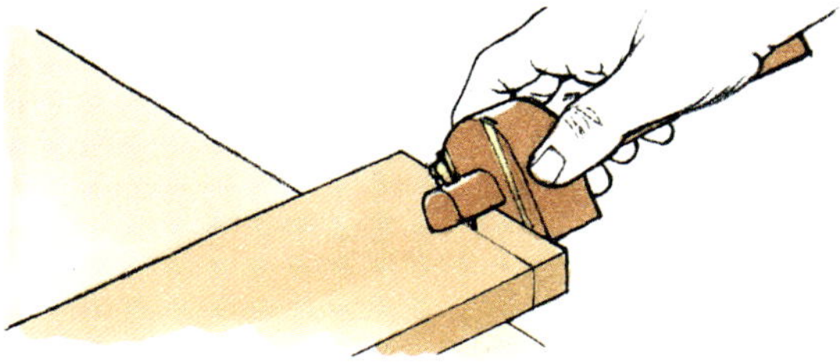

1 Anreißen der Brüstungslinie

Hobeln Sie die Stirnseiten beider Verbindungsteile rechtwinklig. Mit einem schneidenden Streichmaß, das auf die Holzdicke des Zinkenteils eingestellt ist, reißen Sie die Brüstungslinie für die Schwalben um das Gegenstück herum an.

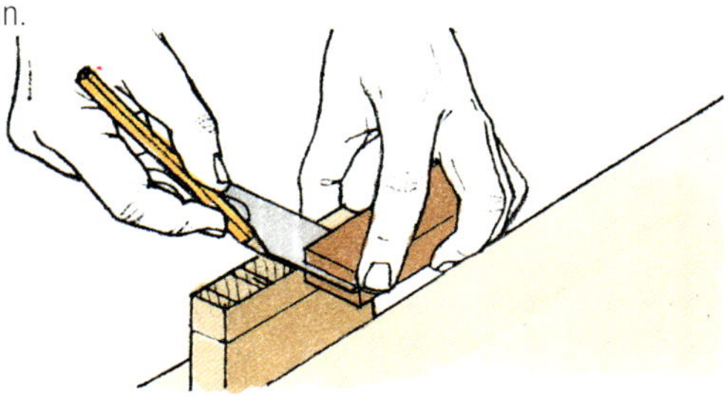

2 Einteilung der Schwalben

Eine gute Verbindung besteht aus gleich großen Schwalben, die mit relativ schmalen Zinken verbunden werden. Ziehen Sie mit Bleistift an beiden Ecken jeweils 6 mm vom Rand entfernt eine Linie über das Hirnholz und teilen Sie den Zwischenraum in gleich große Teile auf, je nachdem, wie viele Schwalben Sie benötigen. Messen Sie nun von jedem Teilstrich 3 mm nach rechts und nach links und winkeln Sie mit einem Bleistift diese Linien über die Hirnkante.

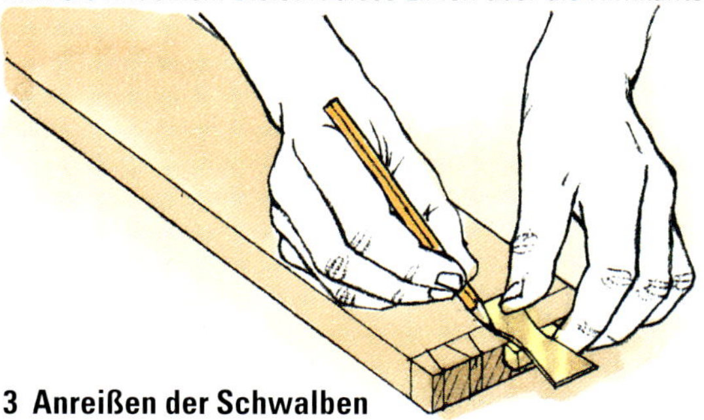

3 Anreißen der Schwalben

Zeichnen Sie mit Hilfe einer verstellbaren Schmiege oder einer fertigen Schwalbenschwanzschablone die Schräge der Schwalben auf die Außenseite des Werkstücks und schraffieren Sie das wegfallende Holz.

4 Einsägen der Schwalben

Spannen Sie das Werkstück schräg in die Vorderzange, so dass Sie senkrecht heruntersägen können. Wenn Sie bei der letzten Schwalbe angelangt sind, spannen Sie das Werkstück zum Einsägen der anderen Seite um.

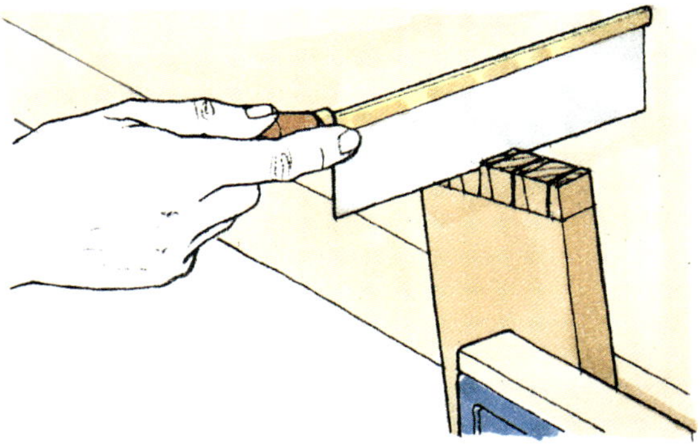

Die Schwalbenschräge

Die Seiten einer Schwalbe müssen im optimalen Winkel abgeschrägt sein. Ist die Schräge zu groß, entsteht an der Spitze eine zu kurze Maserung, im umgekehrten Fall ist die Verbindung nicht stabil. Am besten ist für Hartholz ein Steigungsverhältnis von 1:8, für Weichholz ein größeres von 1:6. Die Schwalbenmaße sind eine Sache des persönlichen Geschmacks, aber eine Reihe kleiner Schwalben, die im gleichen Abstand voneinander stehen, sieht nicht nur besser aus als wenige große Schwalben, sondern macht die Verbindung auch stabiler.

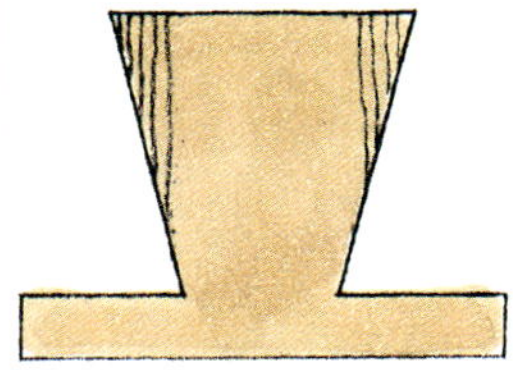

Zu steile Schräge

Zu flache Schräge

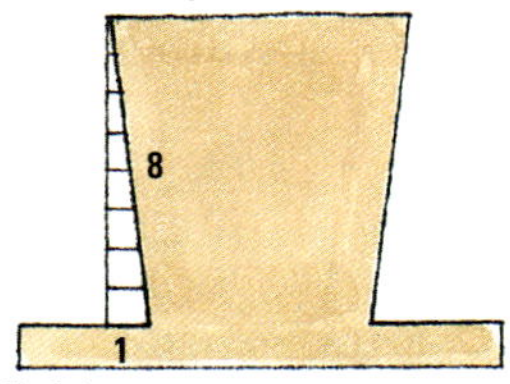

Hartholz

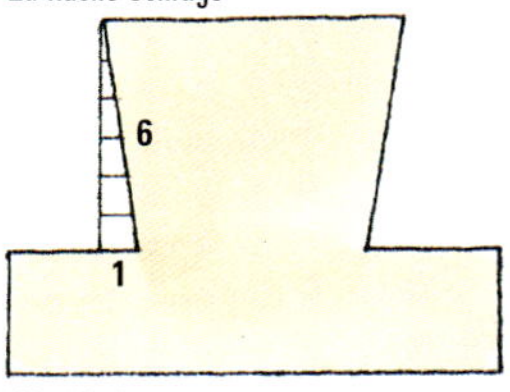

Weichholz

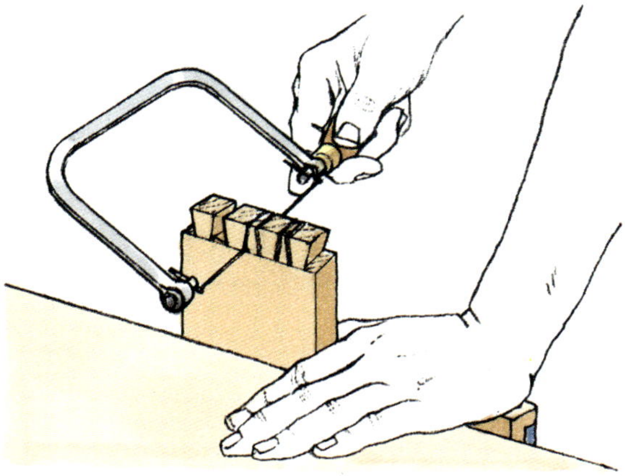

5 Aussägen der Zwischenräume

Spannen Sie das Werkstück waagrecht in die Vorderzange, so dass Sie die Eckstücke mit einer Feinsäge absetzen können. Danach entfernen Sie die Zwischenstücke zwischen den Schwalben mit einer kleinen Bügelsäge.

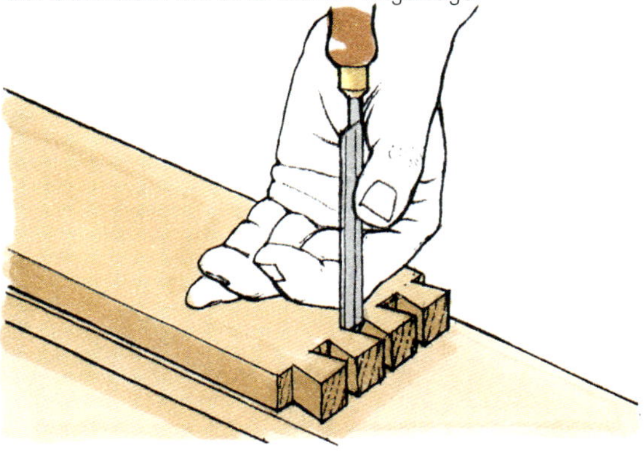

6 Ausarbeiten der Brüstungen

Entfernen Sie das restliche Holz zwischen den Schwalben mit einem Stecheisen und stechen Sie den Brüstungsgrund eben.

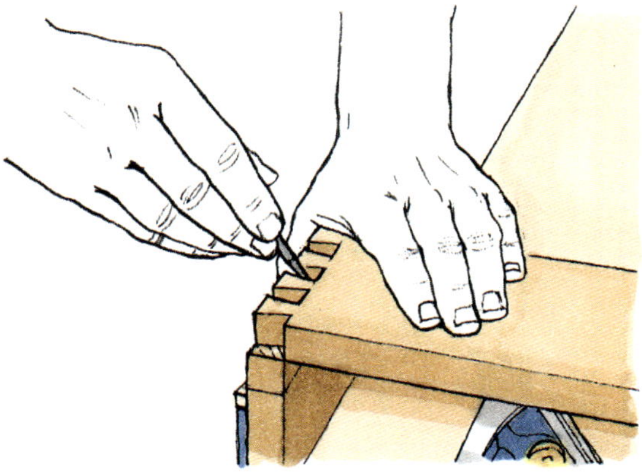

7 Anreißen der Zinken

Stellen Sie das Streichmaß auf die Stärke des Schwalbenschwanzstücks ein und ziehen Sie eine Brüstungslinie über das Zinkenstück. Reiben Sie die Hirnkante mit Kreide ein und spannen Sie es aufrecht in die Vorderzange. Legen Sie das Brett mit den fertigen Schwalben so auf das Zinkenbrett, dass es mit der Hirnkante genau bündig ist, und reißen Sie dann die Form der Schwalben auf dem Hirnende an.

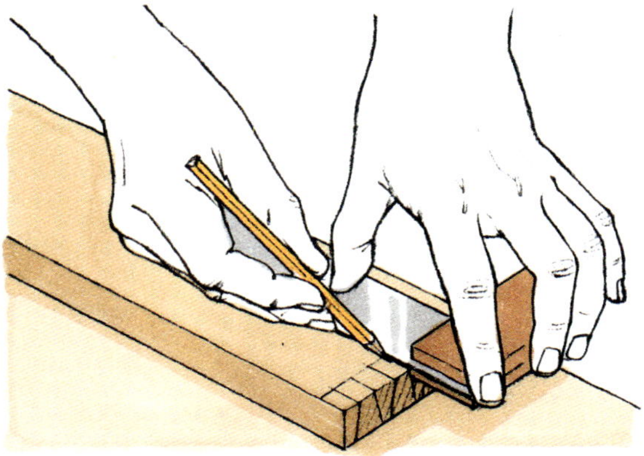

8 Anzeichnen der Schnittlinien

Legen Sie einen Winkel an die in Kreide eingezeichneten Risslinien an und winkeln Sie parallele Linien auf beide Brettseiten über. Schraffieren Sie das wegfallende Holz zwischen den Zinken mit Bleistift.

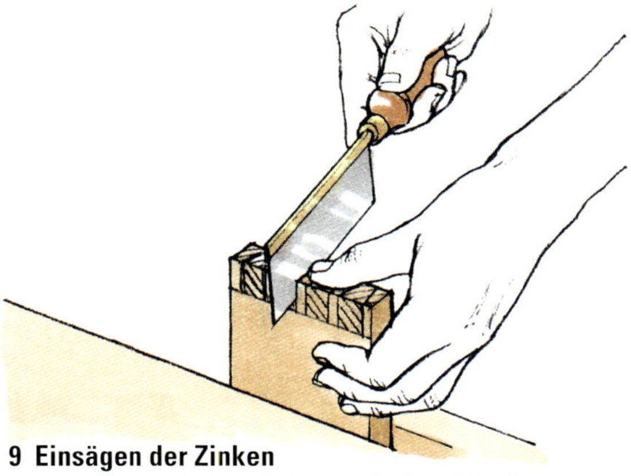

9 Einsägen der Zinken

Machen Sie auf beiden Seiten der Zinken feine Sägeschnitte, indem Sie den auf der Hirnholzkante in Kreide angerissenen schrägen Linien folgen.

10 Fertigstellen der Verbindung

Entfernen Sie das wegfallende Holz so weit es geht mit einer kleinen Bügelsäge und stechen Sie die Grundlinie mit einem Stecheisen sauber nach. Stecken Sie die Verbindung vor dem Verleimen zusammen und beseitigen Sie mögliche Unebenheiten, bis die beiden Teile exakt ineinander passen.

Senkkopfschraube mit Quermutterbolzen

Dieses sichere und feste Verbindungsmittel eignet sich für Rahmenkonstruktionen jeder Art. Die Schraube wird durch den senkrechten Fuß in das Ende der Zarge geschraubt, wo sie auf das Gewindeloch des Quermutterbolzens trifft. Ein Schraubenschlitz an der Quermutter ermöglicht es, das Gewindeloch auf die Schraube auszurichten. Mit Hilfe eines Holzdübels am Ende der Zarge ist es einfacher, die Verbindung zusammenzuschrauben; so wird verhindert, dass sich die Zarge beim Eindrehen der Senkkopfschraube dreht.

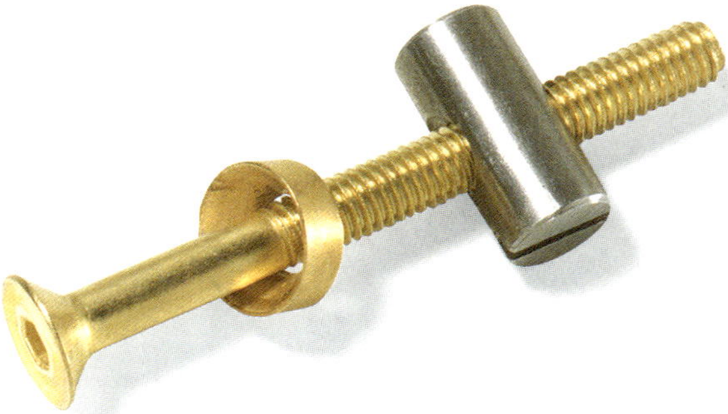

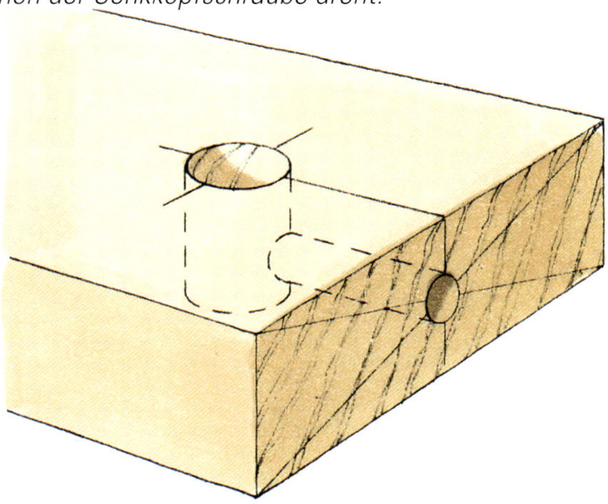

1 Bohrlöcher der Zarge

Ziehen Sie über das Hirnholz der Zarge Diagonalen, um die Mitte zu markieren, und bohren Sie am Schnittpunkt der Diagonalen ein Loch zur Aufnahme der Schraube. Bohren Sie entsprechend der Länge der Schraube ein Loch für die Quermutter in die Seite der Zarge, welches das Loch für die Senkkopfschraube schneidet.

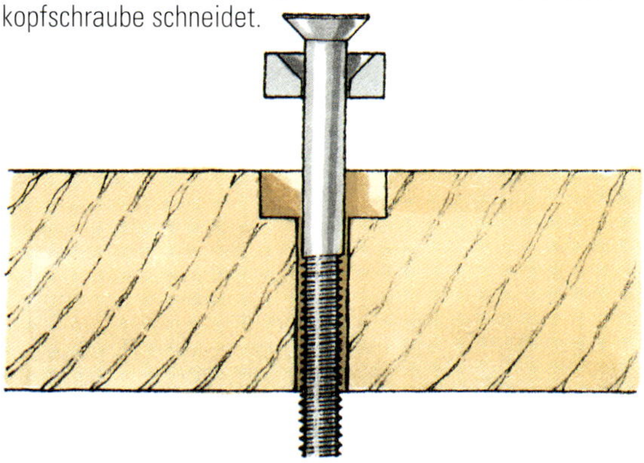

2 Bohrloch des Beins

Markieren Sie die Stelle für die Schraube und bohren Sie ein Loch zur vollständigen Aufnahme der Schraube mit Unterlegring.

3 Setzen des Passdübels

Klopfen Sie 12 mm von der Kante entfernt einen Drahtstift in die Mittellinie auf dem Hirnende der Zarge. Schneiden Sie den Kopf des Nagels ab und fügen Sie dann die beiden Verbindungsteile zusammen. Lösen Sie die Verbindung wieder und bohren Sie an der Stelle, an der der Drahtstift eine Markierung hinterlassen hat, ein 6 mm starkes Loch. Entfernen Sie den Drahtstift und bohren Sie auch in die Zarge ein Loch, in das Sie einen Holzdübel leimen.

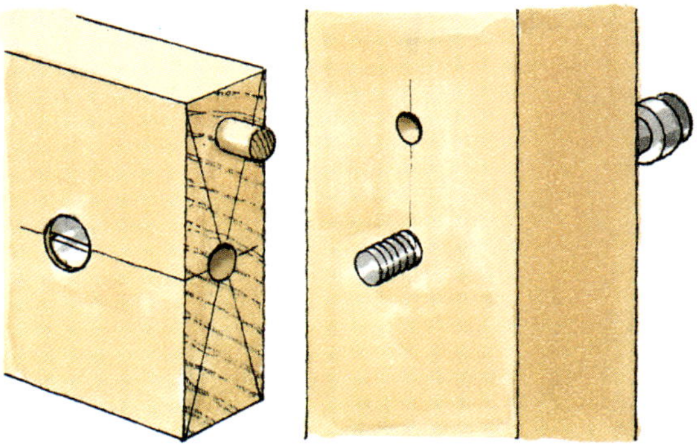

Einschlagmutter mit Gewindeschraube

Hierbei handelt es sich um eine Einschlagmutter mit integrierter gedornter Unterlegscheibe, die mit einem Bolzen fest verankert werden kann. Als relativ grobes Verbindungsmittel eignet es sich wohl am besten für verkleidete Rahmen.

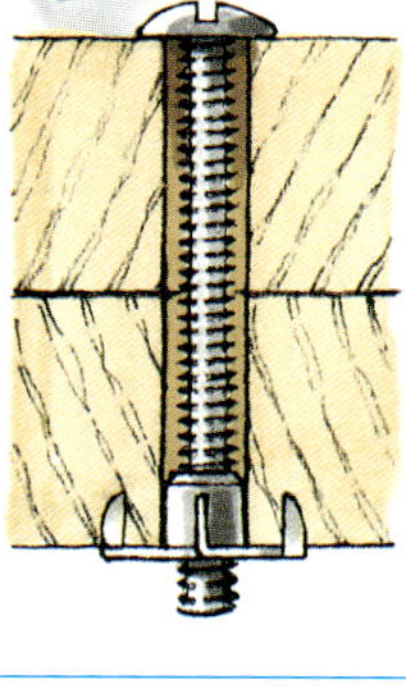

Anbringen der Einschlagmutter

Spannen Sie die Verbindungsteile aneinander und bohren Sie ein 8 mm starkes Loch. Schlagen Sie die Mutter in die Rückseite der Verbindung und stecken Sie den Bolzen von der anderen Seite durch das Loch. Ziehen Sie den Bolzen an, so dass die Teile zusammengezogen werden und die Mutter fest im Holz sitzt.

Eindrehmuffen

Gewindemuffen aus Metall sorgen für feste Verbindungen von Holzrahmen oder Holzwerkstoffplatten. Ein grobes Gewinde auf der Außenseite der Muffe zieht sie in das auf der Außenseite eines Verbindungsteils vorgebohrte Loch. In das feinere Innengewinde der Muffe wird eine Metallschraube eingedreht.

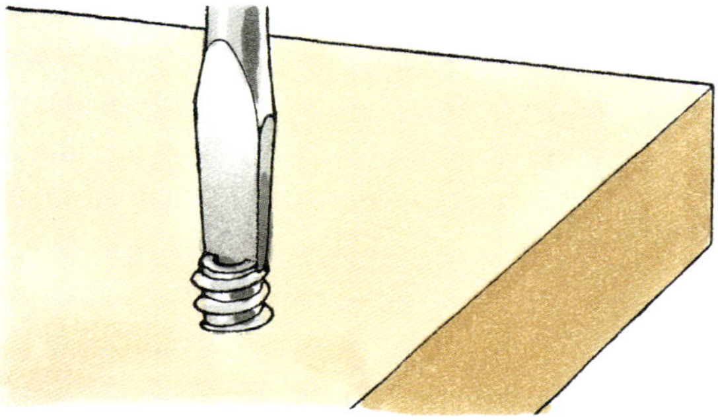

1 Eindrehen der Muffe
Bohren Sie ein Loch von 8 mm Durchmesser in das Brett, und zwar so tief, dass die Muffe knapp unter der Oberfläche sitzt. Drehen Sie die Muffe mit einem Schraubendreher, den Sie am in der Muffe eingesägten Schlitz ansetzen, in das Brett ein.

2 Zusammenschrauben der Verbindung
Reißen Sie die Lochmitte für die Schraube auf dem Gegenstück an und bohren Sie dort ein Loch durch das Brett. Passen Sie dabei auf, dass das Loch an der Brettunterseite nicht ausreißt. Fügen Sie die beiden Verbindungsteile zusammen und ziehen Sie die Verbindung mit der Schraube fest.

Korpusverbinder

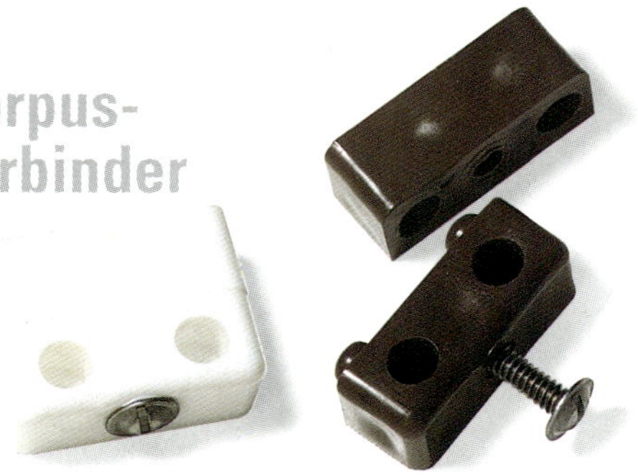

Dieser preiswerte Verbindungsbeschlag besteht aus ineinander greifenden Plastikklötzchen, die auf die Innenseite von Schrankwänden geschraubt werden. Die beiden Klötzchen werden ineinander gesteckt. Wenn die rechtwinklige Eckverbindung hergestellt ist, wird der Korpusverbinder mit Schrauben festgezogen.

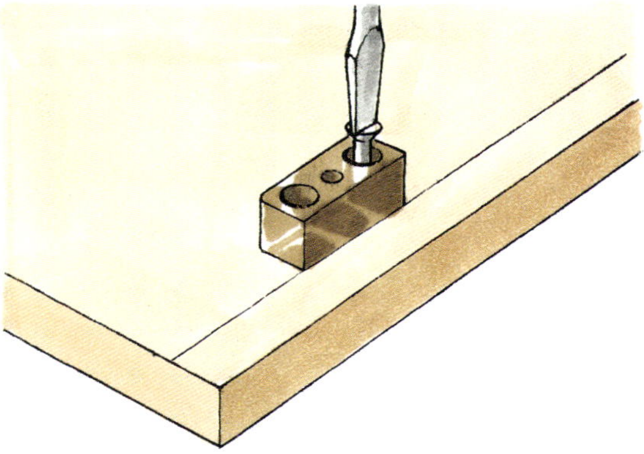

1 Anbringen der Klötzchen
Reißen Sie die Brettstärke auf der Innenseite des Korpusseitenteils an und dann die Position der beiden Klötzchen ca. 55 mm von der Vorder- und Hinterkante entfernt. Die unteren Plastikklötzchen werden direkt an der Risslinie der Korpuswände aufgeschraubt.

2 Zusammenschrauben der Verbindung
Bringen Sie die beiden Verbindungsteile in einen rechten Winkel zueinander, stecken Sie das obere Plastikklötzchen auf das bereits festgeschraubte und zeichnen Sie dessen Schraubenlöcher auf dem anderen Brett an. Schrauben Sie das zweite Verbinderteil fest und stellen Sie die Verbindung fertig, indem Sie die Verbindungsschraube eindrehen.

Zusammenspannen von Verbindungen

Bevor Sie eine Verbindung verleimen, sollten Sie alle Vorbereitungen treffen und den Vorgang vorher einmal ohne Leim durchspielen. Dadurch lassen sich Komplikationen, die entstehen, wenn Sie einen schnell abbindenden Leim verwenden und nicht zügig arbeiten, vermeiden. Stellen Sie die Verbindung her, ohne Leim anzugeben, um zu sehen, wie viele Zwingen Sie benötigen und wie sie am Werkstück festgespannt werden müssen. Bei großen oder komplizierten Verbindungen kann es nützlich sein, einen Helfer dabeizuhaben. Sie müssen die Verbindungen nicht alle gleichzeitig verleimen. Verleimen Sie z.B. zuerst die Tischbeine mit den Zargen. Erst wenn der Leim abgebunden hat, gehen Sie an die Längszargen.

Zusammenspannen eines Rahmens

Die meisten Rahmen und Korpusse müssen zum Verleimen zusammengespannt werden, damit die Verbindung im rechten Winkel bleibt. Stellen Sie je zwei Spannknechte oder Rohrspanner so ein, dass der Rahmen zwischen den Spannbacken eingesetzt und dass vor die Backen eine Weichholzzulage gelegt werden kann. Achten Sie darauf, dass die Zulagen genau ausgerichtet sind. Durch zu kleine oder falsch angelegte Zulagen kann sich die Verbindung verziehen und das Holz kann beschädigt werden.

Herstellung von Reibverbindungen

Kleine, exakt geschnittene Breitenverbindungen können ohne Zwingen zusammengefügt werden. Geben Sie an beide Teile Leim und reiben Sie sie aneinander, um Leim und Luft aus der Fuge herauszudrücken, so dass die Teile durch den atmosphärischen Druck zusammengehalten werden.

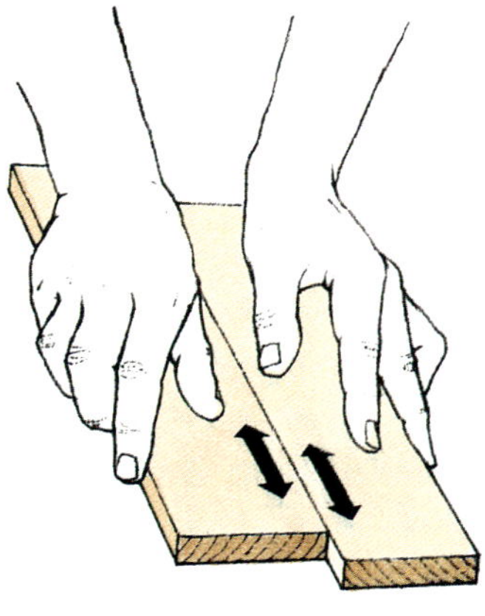

1 Ausrichten der Spannbacken

2 Leisten für die Diagonalen des Rahmens

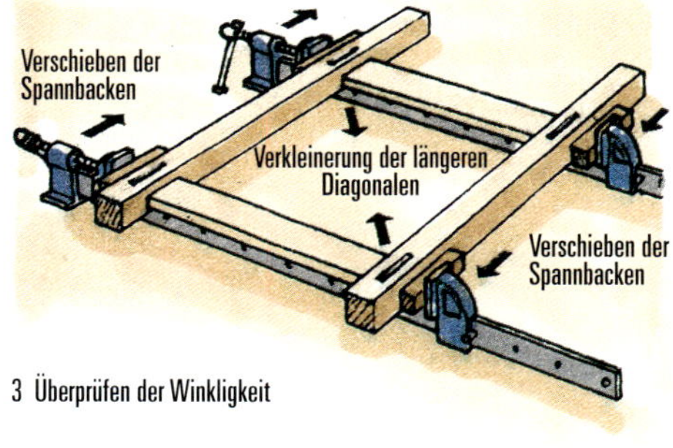

3 Überprüfen der Winkligkeit

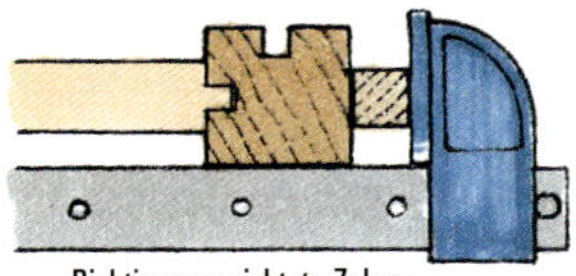

Richtig ausgerichtete Zulage

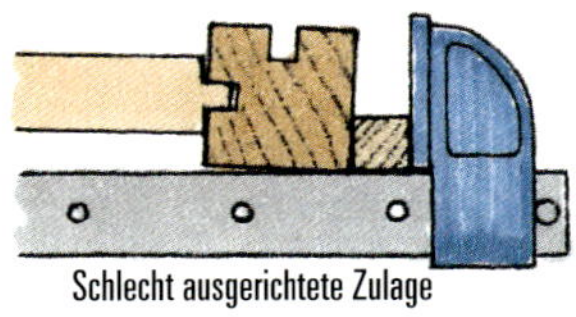

Schlecht ausgerichtete Zulage

1 Ausrichten der Spannbacken

Tragen Sie auf beide Verbindungsteile gleichmäßig Leim auf. Setzen Sie den Rahmen zusammen und achten Sie darauf, dass die Spannbacken genau auf die Querholme ausgerichtet sind. Dann ziehen Sie die Schraubspindeln langsam an, um die Verbindung fest zusammenzufügen.

2 Herstellen von Leisten für die Diagonale

Bei einem kleinen Rahmen können Sie die Winkelgenauigkeit mit Hilfe eines Anschlagwinkels an den Ecken überprüfen. Für größere Rahmen sollten Sie aber die Diagonalen ausmessen. Stellen Sie sich aus dünnem Holz zwei Leisten her, die Sie am einen Ende spitz zuhobeln. Halten Sie die Leisten Rücken an Rücken aneinander und verschieben Sie sie, bis die Spitzen in die gegenüberliegenden Ecken des Rahmens anschlagen.

3 Überprüfen der Winkelgenauigkeit

Halten Sie die Leisten fest zusammen und nehmen Sie sie aus dem Rahmen, um zu prüfen, ob sie genau in die andere Diagonale passen. Sind die Diagonalen unterschiedlich lang, lösen Sie die Spannbacken und versetzen Sie sie etwas, um den Rahmen in den rechten Winkel zu schieben.

Oberflächen-
behandlung

Löcher und Risse ausfüllen

Kein Schreiner verwendet gern Holz mit offensichtlichen Fehlern wie Hirnrissen oder Spalten. Es lässt sich jedoch kaum vermeiden, dass in einer Partie Holz kleinere Risse oder Spuren von Holzschädlingen vorhanden sind. Sie können bei der Holzauswahl noch so sorgfältig vorgehen und werden dennoch vor der Behandlung mit einem Oberflächenmittel einige Risse und Löcher ausbessern müssen. Sie haben dabei die Auswahl zwischen verschiedenen Materialien und Methoden, die sich nach der Größe des Risses bzw. des Lochs und dem zu verwendenden Oberflächenmittel richten.

Zellulosefüller für Anstriche
Sie können fertigen oder selbst gemachten Holzkitt verwenden, um Holz für den Anstrich vorzubereiten. Kleinere Fehler können Sie auch mit einem ganz normalen Zellulosefüller auskitten. Zellulosefüller gibt es verarbeitungsfertig in Tuben oder als Pulver zum Anrühren mit Wasser. Er wird genau wie Holzkitt aufgetragen und abgeschliffen.

Holzkitt
Aus Sägemehl und Leim hergestellter Holzfüller wird auch heute noch verwendet. Die meisten Schreiner bevorzugen jedoch fertigen Holzkitt zum Füllen von Rissen und Kerben. Holzkitt ist eine feste Paste, die auf verschiedene Hölzer farblich abgestimmt und in kleinen Dosen oder Tuben erhältlich ist.
Holzkitt ist in der Regel eine Einkomponenten-Paste, die für Arbeiten im Innen- und Außenbereich geeignet ist. Nach dem Härten können die ausgebesserten Stellen wie das umliegende Holz gehobelt und geschliffen werden. Die Paste bleibt leicht elastisch, so dass sie sich dem „arbeitenden" Holz anpasst.
Zweikomponenten-Kitt, der hauptsächlich für größere Ausbesserungsarbeiten verwendet wird, bindet noch härter ab als normale Paste. Sie sollten nicht zu viel verwenden, da sonst dieser Kitt das Abschleifen der Fläche recht mühsam werden lassen kann. Verwenden Sie Zweikomponenten-Kitt zum Ausbessern von Kanten oder Ecken.

Eingetrockneter Holzkitt
Damit Holzkitt nicht eintrocknet, sollten Sie den Verschluss der Tube oder Dose sofort wieder aufschrauben, nachdem Sie den Kitt entnommen haben. Wenn Holzkitt auf Wasserbasis zu fest geworden ist, stellen Sie die Dose in warmes Wasser oder auf die Heizung, damit der Kitt wieder weich wird.

Eigenen Holzkitt herstellen
Um eigenen Holzkitt herzustellen, sammeln Sie das Sägemehl oder die Holzpartikel, die beim Abschleifen anfallen. Mischen Sie eine größere Menge davon mit etwas PVAC-Leim zu einer dicken Paste. Bei zu großem Leimanteil nimmt die Füllung Beize und Politur nicht an, so dass die ausgebesserte Stelle sichtbar bleibt. Statt des Leims können Sie das Sägemehl auch mit dem Oberflächenmittel mischen, mit dem Sie das Holz behandeln. Falls die Farbabstimmung problematisch ist, geben Sie ein, zwei Tropfen Beize oder etwas Farbpigmentpulver zu.

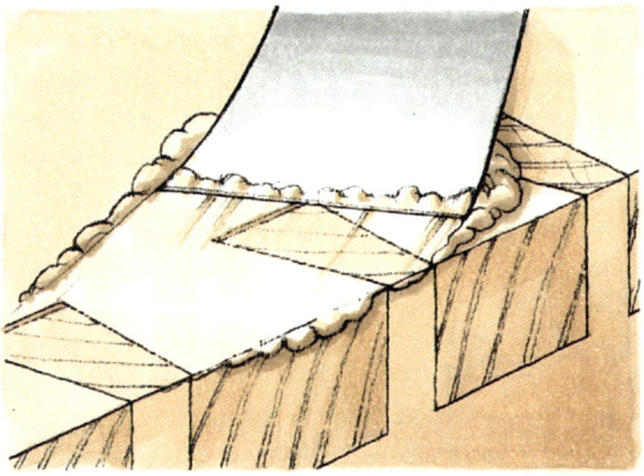

Verbindungen kaschieren
Ausgefüllte Brüstungslinien lassen sich kaum völlig abdecken. Auseinander klaffende Verbindungsstellen mit sichtbarem Hirnholz können jedoch mit einem selbst gemischten Füller gut kaschiert werden.

Das Auskitten

Das Holz muss sauber und trocken sein. Drücken Sie den Holzkitt mit einem biegsamen Spachtel in das Loch. Lassen Sie den Kitt etwas überstehen, so dass Sie die Stelle nach dem Härten bündig zur Holzfläche abschleifen können. Füllen Sie den Riss, indem Sie den Spachtel quer darüber ziehen. Ziehen Sie den Spachtel dann längs über den Riss, um den Kitt zu glätten. Füllen Sie tiefere Löcher in mehreren Schritten und lassen Sie den Kitt zwischendurch aushärten.

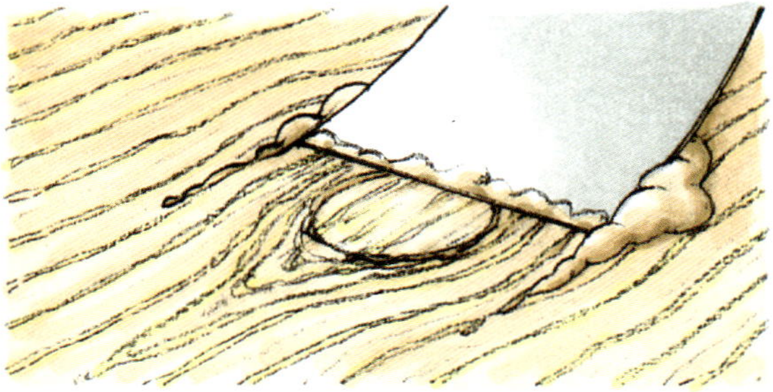

Größere Löcher füllen

Füllen Sie Astlöcher mit Massivholz aus. Wenn der Leim abgebunden hat, füllen Sie bestehende Löcher mit Kitt aus.

Kitt färben

Um die Farbe Ihres Werkstücks exakt zu treffen, fertigen Sie sich ein Probestück aus demselben Holz an. Behandeln Sie dazu ein Reststück desselben Holzes, das Sie später verwenden möchten, mit Beize und tragen Sie das Oberflächenmittel auf. Wählen Sie einen Kitt im hellsten Farbton des Holzes und tönen sie ihn mit passender Holzfarbe tropfenweise auf einer Keramikplatte ab. Mischen Sie die Farbe mit einem Spachtel unter den Kitt. Die Farbe sollte etwas dunkler sein als Ihr Probestück, da der Kitt im Trockenzustand etwas heller wird.
Sie können dem Kitt auch Farbpigmentpulver untermischen. Wird der Kitt zu fest, geben Sie einen Tropfen des entsprechenden Lösungsmittels dazu.

Wachs- und Schellackstangen

Schellackstangen sind in verschiedenen Farben erhältlich. Sie werden geschmolzen und zum Füllen von Löchern im Holz oder zum Aufbau gebrochener Profile verwendet. Schellack kann als Kitt verwendet und mit den meisten Oberflächenmitteln behandelt werden. Säurehärtender Lack härtet jedoch manchmal auf Schellack nicht richtig aus.
Kittstangen aus Karnaubawachs, vermischt mit Farbpigmenten und Harzen, werden dazu benutzt, kleine Wurmlöcher auszufüllen. Ein Wachsfüller kann zwar auch auf rohem Holz verwendet werden, das mit Wachs- oder Schellackpolitur behandelt werden soll. Es ist jedoch besser zu warten, bis das Holz fertig behandelt wurde, und die Löcher erst dann auszufüllen.
Wachsstangen gibt es in vielen Farben. Falls es nötig ist, schneiden Sie verschiedenfarbige Stücke zu und verschmelzen Sie sie, um eine passende Farbe zu erhalten.

Mit Schellack auskitten

Bringen Sie den Schellack zum Schmelzen und lassen Sie ihn auf die zu behandelnde Stelle tropfen. Tauchen Sie die Spitze eines Stecheisens in kaltes Wasser und pressen Sie damit den noch weichen Schellack in das Loch oder den Riss. Wenn der Schellack hart ist, stechen Sie ihn mit einem Stecheisen bündig zur Oberfläche ab und schleifen mit einem feinen Schleifmittel nach.

Mit Wachsstangen auskitten

Schneiden Sie ein Stück Wachs ab und legen Sie es auf die Heizung, damit es weich wird. Drücken Sie das weiche Wachs mit einem Taschenmesser in die Löcher. Sobald das Wachs fest wird, schaben Sie die ausgebesserte Stelle bündig. Falten Sie ein Stück Schleifpapier und polieren Sie die Stelle mit der Rückseite des Papiers.

Schleifpapier

Vor dem Auftragen von Lack oder anderen klaren Anstrichen muss die Holzoberfläche so perfekt wie möglich vorbereitet werden. Normalerweise wird die Oberfläche dazu mit Schleifpapier glatt geschliffen, das in vielen Sorten auf dem Markt ist. Mit dem Schleifpapier wird nicht nur das Holz selbst geschliffen. Auch jede Schicht des Anstrichs wird leicht abgeschliffen, um Staub und andere Partikel zu entfernen, die sich beim Trocknen des Oberflächenmittels festgesetzt haben.
Als Trägermaterial für die Schleifkörner werden verschiedene Materialien verwendet. Dennoch wird generell von Schleifpapier gesprochen. Früher wurde Sand als Schleifmittel verwendet, heute sind die Schleifkörner häufig synthetisch. Schleifpapier wird zur Bearbeitung von Hand und mit Schleifmaschinen verwendet.

Schleifmittel
Es gibt eine Reihe verschiedener Arten von Schleifmitteln. Die Wahl des richtigen Schleifmittels richtet sich nach dem zu bearbeitenden Material und dem angemessenen Preis.

Zerkleinertes Glas ist relativ preiswert und wird in der Regel zum Abschleifen von Weichholz verwendet, das mit Farbe gestrichen werden soll. Verglichen mit anderen Schleifmitteln ist Glas relativ weich und nutzt sich schnell ab. Glaspapier ist leicht an seiner sandähnlichen Farbe zu erkennen.

Granat ist ein natürliches Mineral, das sich in relativ harte Körner mit scharfen Kanten zerstoßen lässt. Es hat den zusätzlichen Vorteil, dass die Körner häufig brechen, bevor sie stumpf werden. So ergeben sich immer neue Schnittkanten, und das Schleifmittel schärft sich sozusagen von selbst. Das rötlich braune Granatpapier wird zum Schleifen von Weich- und Hartholz verwendet.

Der Aufbau von modernem Schleifpapier
Schleifpapier für die Holzbearbeitung besteht aus unregelmäßigen, natürlichen oder synthetischen Schleifkörnern, die auf einen Bogen Papier oder Gewebe aufgeleimt werden. Der Abtrag eines Schleifmittels hängt von verschiedenen Faktoren ab: So spielen die Größe der Körner, die Schnitthaltigkeit des Materials und die Qualität des Bindemittels, das die Schleifkörner auf dem Trägermaterial hält, eine Rolle. Wichtig für den Abtrag ist auch, wie schnell sich das Schleifpapier mit Holzmehl und Harz zusetzt.

Aluminiumoxid wird für verschiedene Schleifprodukte zum manuellen und maschinellen Schleifen verwendet. Es ist in verschiedenen Farben erhältlich und eignet sich besonders gut zum Schleifen dichter Harthölzer.

Siliziumkarbid ist das härteste und teuerste Schleifmittel zur Holzbearbeitung. Es eignet sich hervorragend zum Schleifen von Hartholz, MDF und Spanplatten, wird jedoch hauptsächlich zum Zwischenschleifen von Lackanstrichen verwendet. Das dunkelgraue bis schwarze Nass-Trocken-Schleifpapier wird mit Wasser als Schmiermittel zum Glätten von Oberflächen verwendet. Ein hellgraues, selbstschmierendes Papier eignet sich zum Abschleifen von Oberflächenmitteln, die man mit Wasser zerstören würde.

1 Rollen mit Papier- oder Gewebeunterlage
Preiswert und ideal zum Schleifen gedrechselter Stuhl- und Tischbeine.

2 Geschlitztes Gewebe
Lässt sich in der Hand zusammendrücken und kann für Arbeiten auf der Drehbank verwendet werden.

3 Veloursstreifen
Fertige Streifen für Schleifklötze und Schleifmaschinen auf Veloursbasis.

Trägermaterial

Das Trägermaterial dient eigentlich nur dazu, das Schleifmittel zum Werkstück zu bringen. Dennoch kann die Art der Unterlage die Wirkung des Schleifmittels entscheidend beeinflussen.

Papier ist das preiswerteste Trägermaterial. Es ist in verschiedenen Stärken oder „Gewichten" erhältlich. Leichtes flexibles Papier eignet sich gut zum Schleifen von Hand. Papier mittleren Gewichts lässt sich jedoch besser um einen Schleifklotz wickeln. Für Schleifmaschinen wird dickeres Papier verwendet. Unterlagen aus Papier werden je nach Stärke oder Biegsamkeit von A (leichtestes) bis F klassifiziert.

Textilgewebe ist ein robustes und dennoch relativ flexibles Trägermaterial. Ein gutes Gewebe lässt sich falten ohne zu brechen und ohne Schleifmittel abzusplittern.

Nylonvlies mit eingebetteten Aluminiumoxid- oder Siliziumkarbidkörnern eignet sich ideal zum Abschleifen von Oberflächenmaterialien, Grundierungen und Lacken. Die offene Streuung verhindert das schnelle Zusetzen dieses Schleifmittels und das Vlies lässt sich unter fließendem Wasser auswaschen. Das Schleifmittel ist über die gesamte Stärke des Schleifvlieses verteilt, so dass bei der Abnutzung immer neue Schleifkörner freigelegt werden. Es gibt Schleifbänder, -rollen und -scheiben mit Vliesunterlage.
Nylonfaservlies wird häufig zum Entfernen alter Anstriche verwendet. Da es nicht rostet, eignet es sich auch ideal zum Auftragen von Produkten auf Wasserbasis. Schleifvlies können Sie auch auf Eichenholz verwenden, das bei einer Behandlung mit Stahlwolle zu Verfärbungen neigt. Polierballen ohne Schleifmittel eignen sich hervorragend zum Auftragen von Farbe, Öl und Wachspolitur.

Schaumstoff wird als zusätzliche Unterlage verwendet, wenn die Konturen einer Oberfläche mit gleichmäßigem Druck behandelt werden müssen. Im Handel ist Siliziumkarbid auf Papier erhältlich, das auf dünne Schwämme geklebt ist und zum Abschleifen lackierter Profile oder gedrechselter Stuhl- und Tischbeine verwendet wird.

4 Schleifkissen
Flexible Schleifkissen passen sich den Konturen des Werkstücks an.

5 Schleifvlies
Nylonfasern mit eingebetteten Schleifkörnern.

6 Schleifbögen in Standardgrößen
280 x 230 mm große Schleifpapier- oder Gewebebögen.

7 Flexible Schaumstoffbögen
Ideal zum Abschleifen von Profilen.

Bindemittel

Das Bindemittel, das zum Verkleben der Schleifkörner auf dem Trägermaterial verwendet wird, ist äußerst wichtig. Es sorgt dafür, dass die Schleifkörner sich nicht vom Trä-

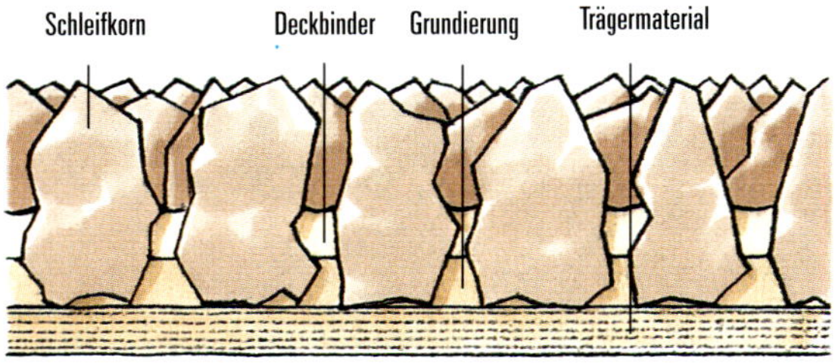

germaterial lösen, und beeinflusst die Eigenschaften des Schleifpapiers.
Die Schleifkörner werden elektrostatisch in die erste Bindemittelschicht, die Grundierung, eingebettet. Sie stehen dabei senkrecht zur Unterlage, so dass die scharfen Schneidkanten der Körner nach oben gerichtet sind. Eine zweite Bindemittelschicht, der Deckbinder, wird auf den Schleifbelag gesprüht, um den Schleifkörnern seitlichen Halt zu bieten.
Hautleim, der durch die beim Schleifen entstehende Wärmeentwicklung weich wird, wird für flexible Papiere verwendet. Kunstharz dagegen ist wärmebeständig und ideal zum Schleifen mit der Maschine. Da Kunstharz darüber hinaus wasserfest ist, wird es auch für Nass-Trocken-Schleifpapiere verwendet. Mit einer Kombination aus verschiedenen Bindemitteln lassen sich die Eigenschaften von Schleifpapier beeinflussen. Harz auf Leim beispielsweise ergibt ein relativ wärmebeständiges Papier, das flexibler ist als die Kombination Harz auf Harz.

Zusätze

Eine dritte Schicht aus Stearat, einem Seifenpulver, setzt sich in die Zwischenräume zwischen den Schleifkörnern. Man erhält eine feinere Oberfläche und verhindert das schnelle Zusetzen des Papiers mit Holzmehl. Stearate und andere chemische Zusätze dienen als trockenes Schmiermittel für Schleifpapiere, die zum Abschleifen von harten Oberflächenmitteln verwendet werden.
Antistatische Zusätze im Deckbinder reduzieren das Zusetzen und erhöhen die Wirkung von Staubabsauggeräten. So setzt sich weniger Staub auf dem Werkstück, den umliegenden Flächen und den Schleifmaschinen ab. Dies ist ein entscheidender Vorteil, wenn Sie ein Werkstück im selben Raum abschleifen und lackieren müssen.

Schleifmittel lagern

Schlagen Sie Schleifpapier in Plastik ein, um es vor Feuchtigkeit zu schützen. Lagern Sie die Bögen flach und so, dass die Schleifbeläge nicht aufeinander liegen.

Schleifpapierkörnungen

Schleifpapiere werden nach der Korngröße eingestuft. Ganz allgemein teil man sie in Papier mit sehr grober, grober, mittlerer, feiner oder sehr feiner Körnung ein. Diese Einteilung reicht in der Regel aus. Wenn Sie jedoch bestimmte Körnungen in einer festgelegten Reihenfolge verwenden möchten, können Sie sich an der Unterteilung in Zahlen orientieren. Es gibt verschiedene Systeme der Klassifizierung, die sich nicht direkt vergleichen lassen. In der Regel gilt jedoch: je höher die Nummer, desto feiner ist die Körnung.

Schleifpapierkörnungen		
Sehr grob	50	1
	60	½
Grob	80	0
	100	2/0
Mittel	120	3/0
	150	4/0
	180	5/0
Fein	220	6/0
	240	7/0
	280	8/0
Sehr fein	320	9/0
	360	-
	400	-
	500	-
	600	-

Offene oder geschlossene Streuung

Schleifpapiere werden außerdem nach offener und geschlossener Streuung eingeteilt. Bei einem Schleifpapier mit geschlossener Streuung liegen die Schleifkörner dicht aneinander. Es schleift relativ schnell, da es sehr viele Schneidkanten hat. Bei Papieren mit offener Streuung liegen die Körner weit auseinander. Das Papier setzt sich nicht so schnell zu und wird daher für harzhaltiges Weichholz verwendet.

Der Handschliff

Die meisten Schreiner verwenden zum Vorbereiten einer Oberfläche zunächst eine Schleifmaschine. In der Regel muss man jedoch von Hand nachschleifen, insbesondere bei Profilen. Sie können natürlich auch das gesamte Werkstück von Hand abschleifen, es dauert nur länger.
Schleifen Sie immer parallel zum Faserverlauf und gehen Sie vom gröberen zum feineren Schleifpapier über. So beseitigt jeder Schleifgang die Kratzer des vorigen. Wenn Sie quer zur Faser schleifen, entstehen Kratzer, die sich nur schwer beseitigen lassen.
Es ist einfacher, die einzelnen Teile vor dem Zusammenbauen zu schleifen. Achten Sie jedoch darauf, dass Sie die Brüstungen einer Verbindung nicht abrunden oder zu viel Holz abtragen. Sonst kann die Verbindung zu locker werden. Bei der Bearbeitung alter Möbelstücke ist es oft schwierig, in die Ecken zu gelangen und bei Eckverbindungen nicht quer zur Faser zu schleifen.

Flächen schleifen

Stellen Sie sich seitlich an die Werkbank, so dass Sie mit dem Schleifklotz in geraden Zügen und mit der Faser über das Holz fahren können. Wenn Sie mit dem Arm einen Bogen machen, führt das meist zu Kratzern quer zur Faser. Schleifen Sie die gesamte Fläche gleichmäßig und halten Sie den Schleifklotz dabei immer flach auf dem Holz. Achten Sie besonders auf die Kanten, damit Sie sie nicht abrunden.

Hirnholz schleifen

Fahren Sie vor dem Schleifen mit den Fingern über das Hirnholz. Meist fühlt es sich in einer Richtung glatter an. Schleifen Sie in die glattere Richtung, um eine bessere Oberfläche zu erhalten.

Schleifklötze

Eine ebene Fläche lässt sich sehr viel einfacher schleifen, wenn Sie ein Stück Schleifpapier um einen Schleifklotz legen. Einen solchen Klotz können Sie selbst anfertigen, indem Sie ein Stück Holz nehmen und Kork an die Unterseite kleben. Dies lohnt sich jedoch kaum, da fertige Schleifklötze sehr günstig im Handel erhältlich sind. Die meisten Schleifklötze werden mit einem Stück Schleifpapier umwickelt. Es gibt jedoch auch Schleifklötze, für die es schon fertig zugeschnittene, selbstklebende oder veloursbeschichtete Schleifpapierstreifen gibt. Diese werden, wenn sie abgenutzt sind, einfach abgezogen. Doppelseitige Klötze bestehen aus festem Kunststoffschaum für ebene Flächen und einer weicheren Seite für Profile.

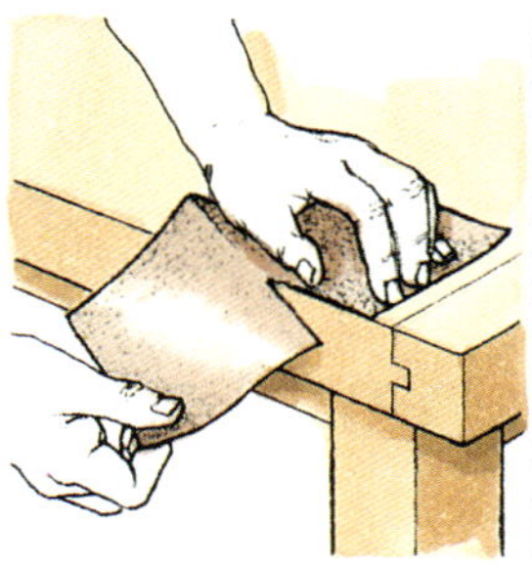

Schleifpapier reißen

Falten Sie einen Bogen Schleifpapier über die Kante einer Werkbank und reißen Sie die Streifen für Ihren Schleifklotz ab. Wickeln Sie das Papier um die Sohle des Klotzes und halten Sie die Seiten mit Daumen und Zeigefinger.

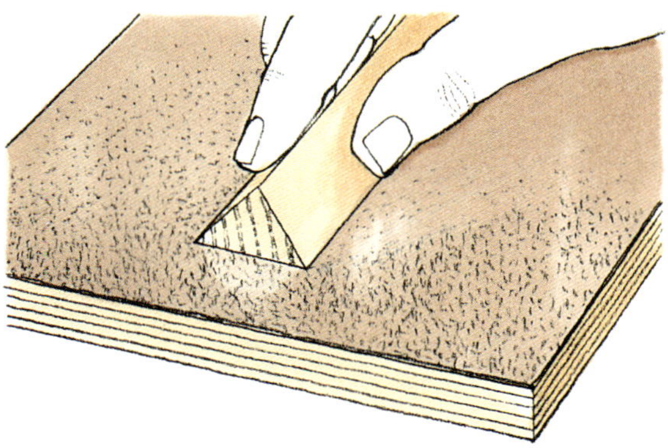

Kleine Teile schleifen

Es ist meist nicht möglich, kleine Teile einzuspannen und abzuschleifen. Kleben Sie statt dessen ein Stück Schleifpapier auf ein flaches Brett und führen Sie das Werkstück darüber.

Kanten schleifen

Beim Schleifen schmaler Brettseiten ist es sehr schwierig, die Kanten nicht abzurunden. Um den Schleifklotz eben zu halten, spannen Sie das Werkstück hochkant ein, halten den Schleifklotz an beiden Seiten fest und lassen Ihre Fingerspitzen an beiden Seiten des Werkstücks entlang fahren, während Sie den Schleifklotz vor- und zurückbewegen. Zuletzt fahren Sie mit dem Klotz leicht an der Ecke entlang, um den Grat zu entfernen.

Einen Kantenschleifklotz herstellen

Besonders wichtig ist das exakte Schleifen von Kanten bei Brettern mit Kantenfurnier. Um einen Kantenschleifklotz herzustellen, schrauben Sie zwei Holzklötze zusammen, wobei Sie zwei Stücke Schleifpapier dazwischen legen. Falten Sie das eine Stück Schleifpapier nach unten, damit es einen rechten Winkel bildet. Fahren Sie mit dem Klotz an der Kante des Werkstücks entlang und schleifen Sie dabei beide Seiten gleichzeitig.

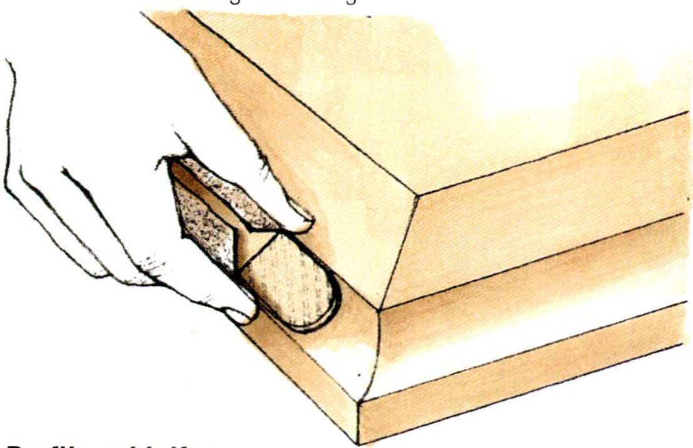

Profile schleifen

Legen Sie das Schleifpapier um einen Profilklotz oder einen Holzdübel, wenn Sie Profile schleifen möchten. Sie können auch Schleifpapier mit Schaumstoffträger oder ein Schleifvlies verwenden.

Schleifreihenfolge

Jeder Schreiner hat seine individuellen Abläufe bei der Vorbereitung eines Werkstücks für die Oberflächenbehandlung. Deshalb sollen folgende Vorschläge nur Anhaltspunkte dafür sein, mit welcher Körnung Sie die besten Resultate erzielen. Wahrscheinlich müssen Sie etwas probieren und die Abfolge bei verschiedenen Hölzern ändern. Eine sehr feine Körnung kann bei Hartholz mit feinen Jahresringen blank polierte Stellen hinterlassen, die den Farbauftrag schwierig machen.

Beginnen Sie mit einem Aluminiumoxid- oder Granat-Schleifpapier der Körnung 120, gehen Sie dann zu Körnung 180 über, bis die Oberfläche sich glatt anfühlt und keine Werkzeugspuren oder ähnliche Fehler mehr zu erkennen sind. Gröberes Schleifpapier der Körnung 80 bis 100 benötigen Sie nur, wenn das Holz noch nicht richtig glatt gehobelt ist.

Entfernen Sie das Holzmehl zwischen den Schliffen mit einem Hafttuch, d.h. einem leicht klebrigen Vlies. Wenn Sie das Werkstück nicht sauber halten, können Schleifpartikel aus dem letzten Schliff beim nächsten Durchgang tiefe Kratzer hinterlassen.

Schleifen Sie zum Schluss einmal kurz mit Körnung 220. Fahren Sie dann mit einem feuchten Tuch über die Oberfläche und warten Sie 10 – 20 Minuten, bis die kleinen Fasern durch die Feuchtigkeit aufquellen und sich aufrichten. Fahren Sie dann mit einem Schleifpapier der Körnung 220 über diese Holzfasern, um eine glatte Oberfläche zu erhalten. Das Aufrichten und Abschleifen der Holzfasern ist besonders wichtig, wenn Sie das Holz mit Oberflächenmitteln auf Wasserbasis behandeln.

Wenn Sie meinen, dass das Werkstück eine noch feinere Oberfläche benötigt, richten Sie die Holzfasern noch einmal auf und fahren leicht mit Schleifpapier der Körnung 320 oder einem Schleifvlies darüber.

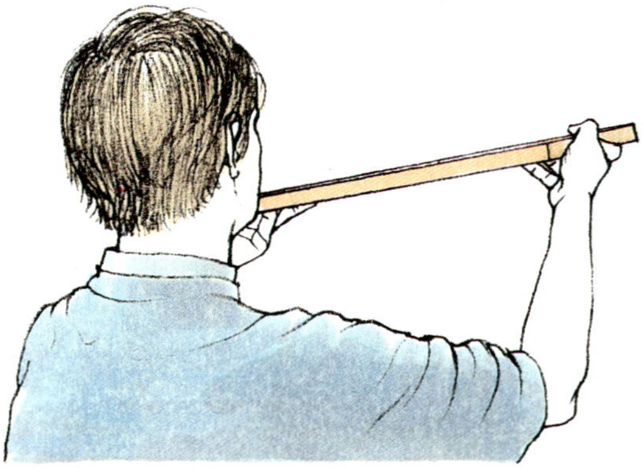

Überprüfen einer geschliffenen Oberfläche

Halten Sie das Werkstück in einem flachen Winkel gegen das Licht und prüfen Sie, ob die Oberfläche gleichmäßig geschliffen ist und keine Kratzer mehr sichtbar sind.

Schleifmaschinen

Handschleifmaschinen erleichtern das Schleifen von Holzoberflächen sehr. Doch selbst Schwingschleifer für Feinstschliffe hinterlassen winzige Kratzer, die erst nach dem ersten Anstrich sichtbar werden. Um dem vorzubeugen, richten Sie die Holzfasern auf, indem Sie nach dem Maschinenschliff mit einem feuchten Lappen über das Holz fahren und dann die Oberfläche mit einem feinen Schleifpapier oder einem Schleifvlies von Hand bearbeiten.

Bandschleifer

Bandschleifer

Der Bandschleifer ist eine schwere Schleifmaschine, mit der Sie selbst Rauware glätten können. Da sie sehr schnell viel Holz abträgt, muss sie sehr genau geführt werden, um nicht die Kanten des Werkstücks abzurunden oder dünnes Furnier durchzuschleifen. Spezielle Schleifrahmen verhindern, dass die Maschine kippt, insbesondere, wenn Sie sich der Kante einer Platte nähern. Ein Bandschleifer erzeugt jede Menge Holzmehl, Sie sollten daher einen Staubsack verwenden.

Handhabung eines Bandschleifers

Bandschleifer eignen sich kaum für feinere Arbeiten, sind jedoch zum Schleifen großer Holzflächen oder Holzwerkstoffplatten sehr nützlich. Schalten Sie die Maschine ein und setzen Sie sie vorsichtig auf das Werkstück. Sobald die Schleiffläche die Oberfläche berührt, schieben Sie den Bandschleifer vorwärts. Wenn Sie mit der laufenden Maschine auf einer Stelle stehen bleiben, wird die Oberfläche beschädigt. Schleifen Sie in Faserrichtung, mit parallelen, sich überlappenden Zügen. Heben Sie den Schleifer vom Werkstück ab, bevor Sie ihn ausschalten.

Schleifbänder

Papier- oder Gewebeschleifbänder für Bandschleifer sind zwischen 60 und 100 mm breit. Sie laufen straff gespannt über zwei Rollen. Die vordere Rolle ist verstellbar, um die Spannung und den Geradelauf des Schleifbands zu regulieren. Die Spannung wird mit einem Hebel an der Seite der Maschine gelöst, um das Schleifband auszutauschen. Lassen Sie die Maschine mit dem neuen Schleifband laufen und justieren Sie die Lenkrolle mit dem Regelknopf so, dass das Band genau mittig über die Rollen und die Auflageplatte läuft.

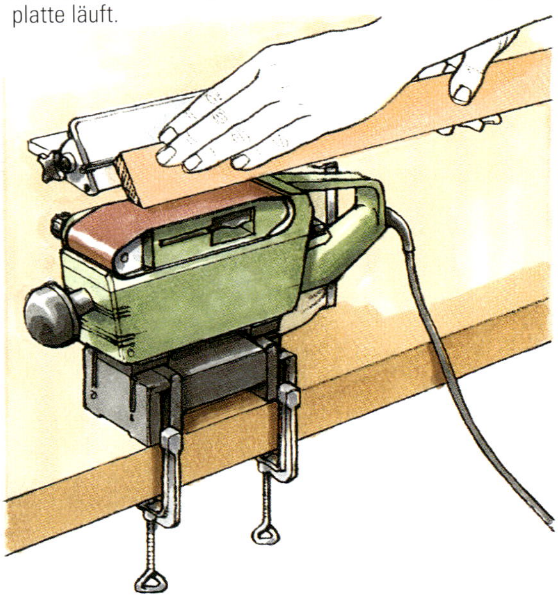

Stationäre Schleifeinrichtung

Mit Hilfe einer speziellen Spanneinrichtung lässt sich ein Bandschleifer umgekehrt in eine Werkbank einspannen. Sie können nun kleinere Teile abschleifen, indem Sie sie an das laufende Band halten. Sie können einen Anschlag zu Hilfe nehmen, um das Werkstück zu führen, und Sie können an der hinteren Rolle auch formgebend schleifen.

Schwingschleifer

Wenn Sie mehrere Schleifdurchgänge mit immer feiner werdendem Schleifpapier machen und die Holzfasern vor dem letzten Schliff aufrichten, erhalten Sie mit einem Schwingschleifer eine perfekte Oberfläche für die weitere Oberflächenbehandlung. Bevor Sie ein klares Oberflächenmittel auftragen, sollten Sie dennoch überprüfen, ob auf der Oberfläche Schleifkringel zu sehen sind, die durch die Schleifbewegungen der Maschine hervorgerufen wurden. Manche Maschinen lassen sich auf einen geradlinigen Hin-und-her-Hub umschalten, um so sichtbare Kratzer zu entfernen.

Schwingschleifer

Einhandschleifer

Schleifpapier lochen

Fertige Schleifpapierbögen sind sehr einfach einzusetzen. Wenn Sie Geld sparen möchten, können Sie aber auch normale Streifen- oder Rollenware selbst lochen. Mit einem weichen Bleistift und weißem Papier pausen Sie die Löcher in der Schleifplatte Ihrer Schleifmaschine ab. Das Blatt dient dann als Vorlage für passende Löcher, die Sie in ein Stück MDF bohren. In diese Löcher setzen Sie kurze spitze Dübel ein.
Spannen Sie ein Stück Schleifpapier auf die Schleifplatte und drücken Sie Ihre Schleifmaschine auf den Locher, um das Schleifpapier zu perforieren.

Einhandschleifer

Die meisten Schwingschleifer sind für eine beidhändige Führung ausgelegt. Es gibt jedoch auch leichte Einhandschleifer.

Schleifpapierbögen

Man kann für Schwingschleifer fertig beschnittene Schleifpapierstreifen kaufen. Deren Größe steht in einem bestimmten Verhältnis zu den handelsüblichen Schleifpapierbögen für den Handschliff. Sie werden als Viertel-, Drittel- oder halbe Bögen angegeben. Die Schleifpapierbögen werden um die Schleifplatte gelegt und auf beiden Seiten der Maschine mit Hilfe eines Spannbügels eingespannt. Andere Modelle verwenden selbstklebende Schleifpapierbögen oder Bögen mit einer Rückseite aus Velours, die leichter zu wechseln sind.
Um Ihre Gesundheit zu schützen und dem schnellen Zusetzen des Schleifpapiers entgegenzuwirken, sollten Sie eine Schleifmaschine mit einer Absaugvorrichtung verwenden. Solche Modelle verfügen über Absaugkanäle in der Schleifplatte, und das Schleifpapier ist entsprechend perforiert, so dass der Schleifstaub direkt unter der Schleifmaschine in einen Staubsack oder einen Staubsauger abgesaugt wird (siehe S. 106).

Handhabung eines Schwingschleifers

Ein Schwingschleifer darf nicht mit zu viel Druck über das Werkstück geschoben werden. Durch hohen Druck entsteht zu viel Wärme, und der Holzstaub und das Harz setzen das Schleifpapier zu. Wenn Sie bei längerem Schleifen kleine Stiche in Ihren Fingern fühlen, drücken Sie zu sehr auf. Schieben Sie den Schwingschleifer mit der Faser in parallelen, sich überlappenden Bahnen so gleichmäßig wie möglich vor und zurück. Bei einem Schwingschleifer mit einstellbarer Geschwindigkeit wählen Sie bei gröberem Schleifpapier die geringste Geschwindigkeit. Erhöhen Sie sie jeweils, wenn Sie zu feinerem Schleifpapier übergehen.

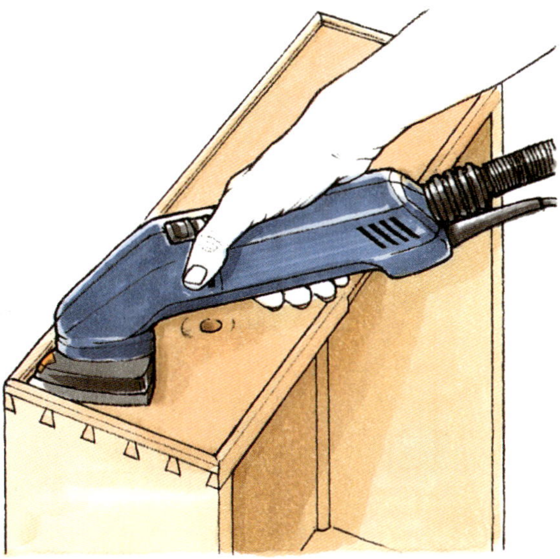

In Ecken schleifen

Mit einem guten Schwingschleifer können Sie problemlos auch in rechte Winkel und bis an die Enden von Leisten oder Platten schleifen. Bei sehr engen Ecken und Gehrungen quer zur Faser sollten Sie einen Dreiecksschleifer verwenden.

Akkuschleifer

Akkuschleifer haben offensichtliche Vorteile, da sich z. B. kein Kabel am Werkstück verfangen kann und Sie auch im Freien schleifen können, wenn kein Netzanschluss verfügbar ist. Jedoch bieten nur wenige Hersteller Akkuschleifer an.

Exzenterschleifer

Der Exzenterschleifer hinterlässt auf Grund exzentrischer Kreisbewegungen praktisch keine Schleifspuren. Auf die runde Schleifplatte werden Schleifscheiben gespannt. Sie gibt es mit Klettverbindung und selbstklebend sowie mit Löchern für die Staubabsaugung. Einige Modelle können sich konkaven und konvexen Flächen anpassen, andere haben auswechselbare Schleifplatten, so dass Sie zur Bearbeitung großer Bretter oder Platten die Schleiffläche vergrößern können. Sie können mit dem Exzenterschleifer allerdings nicht in Ecken schleifen.

Scheibenschleifer
Mit Ausnahme von stationären Scheibenschleifern verwenden Schreiner einen Scheibenschleifer eher selten, da dieser tiefe Riefen auf der Oberfläche hinterlassen kann. Drechsler machen sich jedoch die gegenläufige Drehbewegung des Scheibenschleifers und der Drehbank zunutze und schleifen damit Schalen und Platten.

Schlauchwellenschleifer und Schleifscheiben
Schaumstoffplatten mit einem Durchmesser von 25–75 mm, die auf eine Welle montiert sind, lassen sich in eine elektrische Bohrmaschine oder, noch besser, in einen Schlauchwellenschleifer einspannen. Für die Platten gibt es passende Veloursschleifscheiben oder selbstklebende Schleifscheiben mit Papier oder Gewebeträger.

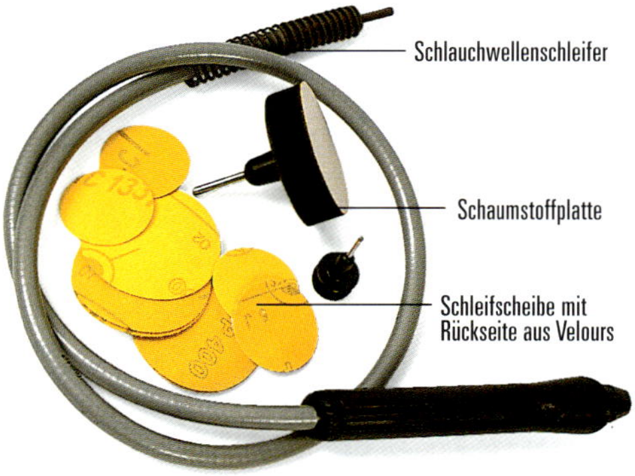

Vorteile für Drechsler
Miniaturscheibenschleifer eignen sich gut für komplizierte Arbeiten beim Schnitzen oder beim Modellbau. Besonders für Drechsler sind sie interessant, da sich die kleinen Schaumstoffplatten den ungleichmäßigen Formen von Schalen oder Leuchtern gut anpassen. Sie garantieren einen gleichmäßigen Druck ohne zu große Wärmeentwicklung. Ein zusätzlicher Vorteil dieser Schleifer ist, dass sowohl die Schleifscheibe als auch das in der Drehbank eingespannte Werkstück rotieren.

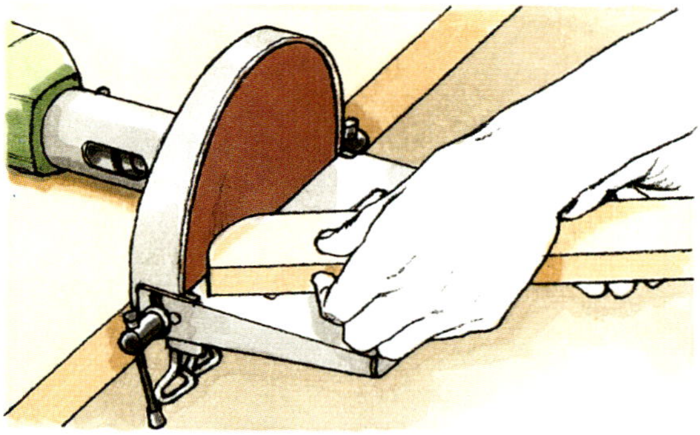

Tellerschleifer
Ein stationärer Schleifer mit einem großen Teller, der auf eine Werkbank gespannt ist, eignet sich ideal zum Schleifen von Hirnholz. Sie können ihn auch zur Formgebung verwenden. Halten Sie das Werkstück in Bewegung und drücken Sie das Hirnholz leicht gegen die sich abwärts drehende Seite des Tellers. Durch zu hohen Druck wird das Werkstück beschädigt.

Schutz vor Schleifstaub

Schleifmaschinen sind nicht besonders gefährlich, wenn Sie vorsichtig damit umgehen. Der beim Schleifen entstehende Staub kann jedoch sehr gesundheitsschädlich sein und sich darüber hinaus leicht entzünden.

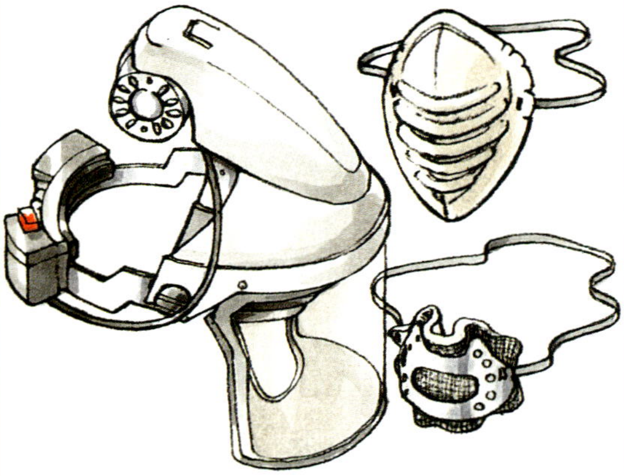

Staub- und Atemschutzmasken
In jedem Fall sollten Sie beim Schleifen eine Staubmaske tragen, die Ihre Nase und Ihren Mund bedeckt. Preiswerte Wegwerfmasken gibt es in jedem Werkzeuggeschäft.
Eine batteriebetriebene Atemschutzmaske, die in einen leichten Helm integriert ist, bietet optimalen Schutz. Bei diesen Masken wird gefilterte Luft hinter die durchsichtige Scheibe geblasen, so dass Sie keine staubhaltige Luft einatmen.

Staubabsaugung
Gute Schleifmaschinen verfügen über einen Absauganschluss, der den Staub in einen Staubsack transportiert. Noch wirksamer sind Industriestaubsauger, die an die Schleifmaschine angeschlossen werden können und den Staub direkt unter der Schleifmaschine absaugen. Manche Maschinen schalten sich automatisch ein, wenn die Schleifmaschine eingeschaltet wird.

Holz schaben

Das Schleifen ist die gängigste Methode zum Glätten von Holz. Eine Ziehklinge, die statt Staub papierdünne Späne abschabt, hinterlässt jedoch eine noch feinere Oberfläche. Das trifft vor allem auf wild und unregelmäßig gemasertes Holz zu, das schwer zu hobeln ist.

Handhabung einer Ziehklinge

Halten Sie die Ziehklinge mit beiden Händen, neigen Sie sie leicht von sich weg und drücken Sie die Klinge nach vorn. Wenn Sie die Ziehklinge durchbiegen, indem Sie mit Ihren Daumen dicht an der Unterkante Druck ausüben, schneidet die Ziehklinge nur in einem kleinen Bereich. So können Sie auch kleine Holzfehler beseitigen.

Verputzen größerer Flächen

Um eine große Fläche zu verputzen, führen Sie die Ziehklinge zunächst leicht schräg in zwei Richtungen mit der Faser und zum Schluss parallel in Faserrichtung. Um kleine Stellen mit getrocknetem Leim oder Brandflecken zu beseitigen, gehen Sie ähnlich vor. So verhindern Sie tiefe Aushöhlungen.

Ziehklingen

Eine einfache Ziehklinge ist nichts anderes als ein rechteckiges Stück angelassenen Stahls. Für runde bzw. hohle Formen brauchen Sie eine Ziehklinge mit zwei runden Kanten. Mit der speziellen Schwanenhalsform können Sie eine ganze Reihe geschweifter Flächen und Kehlungen bearbeiten. Vor der Benutzung muss an einer Ziehklinge noch ein Grat angezogen werden.

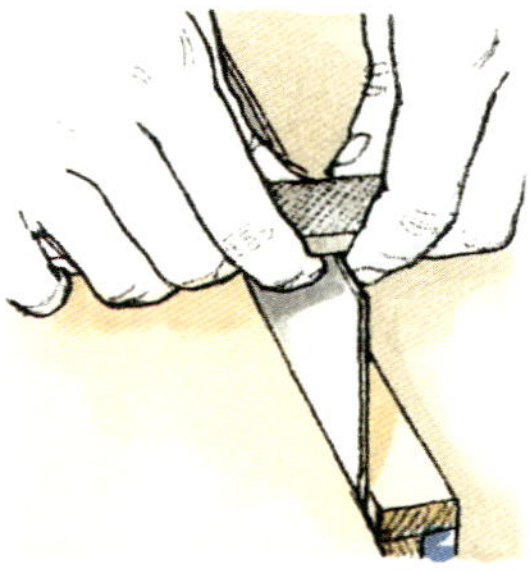

1 Eine Ziehklinge feilen

Spannen Sie die Ziehklinge in einen Schraubstock und feilen Sie mit einer feinen Flachfeile die Längskanten rechtwinklig. Dazu ziehen Sie die Feile mit Ihren Fingerspitzen als Anschlag genau waagrecht über die Klinge.

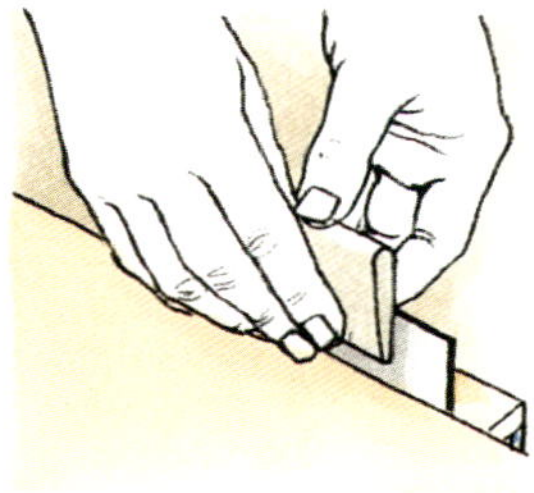

2 Die Ziehklinge abziehen

Das Feilen hinterlässt raue Kanten, die mit einem Ölstein abgezogen werden müssen. Halten Sie den Stein flach an die Seiten der Ziehklinge und fahren Sie damit an beiden Seiten der Schneiden entlang.

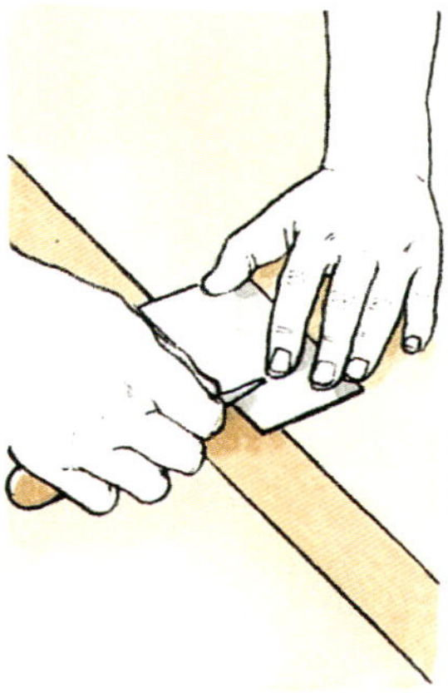

3 Den Grat anziehen

Streichen Sie mit einem Ziehklingenstahl über beide Schneidkanten der Ziehklinge. Wenn Sie nicht das passende Werkzeug zur Verfügung haben, können Sie die runde Rückseite eines Hohlbeitels verwenden. Legen Sie die Ziehklinge auf die Hobelbank dicht an die Kante und streichen Sie vier- oder fünfmal unter Druck flach über die Klinge. Ziehen Sie den Ziehklingenstahl dabei zu sich hin.

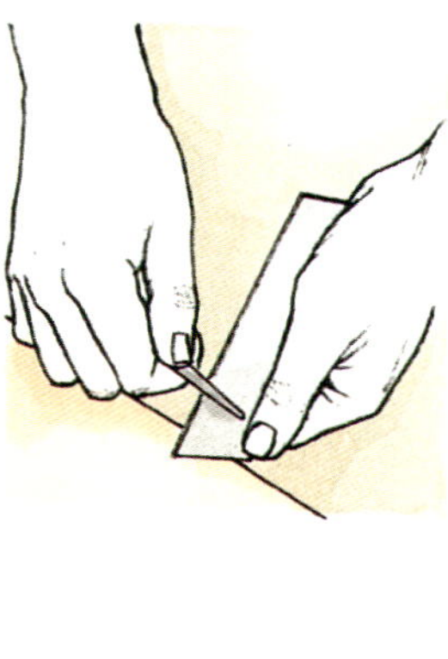

4 Den Grat umbiegen

Damit die Ziehklinge richtig schabt, muss der Grat rechtwinklig angezogen werden. Streichen Sie mit dem Ziehklingenstahl in einem Winkel von etwa 85° kräftig und in einem Zug zwei- oder dreimal über die Klingenkante.

Poren füllen

Bei grobporigen Holzarten, wie Eiche oder Esche, erhalten Sie mit einem seidenglänzenden Lack oder mit Öl eine schöne Oberfläche. Schellackpolitur und Glanzlack dringen jedoch in die Poren ein. Dies hat eine fleckige, getüpfelte Oberfläche zur Folge.
Die beste Methode ist es, das Oberflächenmittel in mehreren Schichten aufzutragen und diese fein zwischenzuschleifen, bis die Poren „zu" sind. Diese Art der Porenfüllung ist jedoch sehr langwierig, deshalb ziehen die meisten Schreiner es vor, einen Porenfüller zu verwenden. Die meisten Porenfüller sind dicke Pasten, die passend zu den verschiedenen Holzfarben eingefärbt sind. Wenn Sie keinen farblich ganz passenden Porenfüller finden, wählen Sie einen, der etwas dunkler ist als das zu bearbeitende Holz.

1 Porenfüller auftragen
Die Oberfläche muss völlig trocken und staubfrei sein. Tauchen Sie ein Stück grobes Sackleinen in den Porenfüller und reiben Sie ihn mit sich überlappenden kreisförmigen Bewegungen kräftig in das Holz.

2 Überschüssigen Porenfüller entfernen
Bevor die Paste völlig durchgetrocknet ist, wischen Sie überschüssigen Porenfüller mit sauberem Sackleinen vom Holz. Mit einem angespitzten Stäbchen können Sie Porenfüller aus Profilen oder Schnitzereien entfernen.

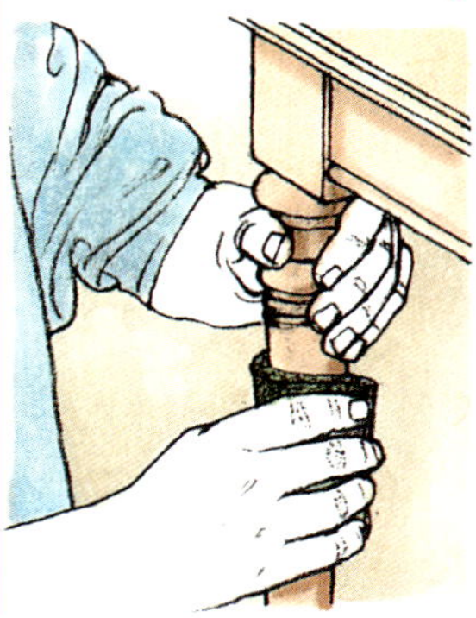

3 Abschleifen
Lassen Sie den aufgetragenen Porenfüller über Nacht durchtrocknen. Schleifen Sie mit selbstschmierendem Siliziumkarbid-Schleifpapier der Körnung 220 in Faserrichtung. Schleifen Sie Profile oder gedrechselte Teile mit einem Schleifvlies.

Gebeizte Holzflächen mit Porenfüller behandeln
Man kann geteilter Meinung darüber sein, ob es besser ist, die Holzporen vor dem Beizen zu füllen oder erst danach. Wenn Sie nach dem Porenfüllen beizen, kann eine ungleichmäßige Farbaufnahme zu Flecken führen. Wenn Sie die Holzporen nach dem Beizen füllen, schleifen Sie möglicherweise auf die Farbe durch. Am besten versiegelt man das gebeizte Holz mit Schleifgrund oder zwei Schichten klarem Schellack und reibt erst dann den Porenfüller der passenden Farbe ein.

Schleifgrund

Das Versiegeln des Holzes mit Schleifgrund kann mehreren Zwecken dienen. Bei porigen Holzarten verhindert es das Versickern des Lacks. Darüber hinaus kann Schleifgrund als Grundierung für eine Schellackpolitur verwendet werden. Der wichtigste Vorteil liegt jedoch darin, dass Schleifgrund auf Schellackbasis eine hervorragende Schutzschicht bildet. Sie verhindert, dass Beize sich wieder auflöst, und versiegelt Stoffe, wie Silikonöl, die das Durchhärten des Deckanstrichs verhindern. Daher ist es häufig sinnvoll, alte abgeschliffene Möbel vor der erneuten Oberflächenbehandlung zu versiegeln. Da jedoch manche Lacke auf Schleifgrund nicht gut haften, sollten Sie die Hinweise des Herstellers beachten.

Schleifgrund auftragen
Schleifen Sie das Werkstück gründlich und wischen Sie den Staub mit einem Hafttuch ab. Tragen Sie den Schleifgrund mit einem Pinsel auf und lassen Sie ihn ein bis zwei Stunden trocknen. Schleifen Sie ihn mit feinem Schleifpapier oder feinster Stahlwolle ab, bevor Sie das gewählte Oberflächenmittel auftragen. Bei sehr grobporigem Holz müssen Sie eventuell eine zweite Schicht auftragen.

Holz bleichen

Holz wird oft gebleicht, um das Beizen zu umgehen. In diesem Fall sollte man eine milde Bleiche verwenden, wie etwa eine Oxalsäurelösung. Möglicherweise möchten Sie auch die Farbtiefe eines Werkstücks reduzieren, um es zu beizen und wie eine andere Holzart aussehen zu lassen, oder um mehrere Teile auf die gleiche Farbe zu beizen. Um die Holzfarbe drastisch zu verändern, brauchen Sie eine starke Zweikomponenten-Bleiche. Sie ist in der Regel als Set erhältlich, das aus zwei eindeutig beschrifteten Flaschen besteht. Eine davon enthält ein Alkaloid, die andere Wasserstoffperoxid. Die Flaschen sind jedoch immer klar mit A und B oder 1 und 2 beschriftet.

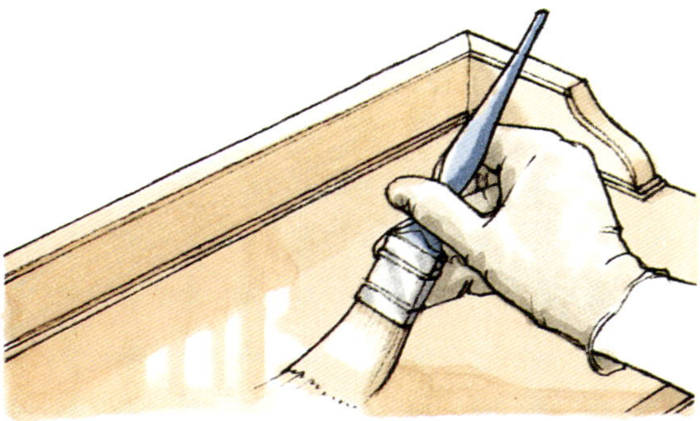

1 Lösung A auftragen
Gießen Sie etwas Flüssigkeit aus Flasche A in ein Glas oder ein Plastikgefäß und tragen Sie die Lösung gleichmäßig mit einem Pinsel mit weißen Borsten oder einem Nylonpinsel auf. Achten Sie darauf, dass Sie keine angrenzenden Flächen bespritzen. Wenn Sie eine vertikale Fläche behandeln, beginnen Sie unten, um Ablaufspuren zu vermeiden.

2 Lösung B auftragen
Etwa 5 – 10 Minuten später, während derer das Holz auch leicht nachdunkeln kann, nehmen Sie einen anderen Pinsel und tragen Sie die zweite Lösung auf. Die chemische Reaktion lässt die Lösungen auf der Holzoberfläche aufschäumen.

Die Wirkung der Bleiche prüfen
Da manche Holzarten sich leichter entfärben lassen als andere, lohnt es sich, die Bleiche an einem Probestück zu testen, bevor Sie das eigentliche Werkstück bearbeiten. In der Regel lassen sich Esche, Buche, Ulme und Ahorn leichter bleichen als Mahagoni, Palisander, Eiche und Padouk. Möglicherweise müssen Sie diese Holzarten ein zweites Mal bleichen, um den gewünschten Farbton zu erreichen.

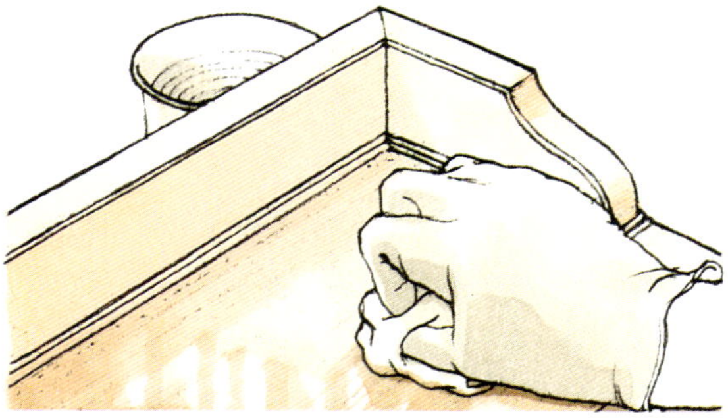

3 Die Bleiche neutralisieren
Nach dem Trocknen der Lösung oder wenn der gewünschte Bleichton erreicht ist, waschen Sie das Werkstück mit einem Neutralisationsmittel, etwa einer essigsauren Lösung aus einem Teelöffel weißem Essig auf etwa einen Liter Wasser, ab. Lassen Sie das Werkstück etwa drei Tage ruhen. Schleifen Sie dann die aufgerichteten Holzfasern ab und tragen Sie den gewünschten Anstrich auf.

Sicherheitsvorkehrungen

Holzbleichmittel sind gefährliche Chemikalien, mit denen Sie sehr sorgfältig umgehen sollten. Sie sollten dunkel und für Kinder unzugänglich aufbewahrt werden.

- Tragen Sie Gummihandschuhe, eine Schutzbrille und eine Schürze.
- Tragen Sie beim Schleifen von gebleichtem Holz eine Gesichtsschutzmaske.
- Sorgen Sie für gute Belüftung oder arbeiten Sie im Freien.
- Sorgen Sie dafür, dass Wasser bereitsteht, damit Sie sich sofort waschen können, falls Sie Bleichspritzer abbekommen sollten.
- Sollten Sie Bleiche ins Auge bekommen, spülen Sie es gut unter fließendem Wasser aus und wenden Sie sich an einen Arzt.
- Mischen Sie die zwei Lösungen nur auf dem Holz und tragen Sie sie immer mit zwei verschiedenen Pinseln auf. Entsorgen Sie übrig gebliebene Bleiche umweltgerecht.

Holz beizen

Eine Beize ist mit anderen Oberflächenmitteln wie Lack und Farbe nicht zu vergleichen. Farbe legt eine relativ dicke Pigmentschicht auf das Holz, die auch gleichzeitig als Schutzschicht dient. Ein Klarlack ist im Grunde dasselbe wie eine Holzfarbe, nur ohne Farbpigmente. Bei einer echten in das Holz eindringenden Beize werden die Farbpigmente von den Holzfasern aufgenommen. Diese Art der Oberflächenbehandlung bietet jedoch noch keinen Schutz, so dass ein gebeiztes Werkstück noch zusätzlich mit einem klaren Anstrich überzogen werden muss. Moderne Beizen enthalten durchscheinende Pigmente, die sich in die Holzporen setzen und die Maserung betonen. Ohne vorherige Versuche ist es jedoch schwierig festzustellen, welche Beize solche Pigmente enthält. Eine mehrfache Behandlung mit einer pigmenthaltigen Beize lässt das Holz allmählich dunkler erscheinen, während mehrere Schichten einer nichtpigmenthaltigen Beize kaum Auswirkungen auf die Farbe haben.

1 Lösungsmittelbeizen oder Ölbeizen
2 Acrylbeizen
3 Brennspiritus
4 Gebrauchsfertige Wasserbeizen
5 Testbenzin
6 Gebrauchsfertige Spiritusbeizen
7 Konzentrierte Wasserbeizen
8 Wasserbeizen in Pulverform

Lösungsmittelbeizen oder Ölbeizen

Die am meisten verbreiteten Beizen aus öllöslichen Farbstoffen werden mit Testbenzin verdünnt. Sie werden als Lösungsmittelbeizen oder Ölbeizen bezeichnet und sind leicht aufzutragen. Sie bewirken kein Aufrichten der Holzfasern und trocknen verhältnismäßig schnell. Ölbeizen sind in vielen Farben erhältlich, die auch für einen bestimmten Farbton gemischt werden können. Manche Lösungsmittelbeizen enthalten durchscheinende Pigmente, durch die sie nicht verblassen.

Spiritusbeizen

Die Spiritusbeizen bestehen aus in Brennspiritus gelösten Anilinfarben. Der größte Nachteil von Spiritusbeizen ist der, dass sie sehr schnell trocknen und es schwierig ist, Ansätze und Streifen zu vermeiden. Spiritusbeizen gibt es gebrauchsfertig oder in Pulverform. Das Farbpulver wird mit Brennspiritus angesetzt, dem etwas verdünnter Schellack als Bindemittel beigemischt werden kann.
Konzentrierte Beizen in Pulverform, die es nur in einigen starken Farbtönen gibt, werden hauptsächlich dazu verwendet, Schellackpolitur abzutönen.

Wasserbeizen

Wasserbeizen gibt es im Fachhandel gebrauchsfertig zu kaufen. Sie sind jedoch auch als Kristalle oder in Pulverform erhältlich. Sie können in heißem Wasser gelöst werden, so dass sich fast jeder Farbton herstellen lässt. Wasserbeizen dringen nur langsam ins Holz ein. Deshalb ist es einfach, eine gleichmäßige Verteilung der Farbe zu erreichen. Allerdings müssen Sie genügend Zeit einplanen, bis die Beize völlig trocken ist. Wasserbeizen bewirken ein Aufrichten der Holzfasern, so dass Sie das Holz vor dem Auftragen von Wasserbeizen befeuchten und die aufgerichteten Holzfasern abschleifen sollten.

Acrylbeizen

Wasserbeizen der neuesten Generation basieren auf Acrylharzen. Sie sind Emulsionen, die einen Farbfilm auf dem Holz hinterlassen. Sie bewirken ein geringeres Aufrichten der Holzfasern als die herkömmlichen Wasserbeizen und verblassen nicht so leicht. Acrylbeizen gibt es in den üblichen holzähnlichen Farben, aber auch in verschiedenen Pastelltönen. Die endgültige Farbe, die pastellfarbene Beizen auf dunklem Hartholz hinterlassen, ist jedoch schwer vorauszubestimmen. Acrylbeizen müssen bei Verwendung auf dichtem Hartholz um etwa 10 % verdünnt werden.

Verträglichkeit

Durch das Mischen miteinander verträglicher Holzbeizen oder -farben lässt sich praktisch jeder Farbton erzielen. Sie können die Farbintensität auch verringern, indem Sie mehr Lösungsmittel zugeben. Sie sollten jedoch darauf achten, dass Sie auf eine durchdringende Beize, selbst wenn sie durchgetrocknet ist, kein Oberflächenmittel auftragen, das ein ähnliches Lösungsmittel enthält. Wenn Sie mit einem Pinsel oder Lappen über die Oberfläche fahren, kann das Lösungsmittel die Farbe wieder anlösen, so dass sie in den nachfolgenden Anstrich durchschlägt.
Wählen Sie deshalb eine Beize, die nicht mit dem Oberflächenmittel reagiert. Sie können die Beize auch versiegeln, damit das Lösungsmittel nicht auf die Farbe durchschlägt. Man sollte die Beize und den Lack zunächst immer auf einem Probestück testen, bevor man eines von beidem auf das Werkstück aufträgt.

Lösungsmittelbeizen

Versiegeln Sie eine Lösungsmittelbeize (Ölbeize) mit Schellack oder Schleifgrund, bevor Sie einen mit Testbenzin, Terpentin oder Zelluloseverdünner verdünnten Klarlack, Buntlack oder eine so verdünnte Wachspolitur auftragen.

Spiritusbeizen

Mit Ausnahme von Schellackpolitur vertragen sich Spiritusbeizen mit jedem Oberflächenmittel. Wenn die gebeizte Fläche vollständig getrocknet ist, wischen Sie sie mit einem sauberen Tuch ab, bevor Sie ein Oberflächenmittel auftragen.

Wasser- und Acrylbeizen

Lassen Sie eine wasserverdünnte Beize 48 Stunden trocknen, bevor Sie ein lösungsmittelhaltiges Oberflächenmittel auftragen. Noch nicht verdunstete Feuchtigkeit kann den Anstrich trübe oder milchig erscheinen lassen. Obwohl eine trockene Wasserbeize in der Regel nicht mit einem Oberflächenmittel auf Wasserbasis reagiert, sollten Sie es erst an einer unauffälligen Stelle testen, bevor sie es auftragen. Wenn Sie vor dem Auftragen einer Wasserbeize vergessen haben, die Holzfasern aufzurichten, schleifen Sie die gebeizte Fläche ganz leicht mit Schleifpapier der Körnung 220 und wischen den Staub mit einem Hafttuch ab.

Auftragen einer Beize

Befeuchten Sie die Holzoberfläche, um zu sehen, wie ein bestimmtes Werkstück mit einem klaren Oberflächenmittel aussehen wird. Wenn Sie sich nicht ganz sicher sind, können Sie auch etwas von dem Oberflächenmittel auftragen, mit dem Sie das Holz behandeln möchten. Wenn Sie mit der Farbe nicht zufrieden sind oder sie nicht richtig zu einem anderen Teil passt, nehmen Sie ein Stück desselben Holzes und stellen Sie ein Beizmuster her, bevor Sie das Werkstück selbst färben (siehe gegenüber).

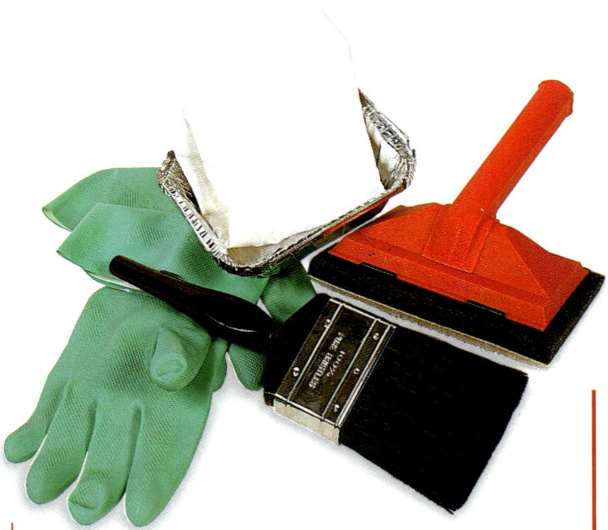

Vorbereitung
Denken Sie immer an die Reihenfolge der Bearbeitung, um zu vermeiden, dass Beize auf angrenzende Flächen läuft oder ein Bereich trocknet, bevor Sie die feuchten Kanten abwischen können. Wenn Sie beide Seiten eines Werkstücks beizen, bearbeiten Sie die weniger wichtige Seite zuerst und wischen Sie an Kanten herunterlaufende Beize sofort ab.

Größere Flächen beizen
Bearbeiten Sie das Werkstück nach Möglichkeit waagrecht. Legen Sie eine große Platte oder eine Tür auf zwei Böcke, so dass Sie von allen Seiten an das Werkstück kommen.

Mehrere Teile nacheinander beizen
Manchmal ist es besser, einzelne Teile vor dem Zusammenbau zu beizen und sie trocknen zu lassen, während man weitere Teile bearbeitet. Um beispielsweise verstellbare Regalbretter zu beizen, schlagen Sie zwei Nägel oder schrauben Sie zwei Schrauben in jede Stirnseite. Legen Sie die Bretter einzeln auf eine Werkbank, wobei die Nägel bzw. Schrauben auf Leisten aufliegen, so dass das Brett nicht auf der Arbeitsfläche liegt. Nachdem Sie beide Seiten nacheinander gebeizt haben, stellen Sie das Regalbrett hochkant an eine Wand, bis die Beize getrocknet ist.

Werkzeuge zum Auftragen der Beize
Sie können Beize mit einem guten Pinsel, einem Malerschwamm, einem Polierballen oder einem zusammengeknüllten weichen Lappen auftragen. Sie können Holzfarben auch aufsprühen, vorausgesetzt, die erforderliche Belüftung ist gewährleistet. Tragen Sie beim Auftragen von Beize Gummihandschuhe und alte Kleidung bzw. eine Schürze.

Schubladen und Schränke abstützen
Nachdem Sie die Innenseiten von Schubladen oder kleinen Schränken gebeizt haben, bringen Sie sie in eine bequeme Arbeitshöhe, um auch die Außenseiten zu bearbeiten. Verwenden Sie dazu freitragende Leisten, die Sie auf der Werkbank festspannen oder vorübergehend festschrauben.

Werkstück zum Beizen vorbereiten
Schleifen Sie das Werkstück gut ab. Achten Sie darauf, dass keine Kratzer oder sonstigen Fehler vorhanden sind, die mehr Beize aufnehmen als das umliegende Holz. Entfernen Sie getrockneten Leim, da dieser die Aufnahme der Beize erschwert.

Ebene Flächen beizen

Geben Sie genügend Beize für das ganze Werkstück in einen flachen Behälter. Tragen Sie die Beize in Faserrichtung auf und verteilen Sie die Strichansätze so schnell wie möglich. Sobald Sie eine Schicht aufgebracht haben, wischen Sie die nasse Oberfläche mit einem weichen, trockenen Tuch ab, um die Farbe gleichmäßig zu verteilen und überschüssige Beize abzunehmen. Wenn Farbspritzer auf das Holz gelangen, sollten Sie sie sofort verteilen, damit die Oberfläche nicht fleckig wird.

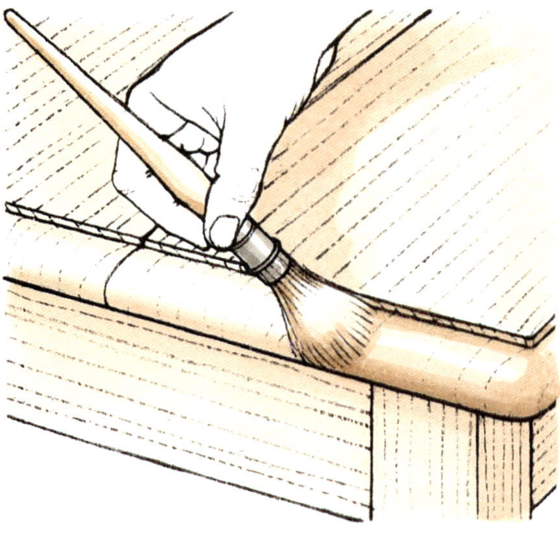

Hirnholz beizen

Gebeiztes Hirnholz sieht in der Regel dunkler aus als der Rest des Werkstücks, da die Ausrichtung der Zellen eine bessere Aufnahme der Farbe ermöglicht. Sie können dem entgegenwirken, indem Sie vorher eine Schicht weißen Schellacks oder Schleifgrunds auftragen. Sie können auch verdünnten Lack verwenden, müssen dann aber 24 Stunden warten, bis Sie das Holz beizen können.

Ein Beizmuster herstellen

Bevor Sie ein Werkstück beizen, sollten Sie eine Probebeizung auf einem Reststück des gleichen Holzes machen. Das Probestück muss genauso geschliffen sein wie das Werkstück, denn gröber geschliffenes Holz nimmt mehr Farbe auf und sieht dunkler aus.
Tragen Sie auf das Probestück eine Beizschicht auf und lassen Sie sie trocknen. Beizen sehen trocken generell heller aus als feucht. Streichen Sie eine zweite Schicht darüber, lassen dabei aber zum Vergleich einen Streifen der ersten Schicht unbedeckt. Mehr als zwei Beizschichten lassen die Farbe leicht fleckig werden, da sie ungleichmäßig aufgenommen wird. Tragen Sie aber zur Probe trotzdem drei oder vier Schichten auf und lassen Sie sie trocknen.
Wenn die Beize gründlich trocken ist, überziehen Sie einen Teil des Beizmusters mit klarem Lack, um zu sehen, wie sich das auf die Beizschichten auswirkt.

Beizmuster mit pigmentierter Beize

Beizmuster mit nicht pigmentierter Beize

Furnier beizen
Moderne Furniere lassen sich wie Massivholz beizen. Ältere Möbel wurden jedoch fast ausschließlich mit wasserlöslichem Tierleim furniert, so dass es besser ist, solche Stücke mit einer Spiritus- oder Lösungsmittelbeize zu behandeln. Sie können Furnierstücke oder Teile für Einlegearbeiten beizen, bevor Sie sie verleimen. Kleine Furnierstücke taucht man am besten ganz in die Beize, um sie gleichmäßig zu färben.

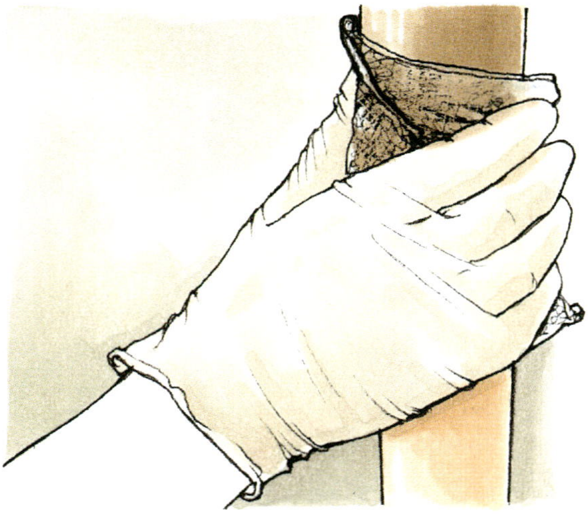

Gedrechselte Stuhl- oder Tischbeine beizen
Zum Auftragen der Beize auf gedrechselte Stuhl- und Tischbeine verwenden Sie am besten ein Tuch oder ein Poliervlies. Reiben Sie die Farbe sorgfältig an Rundstäbe und in Rillen. Legen Sie den Lappen oder das Vlies dann um das Bein und tragen Sie die Beize der Länge nach auf.
Da bei Drechselarbeiten immer Hirnholz freiliegt, ist ein gleichmäßiger Farbauftrag sehr schwierig.

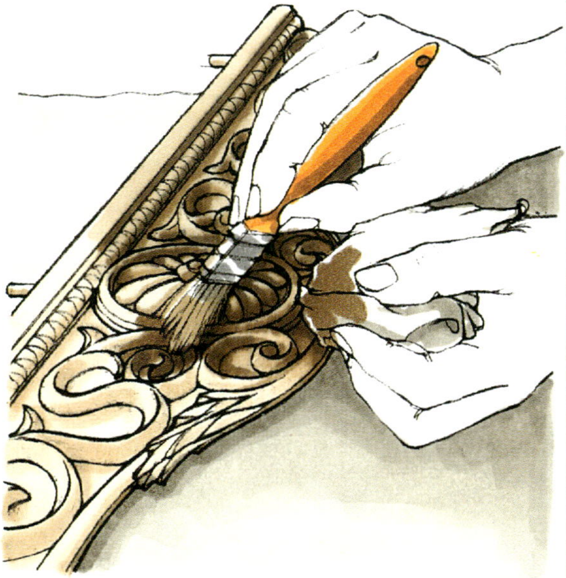

Schnitzereien beizen
Verwenden Sie zum Beizen von Schnitzereien oder komplizierten Profilen einen weichen Pinsel und entfernen Sie überschüssige Beize sofort mit einem Lappen oder Papiertuch.

Weichholz beizen

Zum Beizen von Weichholz verwendet man statt einem Pinsel besser einen Ballen. Stark absorbierendes Holz neigt dazu, sofort Farbe aus einem vollen Pinsel zu saugen, was zu dunkleren Stellen führt.
Da Frühholz und Spätholz die Farbe unterschiedlich gut aufnehmen, erscheint gebeiztes Weichholz häufig gestreift. Bei manchen Farben kann dies ein attraktiver Effekt sein. Wenn Sie ihn jedoch vermeiden möchten, versuchen Sie, das Holz mit Lackbeize oder dunklem Wachs zu behandeln.

Mit eindringender Beize (links) und Lackbeize (rechts) gefärbtes Weichholz.

Verändern der Farbe

Ganz gleich, wie viel Erfahrung Sie beim Mischen von Farben haben, es wird nicht zu vermeiden sein, dass die getrocknete Beize mitunter nicht dem entspricht, was Sie sich vorgestellt haben. Ist die Farbe zu dunkel, können Sie möglicherweise etwas Beize abnehmen, versuchen Sie jedoch auf keinen Fall, die Farbe zu verändern, indem Sie schichtweise Farbe auftragen. So erhalten Sie am Ende nur schlammige Farben. Stattdessen sollten Sie das leicht abgetönte Oberflächenmittel mehrmals ganz dünn auftragen.

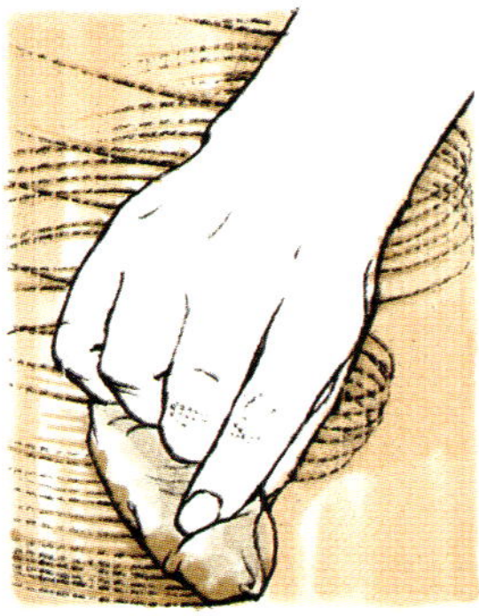

Abgetönten Schellack auftragen
Soll das Holz mit Schellackpolitur behandelt werden, lösen Sie etwas Beize in Pulverform in Brennspiritus auf und mischen Sie sie zu blassem Schellack. Tragen Sie eine Schicht des abgetönten Schellacks auf und lassen Sie ihn trocknen. Tragen Sie weitere dünne Schichten des Schellacks auf, wobei Sie den Farbton durch Zugabe von Spiritusbeize verändern.

Abgetönten Lack auftragen
Soll das Werkstück lackiert werden, können Sie zum Versiegeln eine Schicht abgetönten Schellack auftragen. Sie können auch eine sehr dünne Schicht Lackbeize auftragen oder verdünnte Holzfarbe unter einen verträglichen Klarlack mischen. Stellen Sie den gewünschten Farbton über mehrere dünne Schichten her und tragen Sie eine Schutzschicht aus unverdünntem Lack auf.

Mit Wachs abtönen
Ist der Farbton noch immer nicht perfekt, können Sie die Oberfläche abschließend noch mit einem Farbwachsauftrag behandeln. Reiben Sie das Wachs mit einem Schleifvlies oder extrafeiner Stahlwolle in Faserrichtung auf und polieren Sie ihn mit einem weichen Lappen.

Farbe entfernen
Wenn ein mit Lösungsmittelbeize behandeltes Werkstück nach dem Trocknen Streifen hat oder zu dunkel ist, befeuchten Sie die Oberfläche mit Testbenzin und schleifen es leicht mit einem Schleifvlies ab. Wischen Sie mit einem Lappen über die Oberfläche, um etwas von der Beize abzunehmen und den Rest gleichmäßiger zu verteilen. An diesem Punkt können Sie auch die Farbe des Holzes noch verändern, indem Sie eine weitere Schicht hellere Beize auftragen, solange das Holz noch feucht ist.

Profile und Schnitzereien hervorheben

Sie können ein Werkstück lebendiger gestalten, indem Sie Schnitzereien und Profilen mit Hilfe von Farbe mehr Tiefe geben. Dadurch wird ein Effekt der natürlichen Abnutzung erzeugt, was alte Möbel oder Nachbildungen antiker Stücke attraktiver erscheinen lässt.

Aufhellen
Die einfachste Methode ist das Abwischen der Farbe von den erhöhten Stellen, solange die Beize noch feucht ist. Sie können diese Stellen nach dem Trocknen aber auch leicht abschleifen und den Staub mit einem mit Lösungsmittel befeuchteten Tuch abwischen.

Schattieren
Mit dunkler Beize, die Sie in verdünnte Schellackpolitur mischen (siehe links), können Sie auch den feinsten erhabenen Mustern Tiefe verleihen. Versiegeln Sie die gebeizte Oberfläche und verstreichen Sie den getönten Schellack großzügig auf geschnitzten Stellen oder Profilen des Werkstücks, so dass er in sämtliche Ecken und Ritzen gelangen kann. Wischen Sie die Farbe von den erhöhten Stellen sofort mit einem weichen Tuch ab. Lassen Sie den Schellack trocknen und tragen Sie dann einen Klarlack auf.

Ein Oberflächenmittel für alle Fälle

Heute sind viele Oberflächenmittel so komplex, dass sie nicht mehr klar in eine Kategorie eingeordnet werden können. Lacke und Farben werden hier deshalb gemeinsam behandelt. Es gibt chemisch aushärtende und physikalisch trocknende Lacke. Einige Farben sind in Wirklichkeit Lackprodukte mit Farbpigmenten. Die meisten Lacke sind klar oder gelblich und dienen hauptsächlich dazu, das Holz zu schützen und seine natürliche Maserung zu betonen und den Holzton zu unterstützen.

Klarer Polyurethanlack ist widerstandsfähig und für sämtliche Holzoberflächen im Innenbereich geeignet.

Lack auftragen

Das Auftragen von lösungsmittelhaltigen Lacken oder Acryllacken erfordert keine besonderen Fähigkeiten. Es gibt jedoch einige grundlegende Techniken, mit denen sich Fehler vermeiden lassen.

Ebene Flächen lackieren

Das waagrechte Auflegen einer größeren Platte auf zwei Sägeböcke erleichtert das Lackieren etwas. Doch auch eine eingehängte Tür oder Vertäfelung sind kaum ein Problem, wenn Sie darauf achten, dass keine Ablaufspuren entstehen.

1 Auftragen einer Versiegelungsschicht aus Öllack

Verdünnen Sie Öllack um etwa 10%, um eine erste Versiegelungsschicht mit einem Pinsel auf das rohe Holz aufzutragen. Manche Schreiner bevorzugen einen weichen Lappen, mit dem sie den Lack in die Holzfasern reiben.

2 Die erste Schicht abschleifen

Lassen Sie die Versiegelungsschicht über Nacht aushärten. Halten Sie das Werkstück dann ins Licht und überprüfen Sie die lackierte Fläche. Schleifen Sie die Fläche mit einem feinen, mit Wasser befeuchteten Nass-Trocken-Schleifpapier in Faserrichtung. Säubern Sie die Oberfläche mit einem Testbenzinlappen und trocknen Sie sie mit einem Papiertuch ab.

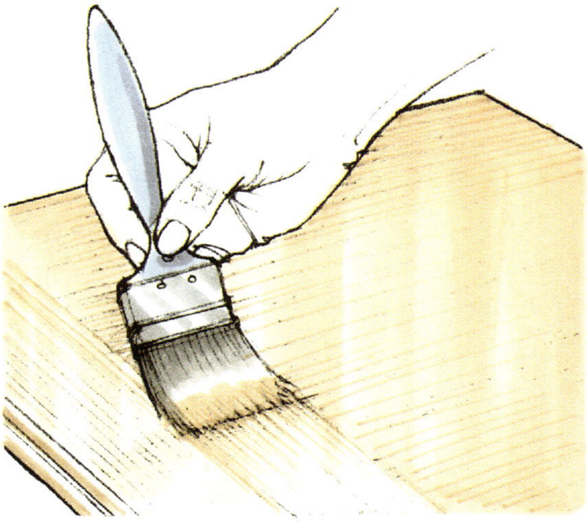

3 Unverdünnten Lack mit dem Pinsel auftragen

Tragen Sie Öllack gleichmäßig auf, indem Sie zuerst mit der Faser und dann quer zur Faser streichen. Streichen Sie immer in Richtung der Fläche, die Sie gerade lackiert haben, und nehmen Sie die nassen Streichkanten auf. Arbeiten Sie zügig, denn der Lack beginnt schon nach etwa 10 Minuten auszuhärten. Wenn Sie über antrocknenden Lack streichen, entstehen Streifen. Zum Abschluss streichen Sie nur noch ganz leicht in Faserrichtung über die Fläche. Wenn Sie stehende Werkstücke lackieren, schließen Sie mit leichten aufwärts gerichteten Pinselstrichen ab. Zwei Deckschichten mit unverdünntem Öllack sind in der Regel ausreichend. Um eine perfekte Oberfläche zu erhalten, schleifen Sie die ausgehärteten Schichten vor dem nächsten Anstrich leicht ab.

Kanten lackieren

Wenn Sie auf die Kante eines Bretts zustreichen, sollte das von der Mitte aus geschehen. Wenn Sie mit dem Pinsel gegen die Kante streichen, wird zu viel Lack vom Pinsel abgestreift, der dann herunterläuft.
Am besten streichen Sie die Kanten zusammen mit den Flächen. Ist das jedoch schwierig, sollten Sie die Kanten eines Bretts zuerst lackieren und trocknen lassen.
Wenn Sie dann die Flächen des Bretts lackieren, wischen Sie eventuell ablaufenden Lack mit einem Lappen von den Kanten ab.

Profile lackieren

Wenn man mit einem Pinsel quer über ein Profil fährt, bilden sich meist Ablaufspuren. Streichen Sie daher Profile immer längs.

Beim Streichen einer Kassettentür lackieren Sie erst die Profile und dann die Füllungen. Streichen Sie immer von der Ecke aus zur Mitte.

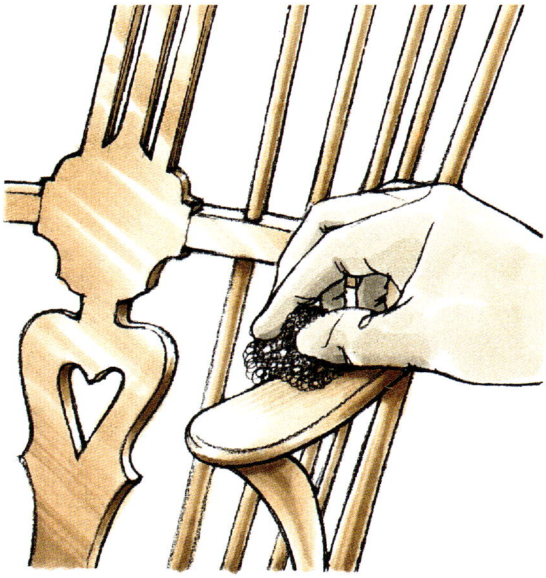

Glanzlackanstriche mattschleifen

Mattlacke und seidenglänzende Lacke ergeben sehr feine Oberflächen, die das Licht streuen und gut aussehen. Für Armlehnen oder Tischplatten können Sie eine noch glattere Oberfläche erreichen, indem Sie einen Glanzlack mattschleifen.

Schleifen Sie den Lack mit feiner Stahlwolle (000), die Sie in Wachspolitur eintauchen. Lassen Sie das Wachs aushärten und polieren Sie es mit einem weichen Tuch.

Acryllack auftragen

Viele Auftragtechniken von Öllack gelten auch für Acryllack. Das Ziel ist auch hier ein gleichmäßiger Anstrich ohne Ablauf- oder Pinselspuren. Aufgrund seiner chemischen Eigenschaften verhält sich Acryllack jedoch etwas anders als Öllack.

Aufrichten der Holzfasern

Wenn Holz Wasser aufnimmt, quellen die Holzfasern und richten sich auf. Da Acryllack auf Wasserbasis hergestellt ist, hat er eine ähnliche Wirkung, und die behandelte Oberfläche sieht rau aus. Dieses Problem lässt sich beheben, indem man das Holz entweder anfeuchtet und abschleift, bevor man den Acryllack aufträgt, oder die erste Lackschicht mit feinem Nass-Trocken-Schleifpapier abschleift, bevor die zweite Schicht aufgetragen wird. Wischen Sie den Staub mit einem feuchten Tuch ab. Ein Hafttuch hinterlässt möglicherweise Ölreste auf der Oberfläche, die den nächsten Anstrich verderben.

Rost

Wenn Sie ein Oberflächenmittel auf Wasserbasis auf ungeschützte Stahl- oder Eisenbeschläge, Nägel oder Holzschrauben auftragen, rosten sie. Daher sollten Sie Metallbeschläge entfernen, bevor Sie das Werkstück lackieren, oder sie mit einem klaren Schellack vorstreichen.

Schleifen Sie Acryllack nicht mit Stahlwolle ab, da sich kleinste Metallsplitter in den Holzfasern festsetzen. Sie können rosten und schwarze Punkte im Holz verursachen. Verwenden Sie daher Kupferwolle oder ein Schleifvlies.

Acryllack auftragen

Acryllack muss großzügig erst quer zur Faser, dann gleichmäßig über die gesamte Fläche aufgetragen werden. Acryllack trocknet in nur 20 – 30 Minuten, so dass Sie, insbesondere an warmen Tagen, schnell arbeiten müssen, um Pinselspuren zu vermeiden.

Einen zweiten Anstrich können Sie schon nach zwei Stunden auftragen. Drei Anstriche reichen für einen optimalen Schutz aus.

Säurehärtende Lacke auftragen

Diese Lackart ist völlig anders als herkömmlicher Lack. Säurehärtender Lack ist zwar ebenso leicht aufzutragen, man muss jedoch wissen, wie sich eine schlecht vorbereitete Oberfläche und ein falscher Auftrag auf das Aushärten auswirken.

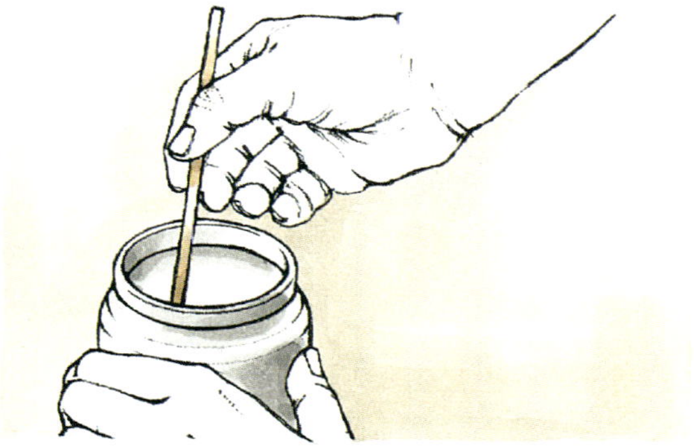

Säurehärtenden Lack mischen

Mischen Sie den Härter und den Lack entsprechend der Herstellerangaben in einem Glas oder einem Polyurethanbehälter. Metallbehälter und andere Plastikmaterialien reagieren mit dem Härter, so dass der Lack nicht aushärtet. Nach dem Mischen können Sie manche säurehärtenden Lacke drei Tage verwenden. Sie können die Topfzeit jedoch etwas verlängern, indem Sie den Behälter mit Polyäthylen zudecken und mit einem Gummiband verschließen. Säurehärtender Lack hält länger, wenn Sie den gut verschlossenen und deutlich beschrifteten Behälter im Kühlschrank aufbewahren.

Pflege der Pinsel

Säurehärtende Lacke können Sie mit jedem guten Pinsel auftragen. Sie können ihn auch zum Spritzlackieren verwenden und große Flächen mit einer Schaumstoffrolle streichen. Nach der Polymerisation ist säurehärtender Lack unlöslich. Daher sollten Sie Pinsel gleich nach dem Auftragen in speziellem Lackverdünner auswaschen. Zwischen den Anstrichen können Sie den Pinsel im gemischten Lack belassen. Dabei sollte jedoch das gesamte Gefäß einschließlich des Pinsels in Polyäthylen verpackt werden.

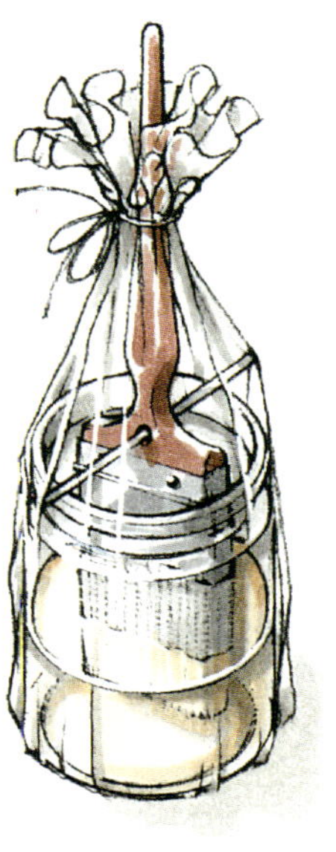

Vorbereiten der Oberfläche

Wie bei jedem Oberflächenmittel sollte die Oberfläche glatt und sauber sein. Entfernen Sie alle Wachsspuren, die das Aushärten des Lacks verhindern könnten. Wenn das Holz mit Holzfarbe behandelt wird, müssen Sie darauf achten, dass sie sich mit dem Lack verträgt.

Säurehärtenden Lack auftragen

Beim Arbeiten mit säurehärtendem Lack ist eine gute Belüftung äußerst wichtig. Der Raum sollte jedoch nicht zu kühl sein.

Tragen Sie den Lack satt mit dem Pinsel auf und nehmen Sie nasse Strichkanten beim nächsten Strich mit. Tragen Sie den Lack relativ dick auf und achten Sie darauf, dass keine „Nasen" oder „Läufer" entstehen. Der Lack ist in ca. 15 Minuten staubtrocken. Einen zweiten Anstrich können Sie nach etwa einer Stunde auftragen. Ist ein weiterer Anstrich nötig, warten Sie bis zum nächsten Tag. Sie brauchen den Lack zwischen den Anstrichen nicht abzuschleifen, es sei denn, Sie möchten Schönheitsfehler korrigieren. Wenn Sie stearathaltige Schleifmittel verwenden, wischen Sie die geschliffene Oberfläche mit einem Spezialverdünner ab.

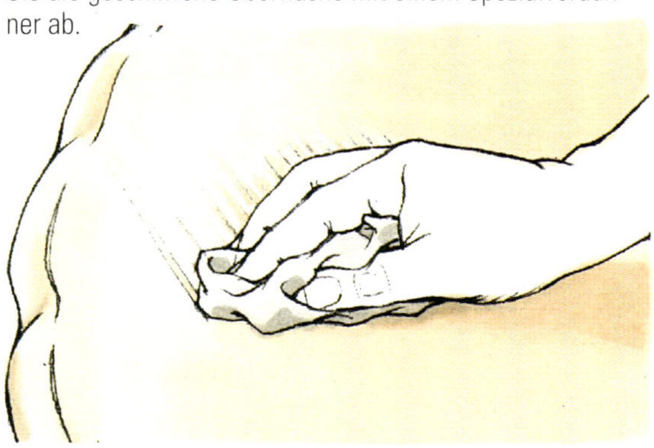

Verändern der Oberfläche

Wenn Sie eine Hochglanzfläche haben möchten, lassen Sie die letzte Schicht mehrere Tage aushärten. Glätten Sie die Fläche dann mit Nass-Trocken-Papier und Wasser, bis die ganze Oberfläche matt aussieht. Polieren Sie die Oberfläche dann mit etwas Polierpaste und einem weichen Lappen auf Hochglanz und wischen Sie sie mit einem Staubtuch ab.

Für eine halbmatte Fläche reiben Sie den Glanzlack mit in etwas Wachs getauchter feiner Stahlwolle ab. Für eine matte Fläche verwenden Sie gröbere Stahlwolle.

Wachspolituren

Früher haben sich Schreiner ihre Wachspolitur selbst hergestellt. Heute sind jedoch so zahlreiche fertige Wachspolituren im Handel, dass die meisten Schreiner sie nicht mehr mühevoll selbst mischen. Die meisten Fertigpolituren bestehen aus relativ weichem Bienenwachs und hartem Karnaubawachs, das entweder mit Terpentin oder mit Benzin aufgelöst wird.

Eine traditionelle Wachspolitur verleiht dieser Frisierkommode ihre warme Patina.

Polierpaste

Die bekannteste Form der Wachspolitur ist ein Polierwachs mit etwas dickerer Konsistenz. Sie ist in flachen Dosen oder Alubehältern erhältlich. Polierpaste wird mit einem Ballen oder feiner Stahlwolle aufgetragen und eignet sich ideal als letzter Auftrag nach der Behandlung mit einem anderen Oberflächenmittel.

Flüssige oder cremige Polituren

Wenn Sie beispielsweise eine größere Eichenvertäfelung mit Wachs polieren möchten, ist es wahrscheinlich am einfachsten, wenn Sie eine cremige Politur mit dem Pinsel auftragen.

Bodenwachs

Dieses Wachs ist eine flüssige Politur für stärker beanspruchte Flächen. Bodenwachs ist in der Regel nur als klares Wachs erhältlich.

Drechslerwachsstangen

Die Stangen, die hauptsächlich aus Karnaubawachs hergestellt werden, sind so hart, dass sie wie Schleifwachs wirken und gegen ein sich drehendes Werkstück gehalten werden können.

Farbpolituren

Weiße bis hellgelbe Polituren verändern die Farbe des Holzes kaum. Es gibt jedoch auch eine Reihe dunklerer Farbtöne, mit denen Sie die Farbe des Holzes verändern und kleinere Kratzer und Fehler kaschieren können. Dunkelbraune bis schwarze Polituren sind für Eichenmöbel sehr beliebt. Sie betonen die Patina von altem Holz und, da sie in die offenen Poren eindringen, auch die Maserung. Es gibt auch Polituren mit einem warmen Goldton, die abgebeizter Kiefer die Farbe zurückgeben, sowie Polituren mit orangeroten Tönen, die verblasstes Mahagoni wieder auffrischen. Stühle und Bänke sollten nicht mit dunklen Polituren behandelt werden. Die Körperwärme könnte das Wachs weich werden lassen und Flecke auf der Kleidung hinterlassen. Dasselbe gilt für die Innenseiten von Schubladen.

Eine abgetönte flüssige Politur betont die Farbe von Kiefernmöbeln.

Silikone

Manchen Polituren sind Silikone beigemischt, damit man sie leichter schwabbeln oder polieren kann. Sie stoßen später fast beinahe jedes andere Oberflächenmittel ab. Sie sollten deshalb das Holz vor einer weiteren Behandlung versiegeln. Wenn Sie jedoch später ein Abbeizmittel verwenden, kann Silikonöl in die Poren eindringen. Daher sollten Sie sich gut überlegen, ob Sie ein Möbelstück nicht besser mit einer nicht silikonhaltigen Wachspolitur behandeln.

Gewachste Nussbaum-Vitrine

Wachs auftragen

Eine Wachspolitur aufzutragen ist sehr einfach. Es erfordert lediglich ein sorgfältiges Arbeiten und genügend Ausdauer, um die Oberfläche zu polieren. Wie bei jedem anderen Oberflächenmittel muss die Oberfläche glatt geschliffen sein, und eventuelle Fehler müssen ausgebessert sein, um ein gutes Ergebnis zu erzielen. Reiben Sie die Oberfläche mit Benzin ab, um Fett und Reste alter Wachspolituren restlos zu entfernen.
Obwohl sich Wachs auch direkt auf rohes Holz auftragen lässt, empfiehlt es sich doch, die Oberfläche zuerst mit zwei Schichten Schellack oder Schleifgrund zu versiegeln. Dies gilt besonders dann, wenn das Holz mit einer Lösungsmittelbeize gefärbt wurde. Schleifen Sie die Grundierungsschichten mit feinem Siliziumkarbidpapier ab.

Wachsbürsten

Bei der professionellen Oberflächenbehandlung wird eine ausgehärtete Wachspolitur manchmal mit einer Bürste poliert. Sie können dafür eine saubere Schuhbürste oder eine spezielle Möbelbürste verwenden. Letztere hat einen Griff, so dass die Fingerknöchel beim Polieren schlecht erreichbarer Ecken nicht im Weg sind. Ferner gibt es runde Bürsten, die in das Spannfutter einer Bohrmaschine eingesetzt werden können. Üben Sie in diesem Fall nur leichten Druck aus und bewegen Sie die Bürste gleichmäßig über die zu polierende Fläche.

1 Wachs auftragen
Tauchen Sie einen Ballen in die Polierpaste und tragen Sie die erste Schicht auf, indem Sie das Wachs mit sich überlappenden kreisförmigen Bewegungen in das Holz reiben. Verreiben Sie das Wachs gleichmäßig und schließen Sie mit geraden Zügen parallel zur Faserrichtung ab. Lässt sich die Paste schwer verreiben, wärmen Sie die Dose an.

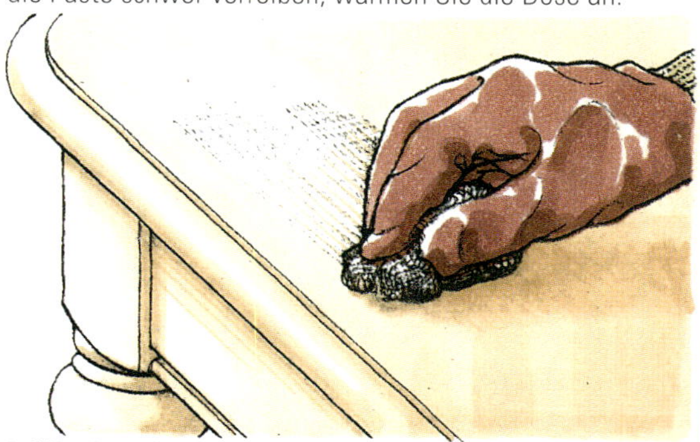

2 Wachsschichten aufbauen
Nach ungefähr 15 – 20 Minuten tragen Sie eine weitere Schicht Polierpaste mit feiner Stahlwolle oder einem Schleifvlies auf. Arbeiten Sie dabei nur in Faserrichtung. Lassen Sie die Arbeit 24 Stunden ruhen, damit das Lösungsmittel verdunsten kann. Auf neue Werkstücke trägt man insgesamt vier oder fünf Schichten auf, wobei jede Schicht über Nacht aushärten muss.

3 Wachs polieren
Wenn das Wachs gut ausgehärtet ist, polieren Sie die Oberfläche kräftig mit einem Polierballen. Eine Möbelbürste ergibt mehr Glanz, insbesondere bei Schnitzarbeiten. Reiben Sie zum Schluss sämtliche polierten Flächen mit einem sauberen Tuch ab.

1 Flüssige Polituren mit einem Pinsel auftragen
Gießen Sie Politur in ein flaches Gefäß und tragen Sie die erste Schicht satt und gleichmäßig auf. Lassen Sie das Lösungsmittel ungefähr eine Stunde lang verdunsten.

2 Weitere Schichten auftragen
Tragen Sie die zweite Schicht auf. Reiben Sie das Wachs zunächst mit kreisförmigen Bewegungen und zum Schluss mit geraden Zügen parallel zur Faserrichtung in das Holz.

3 Oberfläche polieren
Lassen Sie die Politur möglichst über Nacht aushärten und polieren Sie die Oberfläche in Faserrichtung mit einem sauberen weichen Tuch.

Pflege einer gewachsten Oberfläche
Farbe und Patina einer gewachsten Oberfläche werden mit der Zeit immer schöner, vorausgesetzt, die Fläche wird regelmäßig gepflegt. Wischen Sie verschüttetes Wasser sofort auf und wischen Sie regelmäßig den Staub von einer polierten Oberfläche, damit er sich nicht im Wachs festsetzen und die Politur verfärben kann. Wenn die Oberfläche durch Polieren mit einem weichen Tuch nicht richtig glänzt, wird es Zeit für einen neuen Wachsauftrag. Eine stark abgenutzte Wachspolitur können Sie mit Brennspiritus abnehmen, um dann eine neue Schicht aufzutragen.

Nachbearbeitung mit Wachs

Wenn Sie den milden Glanz einer Wachspolitur erreichen möchten, jedoch eine robustere Oberfläche wünschen, können Sie eine dünne Wachsschicht über Polyurethanlack oder säurehärtenden Lack auftragen. Tauchen Sie feine Stahlwolle (000) oder ein Schleifkissen in Polierpaste und reiben Sie die lackierte Oberfläche mit langen geraden Zügen in Faserrichtung ab. Lassen Sie das Wachs 15–20 Minuten aushärten und polieren Sie es mit einem weichen Tuch.

Ölfirnisse

Einige Schreiner halten Ölfirnisse nur für einige Hartholzarten wie Teak oder Afrormosia geeignet. Tatsächlich erzeugt Öl jedoch bei fast jeder Holzart eine attraktive Oberfläche, insbesondere bei Kiefernholz, das durch das Ölen eine satte goldene Farbe bekommt.

Mit widerstandsfähigem geliertem Öl behandelte Treppe aus Kiefernholz.

Leinöl

Rohes Leinöl, das aus Flachs gewonnen wird, ist wegen seiner langen Trockenzeit von bis zu drei Tagen heute kaum mehr zur Oberflächenbehandlung in Gebrauch.
Durch Erhitzen und Zugabe von Trocknungsmitteln konnte die Trockenzeit auf 24 Stunden reduziert werden. Dieses Öl wird als gekochtes Leinöl bezeichnet. Beide Öle sollten nicht für den Außenbereich verwendet werden.

Tungöl

Reines Tungöl, auch als chinesisches Holzöl bekannt, wird aus Nüssen gewonnen, die in China und in Teilen Südamerikas wachsen. Eine Tungöl-Oberfläche ist wasserabweisend und beständig gegen Alkohol und Obstsäuren. Tungöl ist nach 24 Stunden trocken und auch für den Außenbereich geeignet.

Teaköl

Tungöl und andere pflanzliche Öle bilden meist die Basis der handelsüblichen Ölfirnisse, die auch als Teak- oder „Danish"-Öl gehandelt werden. Durch Kunstharze wurde ihre Widerstandsfähigkeit verbessert. Je nach Temperatur und Luftfeuchtigkeit trocknet Teaköl in ungefähr sechs Stunden. Es eignet sich hervorragend für jede Umgebung und kann auch als Grundierung für Öllack oder Ölfarbe verwendet werden.

Ungiftige Öle

Reines Tungöl ist ungiftig. Manche Hersteller setzen jedoch Trocknungsmittel hinzu. Verwenden Sie es daher nicht für Oberflächen, die mit Lebensmitteln in Berührung kommen, es sei denn, der Hersteller weist ausdrücklich darauf hin, dass dies unbedenklich ist. Sie können auch reines Olivenöl oder eines der speziellen „Salatschüsselöle" verwenden, die für die Behandlung von Lebensmittelbehältern und Schneidbrettern verkauft werden.

Geliertes Öl

Dieses Öl ist eine Mischung aus natürlichen Ölen und Kunstharz und als dickes Gel erhältlich, das eher einer weichen Wachspolitur gleicht. Es wird in Eimern verkauft, so dass Sie das Gel mit einem Ballen aufnehmen können. Geliertes Öl kann auf rohes Holz und im Gegensatz zu anderen Ölfirnissen auch auf Oberflächenmittel wie Lacke aufgetragen werden.

Vorbereiten der Oberfläche

Da Öl in die Holzoberfläche eindringt, kann es nicht auf lackierten Oberflächen verwendet werden. Beizen Sie die Oberfläche vorher ab. Wenn Sie bereits geölte Flächen behandeln, entfernen Sie altes Wachs mit Benzin von der Oberfläche. Bereiten Sie das rohe Holz sorgfältig vor, indem Sie es mit immer feiner werdendem Schleifpapier abschleifen.

1 Öl auf rohes Holz auftragen

Schütteln Sie den Behälter und geben Sie etwas Öl in ein flaches Gefäß. Tragen Sie die erste Schicht mit einem breiten Pinsel satt auf. Lassen Sie das Öl etwa 10 – 15 Minuten einziehen. Wischen Sie die Fläche dann mit einem Ballen ab, um überschüssiges Öl abzunehmen.

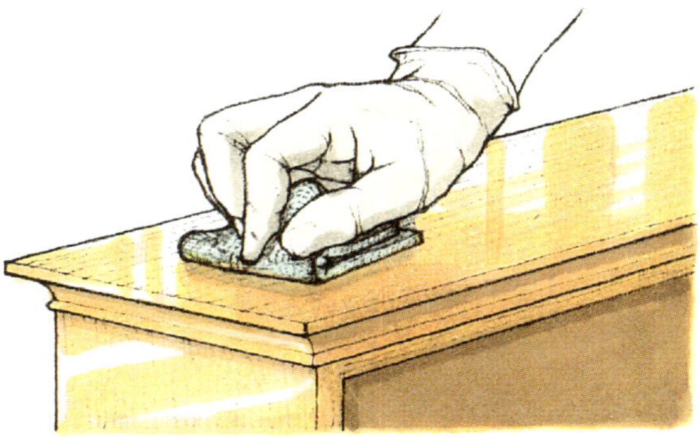

2 Eine weitere Schicht auftragen

Sechs Stunden später können Sie mit einem Schleifvlies eine zweite Schicht Öl auftragen. Arbeiten Sie dabei immer in Faserrichtung. Wischen Sie überschüssiges Öl mit einem Papiertuch oder einem Ballen ab und lassen Sie das Öl über Nacht trocknen.

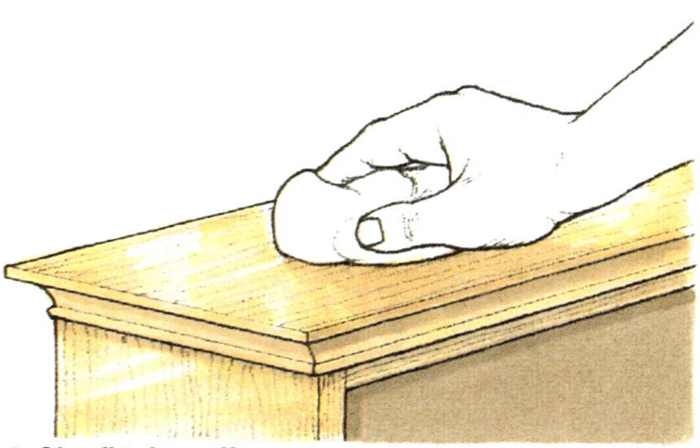

3 Oberfläche polieren

Lassen Sie die letzte Schicht gut trocknen und polieren Sie die Oberfläche dann mit einem Tuch auf weichen Glanz. Um einen Seidenglanz zu erhalten, können Sie Holz für den Innenbereich mit einer Wachspolitur nachbearbeiten. Verwenden Sie dazu ein sauberes Schleifvlies oder feine Stahlwolle.

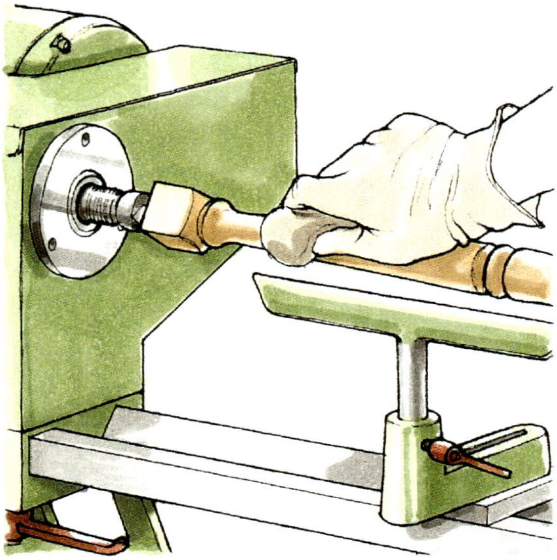

Gedrechselte Teile mit Öl behandeln

Nach dem Schleifen eines gedrechselten Teils schalten Sie die Maschine aus und reiben während des Auslaufens das Holz mit Öl ein. Lassen Sie es kurz einziehen, wischen Sie überschüssiges Öl ab und schalten Sie die Maschine wieder ein. Polieren Sie das sich langsam drehende Werkstück.

Geliertes Öl auftragen

Reiben Sie geliertes Öl mit einem Polierballen kräftig in Faserrichtung in das rohe Holz ein, bis die Oberfläche staubtrocken ist. In der Regel reichen zwei Schichten aus. Bei stark beanspruchten Flächen sollten Sie jedoch mehr auftragen. Lassen Sie die Oberfläche zwischen den Aufträgen vier Stunden trocknen. Verwenden Sie das Öl bei einer schon behandelten Oberfläche nur sparsam.
Da geliertes Öl nach dem Trocknen von selbst glänzt, braucht das Werkstück nicht mehr poliert zu werden. Lassen Sie es jedoch 48 Stunden trocknen.
Wischen Sie die Oberfläche von Zeit zu Zeit mit einem feuchten Tuch ab, um Spuren und Fingerabdrücke auf der Oberfläche zu entfernen.

Pflege von geölten Oberflächen

Eine mit Öl behandelte Oberfläche ist sehr widerstandsfähig, und unter normalen Umständen braucht sie nur ab und zu mit einem feuchten Tuch abgewischt zu werden. Eine abgenutzte Oberfläche kann mit dünn aufgetragenem Öl wieder aufgefrischt werden. Dazu müssen Sie jedoch eventuell aufgetragenes Wachs entfernen. Trocknen Sie die Oberfläche, bevor Sie das Öl auftragen.
Holz im Außenbereich sollte regelmäßig mit Öl nachbehandelt werden.

Brandverhütung

Wenn Öl oxidiert, entsteht Wärme. Ölgetränkte Lappen können sich daher selbst entzünden. Lassen Sie benutzte Lappen im Freien gut trocknen oder weichen Sie sie über Nacht in einem Eimer Wasser ein, bevor Sie sie wegwerfen.

Fehler beheben

Die Oberflächenbehandlung mit Öl ist so einfach, dass Sie praktisch nichts falsch machen können, wenn Sie die Oberfläche richtig vorbereitet haben und kein Öl darauf zurücklassen, das klebrig werden kann.

Klebrige Oberfläche

Wenn Sie überschüssiges Öl mehr als eine Stunde auf der Oberfläche belassen, wird es dick und klebrig. Versuchen Sie nicht, Öl in diesem Zustand abzuwischen. Tragen Sie stattdessen eine dünne Schicht frischen Öls mit einem Schleifvlies auf, damit die Oberfläche wieder feucht wird. Wischen Sie das überschüssige Öl dann mit einem Ballen oder einem saugfähigen Papiertuch ab.

Weiße Ringe

Heiße Teller oder Töpfe können auf einer geölten Oberfläche weiße Ringe hinterlassen.
Diese Ringe verschwinden in der Regel nach einer Weile wieder von selbst.

Register